HACK · TURBOAUTOS TURBOMOTOREN

Entwicklung · Technik · Tuning · Typologie

GERT HACK

TURBO AUTOS TURBO MOTOREN

MOTORBUCH VERLAG STUTTGART

Einband und Schutzumschlag: Siegfried Horn
Fotos und Abbildungen: Albert (4), Alfa Romeo (3), Alpina (9), Archiv (17), Audi (15), BBC (2), Bentley (1), BMW (18), Bosch (1), Citroen (2), Ferrari (1), Fiat (2), Ford (6), General Motors (12), Hack (25), Honda (1), Hucho (1), Isuzu (1), KKK (16), Lancia (5), Längerer und Reich (6), Lorch (1), Lotus (1), MAN (5), Maserati (2), Mazda (3), Mercedes Benz (9), Mitsubishi (10), Motorpresse (1), Leyland (1), Nissan (11), Peugeot (7), Porsche (25), Renault (13), Rover (1), Saab (7), Seufert (12), Dr. Schrick (2), Stirm (1), Talbot (1), Toyota (14), Volvo (6), VW (11), Wilhelm (1).

ISBN 3-87943-954-0

1. Auflage 1983

Satz und Druck: Studiodruck, 7440 Nürtingen-Raidwangen.
Buchbinderische Verarbeitung: Großbuchbinderei J. Spinner, 7583 Ottersweier.
Printed in Germany.

Inhalt

Mit verzögertem Schub

VORBEMERKUNGEN ZUM THEMA TURBO

In der Turbo-Technik ein Symbol für fortschrittliche Motoren-Entwicklung zu sehen, ist gewiß nicht verkehrt. Freilich dauerte es rund siebzig Jahre, bis sich diese Form der Aufladung bei Personenwagen-Motoren durchgesetzt hatte. Auf anderen Gebieten hat sich dagegen die Abgasturbo-Aufladung längst etabliert. So sind große Schiffsmaschinen ohne Turbo-Aufladung schon lange nicht mehr denkbar, nahezu alle Diesel-Lokomotiven der Deutschen Bundesbahn laufen turbogeladen, und bei schweren Lkw-Motoren steigt der Anteil der Turbos ständig.
Für den verzögerten Einsatz der Turbo-Technik im Personenwagen gibt es eine Reihe von Gründen. Ein ganz wesentlicher ist in der Tatsache zu sehen, daß kompakte, auf die relativ geringe Größe der Automotoren abgestimmte Turbolader, nicht verfügbar waren. Ein weiterer Verzögerungsfaktor war sicher auch der Umstand, daß zwei renommierte Automobilhersteller mit der Serieneinführung des Turbos im Personenwagen scheiterten.
Sie hatten es sich zu leicht gemacht, wie so viele, die im Turbolader lediglich ein zusätzliches Aggregat sehen, das sich ohne großes Nachdenken an einen vorhandenen Motor schrauben läßt. In Wahrheit ist die Abgasturbo-Aufladung aufwendiger und komplizierter Maschinenbau, der nicht nur in die Thermodynamik einer Verbrennungsmaschine wesentlich eingreift, sondern auch ihre Mechanik in wichtigen Punkten berührt.
Umso mehr überrascht die Dynamik, mit der die Turbo-Entwicklung, so als wolle sie verlorene Zeit einholen, in den letzten Jahren voranschreitet. Und obwohl die Verwendung von Turbomotoren wegen ihres hohen Bauaufwandes sicher begrenzt ist, mag kein Automobilhersteller von Rang auf die neue Technologie verzichten. So spricht alles dafür, daß der Einsatz von Turbomotoren in Zukunft eine noch breitere Basis findet.

Dipl. Ing. Gert Hack

Termine einer Technologie

WICHTIGE STATIONEN BEI DER ENTWICKLUNG DER AUFLADUNG

Die Aufladung von Verbrennungsmotoren hat nicht nur eine lange, sondern auch eine turbulente Historie. Denn schon relativ früh in der Geschichte des Verbrennungsmotors, die mit der Entwicklung des Automobils eng verknüpft ist, kamen die damit befaßten Techniker und Konstrukteure zu der Erkenntnis, daß eine Vorverdichtung (Kompression) des Arbeitsmediums außerhalb des Arbeitszylinders eine höhere Leistungsausbeute – bei annähernd gleichbleibender Maschinengröße – erlauben würde. Wie diese Aufladung jedoch in der Praxis auszusehen hatte und funktionieren sollte, darüber herrschte jahrelang Unklarheit. Und von den anfänglichen, in der Retrospektive recht hilflos anmutenden Versuchen, Verbrennungsmotoren mit vorverdichteter Luft bzw. Gemisch zu füttern, bis zu den heutigen, hochentwickelten Motoren mit Abgasturbolader war ein langer Weg.
Dieser Weg reicht zurück bis in die Anfänge des Motorenbaus. Denn bereits Gottlieb Daimler hatte sich bei seinen grobschlächtigen Gas- und Petroleum-Maschinen mit der Aufladung beschäftigt und erhielt schon im Jahr 1885 ein diesbezügliches Patent. Bei diesem, unter der Nummer 34 926 registrierten Deutschen Reichspatent, waren die Hohlräume des Kurbelgehäuses des Motors ausgefüllt, und die Kolbenunterseite sollte als

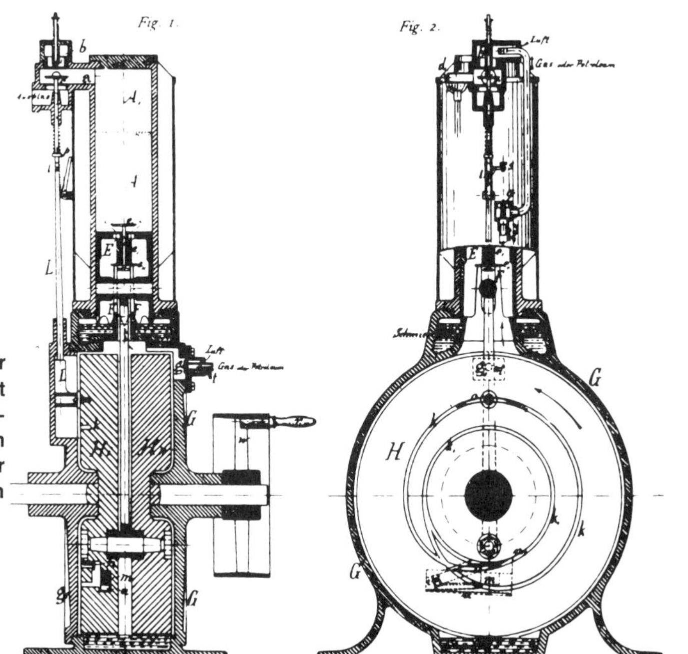

Schon Gottlieb Daimler beschäftigte sich mit der Aufladung von Verbrennungsmotoren. Im Jahr 1885 erhielt er für seinen aufgeladenen Gasmotor ein Patent.

Pumpe dienen und so das Arbeitsmedium vorverdichten. Das Verfahren war freilich nicht sehr wirkungsvoll, denn Gottlieb Daimler rückte nach dem Bau einiger Maschinen bald wieder davon ab. Offenbar erschienen die Chancen einer realisierbaren Vorverdichtung sehr gering, denn die Firma Daimler beschäftigte sich damit erst wieder nach dem Ersten Weltkrieg – mehr als drei Jahrzehnte später.

Ganz ähnlich erging es Rudolf Diesel, dem Erfinder des nach ihm benannten Motors. Schon bei seinem zweiten Versuchsmotor, der im Jahr 1896 bei M.A.N. in Augsburg in Betrieb genommen wurde, erprobte Diesel die Vorverdichtung der Verbrennungsluft, wobei ebenfalls die Unterseite des

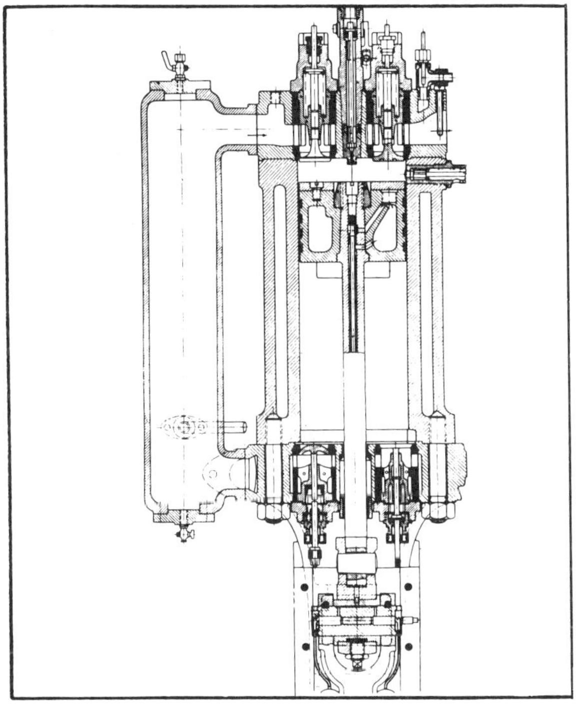

Auch Rudolf Diesel fuhr Versuche mit Vorkompression (Aufladung). Er gab auf, als sich die gewünschten Ergebnisse nicht einstellten.

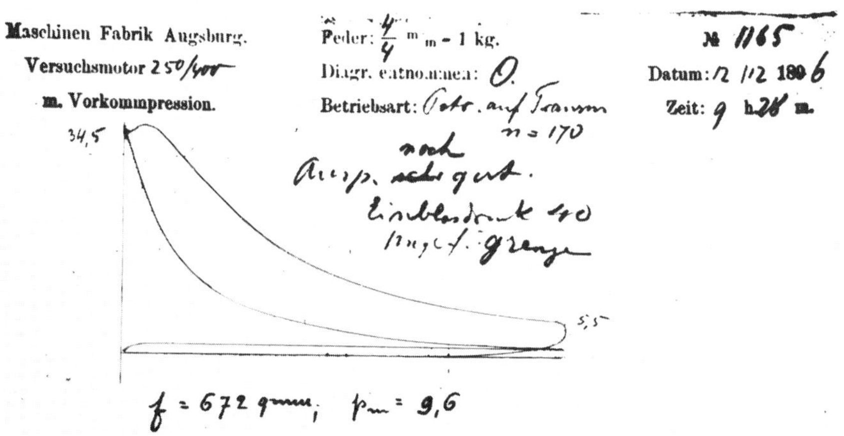

Arbeitskolbens als Ladepumpe ausgebildet war. Im Dezember 1896 wurden die ersten Versuchsreihen mit aufgeladenem Dieselmotor gefahren. Sie ergaben zwar eine deutliche Erhöhung der effektiven Leistung, doch wurde die Maschine im Wirkungsgrad wesentlich schlechter.
Rudolf Diesel, dem es in erster Linie auf die Wirtschaftlichkeit seines neuen Motors ankam, wertete die Ergebnisse seiner Versuche negativ, zumal es ihm offensichtlich an einer plausiblen Erklärung für den schlechten Wirkungsgrad mangelte. Er schrieb nach Abschluß der Versuche folgendes nieder: »Dieser Versuch vom 28. 1. 1897 verglichen mit dem vorhergehenden vom 12. 1. entscheidet sogleich die Frage der Wirkung der Vorkompression; sie ist ungemein schädlich und wird daher von jetzt ab verlassen werden. Damit entsteht der normale Viertaktmotor mit direkter Ansaugung aus der Atmosphäre, wie er heute noch allgemein gebräuchlich ist.«
Wie inzwischen bekannt, irrte Diesel in seiner allgemeinen Beurteilung der Aufladung, denn nicht das Prinzip als solches war schlecht, sondern seine konstruktive und praktische Bewältigung. Nach diesen fehlgeschlagenen Versuchen und deren negativen Beurteilung durch Rudolf Diesel selbst gab es zunächst eine zwanzigjährige Pause, bis bei M.A.N. in Augsburg das Aufladeprinzip wieder aufgegriffen wurde. Und es dauerte bis zur Mitte der zwanziger Jahre, bis aufgeladene Dieselmaschinen erstmals in der Praxis eingesetzt wurden. So wurden im Jahr 1924 verschiedene Schiffe mit aufgeladenen Dieselmotoren in Betrieb genommen, wie zum Beispiel der Bergungsschlepper »Seefalke«, dem zwei M.A.N. Sechszylinder-Dieselmotoren die notwendige Zugkraft besorgten. Ihre Leistung konnte durch Zuschaltung eines elektrisch betriebenen Ladegebläses von 900 auf 1200 PS gesteigert werden.
Daß es mit der Aufladung damals nur zögernd voranging, hing unter anderem damit zusammen, daß sich die Ingenieure jener Zeit noch nicht ganz klar darüber waren, welche Auflademethode denn die richtige sei. Es wurde mit fremd (meist elektrisch) angetriebenen Ladegebläsen experimentiert, und auch die vor allem bei Ottomotoren üblichen, mechanischen Kompressoren (z. B. Roots-Gebläse) wurden erprobt. Beide Methoden ließen sich zwar relativ einfach realisieren, hatten jedoch den entscheidenden Nachteil, daß zu ihrem Antrieb entweder Fremdleistung notwendig war, oder Nutzleistung von der eigenen Maschine abgezogen wurde. Beide Verfahren führten insgesamt zu keiner Verbesserung der Wirtschaftlichkeit, das Gegenteil war der Fall.
Dennoch hatte die mechanische Aufladung zwei entscheidende Vorteile: Sie erlaubte wesentlich höhere Literleistungen und war von der Funktion her einigermaßen beherrschbar. So hatte die Aufladung mittels mechani-

In den zwanziger Jahren begann die Kompressor-Ära beim Automobil. Mit großen mechanischen Ladern wurde die Verbrennungsluft vorverdichtet (im Bild ein Bentley).

Der wohl berühmteste Kompressorwagen war der Mercedes SSK (1927). Sein 7,1 Liter großer Sechszylinder leistete 200 PS bei 3200/min.

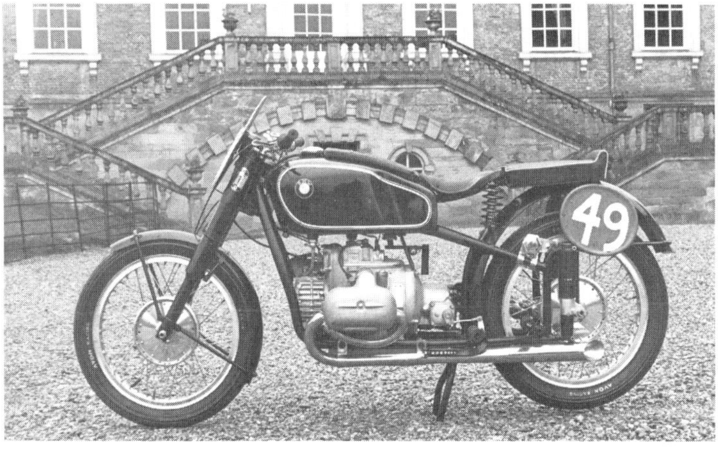

Auch bei Motorrädern machte die Aufladung Mode. Kompressormaschinen von BMW und NSU lieferten sich noch in den fünfziger Jahren heiße Schlachten.

schem Kompressor in der Folgezeit des Automobilbaus vor allem den Rennsport als Einsatzgebiet. Von Mitte der zwanziger Jahre bis nach dem Zweiten Weltkrieg beherrschten die sogenannten Kompressormotoren die Rennszenerie. Bernd Rosemeyer und Rudolf Caracciola hätten ohne Kompressor keine Chancen gehabt, derart nachdrücklich in die Geschichte des Rennsports einzugehen. Selbstverständlich machte die Aufladung auch vor Renn-Motorrädern und Rekordfahrzeugen nicht halt. Wer erinnert sich nicht an die legendären Schlachten von Schorsch Maier (BMW) und Heiner Fleischmann (NSU). Ende der vierziger Jahre machten geänderte Sportgesetze dem mechanischen Verdichter den Garaus, und nur bei den Beschleunigungs-Ungetümen des amerikanischen Drag-Racing konnte sich die mechanische Aufladung einen festen Platz erobern.
In diesen wilden Jahren der sogenannten Kompressor-Ära spielte eine Methode überhaupt keine Rolle: die Abgasturbo-Aufladung. Dies ist eigentlich verwunderlich, denn das Prinzip dieses Verfahrens ist fast so alt wie das Automobil selbst. Schon zu Anfang dieses Jahrhunderts hatte sich nämlich der Schweizer Ingenieur Dr. Alfred Büchi das Prinzip der Abgasturboaufladung ausgedacht. Am 13. November 1905 erhielt diese revolutionäre Idee des Schweizer Ingenieurs unter der Nummer 1 006 907 vom Bundes-Patentamt der USA den ersten Urheberschutz.
Büchi, Absolvent der renommierten Eidgenössischen Technischen Hochschule Zürich, hatte sich im Gegensatz zu den klassischen Kolbenmaschinenbauern sehr intensiv mit Strömungsmaschinen befaßt und kam als erster auf die grundlegende Idee, Strömungs- und Kolbenmaschinen miteinander zu kombinieren. Sein damaliger Grundgedanke war jedoch nicht allein die Vorverdichtung des Arbeitsmediums der Kolbenmaschine, sondern auch die teilweise Nutzung jener Energie, die normalerweise im Abgas mit hoher Temperatur und hohem Druck nutzlos in der Atmosphäre verpufft. Mehrere Patente folgten in den zwanziger Jahren und präzisierten die heute noch gültigen Vorstellungen des genialen Schweizer Erfin-

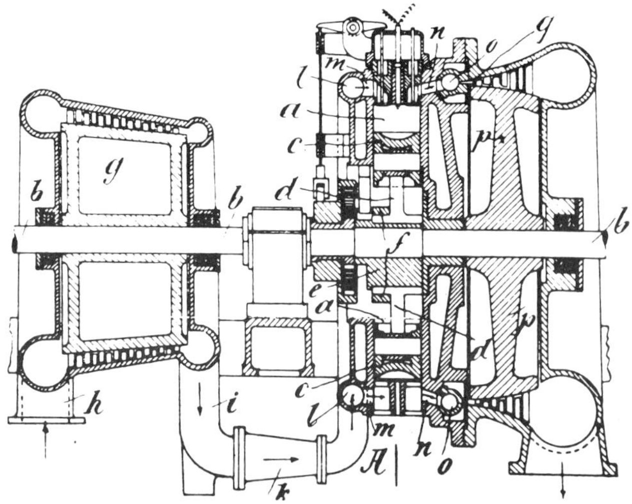

Schon 1905 erhielt Alfred Büchi auf das von ihm erfundene Verfahren der Abgasturbo-Aufladung sein erstes Patent.

ders, wobei unter anderem die Koppelung von Abgasturbine und Ladepumpe, in diesem Fall ein Turboverdichter, vorgeschlagen wurde.
Die Koppelung dieser beiden Strömungsmaschinen auf einer gemeinsamen Welle brachte nicht nur eine besonders für Kleinmotoren ideale Lösung und letztendlich den Durchbruch dieses Aufladeprinzips, sondern sorgte zusätzlich noch für eine neue Maschinen-Gattung. Ihr Name: Abgasturbolader. Heute werden Abgasturbolader der Einfachheit halber oft nur kurz als Turbolader bezeichnet.
Trotz eindeutiger thermodynamischer Ergebnisse, die den Vorteil von Büchis Turboaufladung sowohl hinsichtlich der Leistung wie auch der Wirtschaftlichkeit bei Versuchen darlegten, hatte auch diese Maschine eine lange Entwicklungszeit zurückzulegen. Vom Zeitpunkt ihrer Erfindung bis zum ersten Serieneinsatz im Automobil verging über ein halbes Jahrhundert. Interessant ist in diesem Zusammenhang, daß Alfred Büchi, der auch in der theoretischen Thermodynamik sehr beschlagen war, schon zu Beginn seiner Arbeiten einen Ladeluftkühler zur Verbesserung des Wirkungsgrades vorsah, der heute bei den Spitzenmodellen der turbogeladenen Personenwagen üblich, bei Renn- und Rekordwagen unumgänglich ist.
Doch in den ersten Jahrzehnten nach Büchis Erfindung verlief die Entwicklung der Abgasturbo-Aufladung eher schleppend. So wurden Abgasturbolader zunächst primär für große Antriebseinheiten, also für Schiffsmaschinen und stationäre Motoren entwickelt. Auch war die Technologie noch nicht so weit, kompakte Abgasturbolader für den Fahrzeugeinsatz bereitzustellen. Den ersten mobilen Einsatz erlebten turbogeladene Dieselmaschinen bei den deutschen Motorschiffen »Preußen« und »Hansastadt« im Jahr 1925. Turbogeladene Schiffsmaschinen, vor allem für den Einsatz auf U-Booten folgten, und die deutsche Reichsbahn stellte 1935 ihre erste Lokomotive mit einem 1400 PS starken Turbo-Diesel in Dienst. Die Schweizer Maschinenfabrik Saurer schließlich war die erste Firma, die den

Die ersten Maschinen mit Turbo-Aufladung liefen in Schiffen. Im Bild das Ladegebläse für den Dieselmotor der MS »Preußen«.

Abgasturbolader für Lastwagenmotoren erprobte, bis er endlich im Jahr 1938 im ersten Serienlastwagen eingeführt wurde.
Inzwischen ist die Turboaufladung bei den ganz großen Maschinen nicht mehr wegzudenken (sämtliche Diesel-Lokomotiven der Deutschen Bundesbahn laufen beispielsweise mit Turbolader). Bei schweren Lastwagenmotoren hat sich der Turbolader in USA völlig durchgesetzt und in Europa ist der Anteil der turbogeladenen Lkw-Diesel ständig im Steigen begriffen.
Auf dem Sektor der Personenwagen dauerte es noch etwas länger, bis der Turbolader endgültig seinen Platz hatte. Er begann seine Karriere wie jeder der es rasch zu etwas bringen will, in den USA. Kein geringerer als der größte Automobilhersteller der Welt, der amerikanische General Motors Konzern (GM), brachte 1962 zwei Turbomodelle auf den Markt: Sie hießen Chevrolet Corvair Monza und Oldsmobile Jetfire. Die Turboanlage am luftgekühlten Sechszylindermotor des Corvair arbeitete bereits mit Bypass als Regeleinrichtung, und der aufgeladene, wassergekühlte Leichtmetall-V 8 des Jetfire besaß ebenfalls ein integriertes Ventil zur Begrenzung des Ladedruckes. Überdies war beim Jetfire Wassereinspritzung zur Innenkühlung vorgesehen.

Im zweiten Weltkrieg wurden bereits zahlreiche Schiffsmaschinen mit Abgasturbolader eingesetzt. Im Bild ein MAN-Sechszylinder mit 2000 PS bei 520/min.

Moderne Maschinen für Lokomotiven und Schwerfahrzeuge laufen fast ausnahmslos mit Abgasturbo-Aufladung.

Trotz dieser Vorsichtsmaßnahmen war die Turbolader-Premiere sowohl im Oldsmobile Jetfire als auch im Corvair ein Flop. Schlechtes Ansprech- und Drehmomentverhalten, hoher Verbrauch (der damals freilich noch keine große Rolle spielte), vor allem aber eine intensive Störanfälligkeit setzten einer weiteren Verbreitung dieses Systems ein vorzeitiges, wenn auch nur vorläufiges Ende. Beide GM-Turboautos waren nur knapp zwei Jahre im Programm und wurden 1964 ersatzlos gestrichen.
Nur wenige Jahre später, 1967, unternahm ein anderer Absolvent der Eidgenössischen Technischen Hochschule Zürich, der Schweizer Michael May, einen Wiederbelebungsversuch des Turboladers im Personenwagen. Er entwickelte Turbo-Kits für die V 6-Motoren der großen deutschen Ford-Modelle, die erhebliche Leistungssteigerungen brachten und ohne Schwierigkeiten für die Straße zugelassen wurden. Die erfolgreiche Praktizierung der Abgasturbo-Aufladung bei Ford-Motoren in Kleinstserie weckte das Interesse anderer deutscher Automobilhersteller, die ebenfalls von den Früchten des May profitieren wollten. Es begann alsbald eine rege Entwicklungstätigkeit, die später besonders bei Porsche und BMW zu unübersehbaren Erfolgen führte.
So waren auf der IAA (Internationale Automobil Ausstellung) in Frankfurt 1973 gleich mehrere Turboentwicklungen für Straßenfahrzeuge zu bewundern. BMW brachte den ersten deutschen Serienwagen mit Abgasturbo-Aufladung heraus, den 2002 Turbo. Seine Leistung war durch einen Eberspächer-Turbolader von 130 PS auf 170 PS geklettert (plus 30 Prozent), noch eindrucksvoller war der Zuwachs an Drehmoment, das von 180 Nm bei 4500/min auf 245 Nm bei 4000/min gestiegen war. Da solche Werte aus einem nur knapp zwei Liter großen Vierzylinder geschöpft wurden, war auch den letzten Zweiflern klar, welche Möglichkeiten die Turboaufladung eröffnete.
Daß der BMW 2002 turbo dennoch kein Erfolg wurde, hatte zwei wichtige Gründe. Erstens kam er zu einer schlechten Zeit auf den Markt: Die erste Energiekrise bremste mit Fahrverboten und Geschwindigkeitsbeschränkungen die Lust am schnellen Auto. Zweitens erwiesen sich die seit 1974 ausgelieferten Turbolimousinen der bayerischen Marke (immerhin wurden über 1000 Exemplare gebaut) nicht als standfest. Ständige Schäden am Lader und an der Abgasanlage sorgten für Ärger bei den Kunden und im Werk, so daß das erste deutsche Serienauto mit Turbomotor bald wieder eingestellt wurde. Für BMW saßen diese schlechten Ersterfahrungen offenbar so tief, daß man sich erst acht Jahre später wieder mit einem Serien-Turbo, dem BMW 745 i, auf den Markt traute.
Außer BMW waren in diesem, für die Turboaufladung entscheidenden Jahr, noch weitere Motoren mit Abgasturbolader in Frankfurt zu sehen.

Als einer der ersten Personenwagen mit Turbomotor ging der Oldsmobile Jetfire in die Geschichte ein.

Im Chevrolet Corvair Monza wurde erstmals die Abgasturbo-Aufladung in größerer Serie realisiert.

Erstes deutsches Serienauto mit Turbolader war der BMW 2002 Turbo. Sein Motor leistete 170 PS und machte eine Höchstgeschwindigkeit von 211 km/h möglich.

1974 leitete Porsche mit diesem Prototyp die Turbo-Ära im Personenwagen erneut ein. Der Motor hatte damals noch 2,7 Liter Hubraum und 240 PS.

Porsche stellte den ersten Prototyp des später so erfolgreichen 911 Turbo vor, dessen Sechszylindermotor bei 2,7 Liter Hubraum über 270 PS leisten sollte. Und auf dem Stand des bedeutendsten europäischen Turbolader-Herstellers, der Firma Kühnle, Kopp und Kausch (KKK) aus Frankenthal, war ein aufgeladener Opel Manta-Motor zu sehen. Mit Hilfe von Michael May, der die Anpassung besorgte, und einem KKK-Turbolader leistete dieser 1,9 Liter Opelmotor 140 PS bei 5750/min. Natürlich waren auch die May-Entwicklungen für den 2,3 Liter Sechszylinder von Ford zu sehen, der dank Turboaufladung von 108 auf 180 PS erstarkt war.
Den größten Eindruck in Sachen Leistung hinterließ auf dieser IAA des Jahres 1973 freilich der Porsche 917 CanAm-Rennwagen. Sein 5,4 Liter großer Zwölfzylinder wurde von zwei KKK-Turboladern beflügelt und entwickelte die schier unglaubliche Leistung von 1200 PS bei 7800/min. Der 917 kann damit bis heute den Superlativ für sich in Anspruch nehmen, das stärkste Rennauto der Welt gewesen zu sein. Er war gleichzeitig ein wichtiger Wegbereiter für die gesamte Turboentwicklung im Automobilbau. Denn ohne den Motorsport, so viel läßt sich guten Gewissens behaupten, wäre die Abgas-Turboaufladung heute nicht so weit, wie sie ist.
Denn während die Entwicklungsabteilungen der großen Automobilhersteller nach dem Desaster der turbogeladenen GM-Modelle für den Turbomotor im normalen Serienbau keine Chancen sahen, wurde er für den Rennsport entdeckt. Wiederum gingen die Amerikaner voran und ebneten dem

Ein bis dato unvorstellbares Kraftpaket war der Porsche CanAm-Motor. Er leistete 1200 PS bei 7800/min und bescherte Porsche auf Anhieb die Meisterschaft in CanAm-Wettbewerb.

Schon Anfang der siebziger Jahre starteten aufgeladene Offenhauser-Motoren in Indianapolis.

Turbolader den Einstieg in die Rennszene. Die amerikanischen Indianapolis-Rennwagen begannen, sich in den späten sechziger Jahren Turbolader zuzulegen, mit denen sie ihren antiken, aber bewährten Rennmotoren (z. B. Vierzylinder-Offenhauser) neue Kraft einflößten. Bald stellte sich heraus, daß der Turboschub trotz eines Hubraum-Handicaps von über 33 Prozent (statt 4,2 Liter wie die Sauger, durften die Turbos nur 2,65 Liter Hubraum besitzen) bei weitem überwog. Mit immens hohen Ladedrücken, die dank des in Indianapolis erlaubten Spezial-Kraftstoffes möglich sind, wurden damals schon über 800 PS aus diesen relativ kleinen Vierzylindern gezaubert. Der endgültige Durchbruch des Turbomotors im Indy-Rennsport ließ auch dann nicht lange auf sich warten: Im Jahr 1970 starteten alle Teilnehmer mit Turbomotoren. Und wer heute in Indianapolis mit Gewinnchancen an den Start gehen will, darf auf den Turbo keinesfalls verzichten, obwohl das Reglement mittlerweile zugunsten der Saugmotoren geändert wurde.

Weitere wichtige Stationen des Turbo im Rennsport waren außer dem schon erwähnten Porsche 917 die Einsätze des BMW 2002 Turbo. Dieser erste Renn-Tourenwagen mit Abgasturbolader gab sein eindrucksvolles Debüt bei einigen Läufen zur Tourenwagen-Europameisterschaft 1969. Wenn ihm auch definitive Erfolge versagt blieben – der BMW-Turbo hatte eine sehr hohe Ausfallquote – so sorgte er doch für spektakuläre Auftritte und legte dar, welche Leistungen mit der Turboaufladung zu erreichen waren. Und die waren für die damalige Zeit beachtlich. 280 PS (206 kW) erzielte das BMW-Renntriebwerk bei nur 7000 Touren, und damit war man noch nicht am Ende.

So war es nur noch eine Frage der Zeit, bis sich der Turbo im Rennsport allgemein durchsetzte. Bei den Touren- und GT-Wagen sowie den Fahrzeugen zur Marken-Weltmeisterschaft ging dies schneller als in der Formel 1, wo ein recht hohes Handicap (Turbos dürfen nur die Hälfte des Hubraums eines Saugmotors aufweisen) zunächst die Entwicklung bremste. Doch inzwischen hat sich, nach dem Einstieg von Renault in die Formel 1 mit Turbomotoren (1975), das Bild gründlich gewandelt. Der Turbomotor ist auch hier auf dem besten Weg, die altbewährten Saugmotoren abzulösen, da er einfach eine wesentlich höhere Leistungsausbeute gestattet.

Dieser Punkt war es auch vor allem, der dem Turbomotor den Einstieg im Serienbau ermöglichte. Denn die Konstrukteure sahen hier erstmals einen erfolgversprechenden Weg, zuverlässig stattliche Leistungssteigerungen realisieren zu können, ohne einen völlig neuen, größeren Motor einbauen zu müssen. Denn abgesehen von den immens hohen Kosten, die eine neu konzipierte Antriebseinheit verursacht, ließen oft auch die fahrzeugspezifi-

Als erster wagte Renault mit einem Turbomotor den Einstieg in die Formel 1.

Michael May entwickelte als erster in Deutschland Turbomotoren für Personenwagen. Hier sein Turbo-Kit für den Ford V 6-Motor.

schen Daten den Einbau eines größeren und schweren Triebwerks nicht zu. So war der Turbomotor nicht nur eine attraktive, sondern oft auch die einzige mögliche technische Lösung, das Leistungsangebot einer Modellreihe beträchtlich nach oben zu erweitern (Beispiel Saab 900 turbo).
Porsche ging diesen Weg als erste bedeutende Firma mit dem 911 Turbo (interne Bezeichnung 930) erfolgreich, andere Automobil-Hersteller wie Saab, Audi und BMW folgten. Im Dieselbereich machte 1978 Mercedes-Benz als erster von dieser Möglichkeit Gebrauch. Damit hat der Turbomotor eine klar umrissene Rolle. Er erweitert überall dort, wo die Motorenbauer mit der Leistung des Saugmotors am Ende sind, die Möglichkeiten und ist so meist als Spitzen- und Hochleistungstriebwerk einer Modellreihe ausgewiesen. Diese Einordnung könnte sich jedoch in Zukunft grundlegend ändern. Denn abgesehen von der höheren Leistungsausbeute bietet der Turbomotor überraschend positive Aspekte, die andere, wichtige Kriterien eines Automobilantriebs betreffen: Er läuft leiser, kann im Abgas besser kontrolliert werden und kann, bei konsequenter Auslegung, sogar sparsamer als ein leistungsgleicher Saugmotor sein –, Vorteile also, die in Zukunft eine zunehmend größere Rolle spielen werden.

Was man unter Aufladung versteht

ALLGEMEINE ZUSAMMENHÄNGE UND METHODEN DER AUFLADUNG

Ganz allgemein wird die Leistung eines Verbrennungsmotors von der pro Zeiteinheit durchgesetzten Ladungsmenge bestimmt. Die Ladung selbst ist ein Kraftstoff-Luftgemisch, das bei Ottomotoren (Benzinern) in der Regel außerhalb des Zylinders im Vergaser oder im Saugrohr gebildet wird, bei Dieselmotoren durch Einspritzen in den Verbrennungsraum (entweder direkt oder in Vorkammern).

Am Gesamtvolumen der Ladung ist der Volumenanteil des Kraftstoffs allerdings sehr gering (ca. 1:15), während das Volumen des für die Verbrennung notwendigen Sauerstoffträgers Luft überproportional groß ist. Und da das Maß der zugeführten Kraftstoffmenge letztendlich nur von der zur Verfügung stehenden Sauerstoffmenge (bzw. Luftmenge) bestimmt wird, gilt folgender grundlegender Zusammenhang:

Die Leistung eines Verbrennungsmotors ist seinem mit Kraftstoff versehenen Luftdurchsatz proportional.

Mit anderen Worten: Je mehr Luft durchgesetzt wird, umso mehr Leistung kann aus einer Maschine herausgeholt werden. Nun läßt sich ja das Ziel

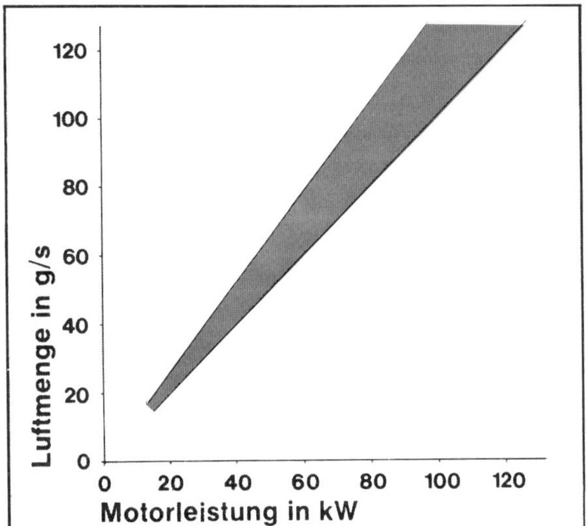

Leistung und durchgesetzte Luftmenge stehen beim Verbrennungsmotor in einem direkt proportionalen Verhältnis.

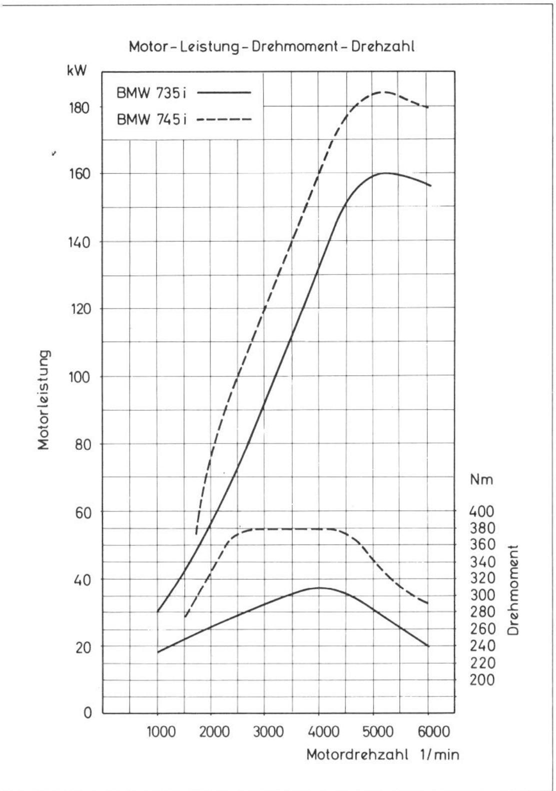

Die Aufladung ermöglicht bei annähernd gleichbleibendem Hubraum wesentlich höhere Leistungs- und Drehmomentwerte.

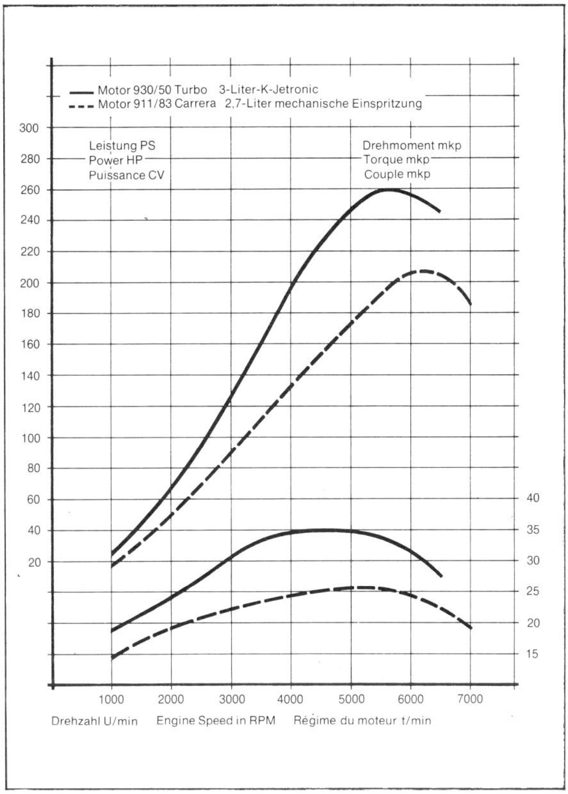

Vergleich der Leistungs- und Drehmomentkurven des Porsche Carrera 2,7 und des Porsche Turbo 3,0. Die gestiegene Höchstleistung des Turbo wird bei deutlich geringerer Drehzahl erreicht.

eines höheren Luftdurchsatzes pro Zeiteinheit beim selbstansaugenden Motor (Saugmotor) theoretisch und praktisch auf verschiedenen Wegen erreichen. Da wäre einmal der Hubraum als wichtiges Basismaß der durchsetzbaren Luftmenge. Er läßt sich bei gegebenen Motoren nur begrenzt steigern, doch auch hier ist der Zusammenhang einfach: Mehr Hubraum ermöglicht höheren Luftdurchsatz und somit höhere Leistung. Der zweite wichtige Faktor für die durchsetzbare Luftmenge ist die Motordrehzahl, denn je öfter ein Ladungswechsel pro Zeiteinheit stattfindet, umso höher ist die Leistung. Aber auch hier sind sowohl für Gebrauchs- wie für Wettbewerbsmotoren nach oben Grenzen gesetzt, die in erster Linie von den im Quadrat mit der Drehzahl ansteigenden Massenkräften bestimmt werden.

Dies sind die beiden wichtigsten Kriterien für die Leistung einer Verbrennungsmaschine. Selbstverständlich läßt sich bei einem vorhandenen Motor noch durch verschiedene Maßnahmen (z. B. Verbesserung der Saug- und Abgaswege, Änderung der Steuerzeiten usw.) der Liefergrad verbessern, so daß über diesen Weg ein höherer Luftdurchsatz erzielt wird (Liefergrad = Verhältnis der angesaugten Luftmenge zum Hubvolumen). Doch auch hier sind Grenzen gesetzt, denn ein Liefergrad von über 100 Prozent ist bei Gebrauchsmotoren kaum realisierbar. Es würde bedeuten, daß der Motor pro Zeiteinheit mehr Luft ansaugt, als die Kolben in derselben Zeit Volumen verdrängen.
Wenn man jedoch dem Motor die Verbrennungsluft unter höherem Druck als dem Umgebungsdruck zuführt, ihn also sozusagen zwangsweise beatmet, läßt sich die durchgesetzte Luftmenge oder besser gesagt das Luftgewicht, unabhängig von Drehzahl und Hubraum erheblich steigern. So ist denn der Grundgedanke der Aufladung, die Verbrennungsluft bzw. die Ladung schon außerhalb des Zylinders vorzuverdichten. Die Luft- oder das Kraftstoff-Luftgemisch wird beim aufgeladenen Motor also zweimal verdichtet: Einmal außerhalb des Arbeitszylinders und dann im Zylinder selbst.

Ziele und Folgen der Aufladung

Primäres Ziel der Aufladung von Verbrennungsmotoren war und ist nach wie vor die Steigerung der Leistung bei gegebener Motorgröße. Bei allen

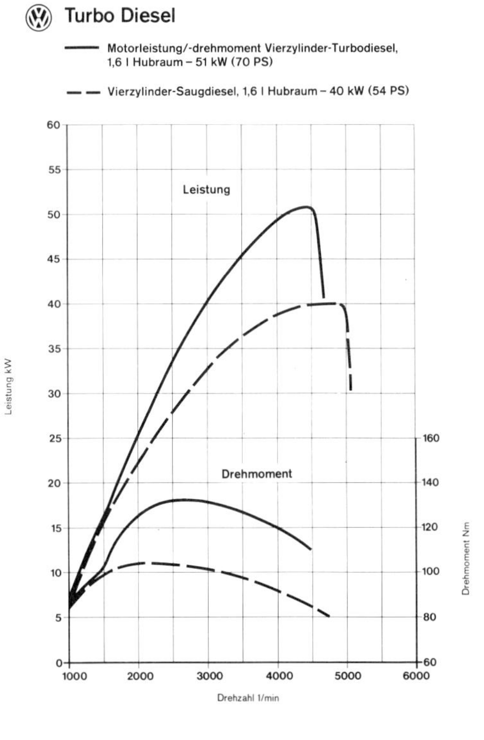

Auch beim Dieselmotor läßt die Leistungssteigerung durch Aufladung eine Absenkung des Drehzahlniveaus zu.

Aufladesystemen wird die Verbrennungsluft mit mehr oder weniger hohem Überdruck in die Zylinder geleitet, so daß bei gleichzeitiger Erhöhung der Kraftstoffzufuhr die Leistung gegenüber einem aus der Atmosphäre ansaugenden Motor zum Teil beträchtlich gesteigert werden kann. Da diese Form der Leistungssteigerung in der Regel nicht mit einer Drehzahlerhöhung verbunden ist (meist wird die Nenndrehzahl sogar abgesenkt), ist der unter dem Strich herauskommende Leistungszuwachs ausschließlich auf den höheren mittleren Verbrennungsdruck zurückzuführen. Jener wiederum ist eine Folge der durch Aufladung erzielten höheren Ladungsdichte. Zur Verdeutlichung dieses Zusammenhanges sei an die Leistungsformel erinnert. Sie lautet:

$$P = V_H \cdot n \cdot p_m \cdot (K_1)$$

In dieser Formel bedeuten P die Leistung, n die Drehzahl, p_m der mittlere Verbrennungsdruck und K_1 eine Rechnungskonstante, die für die grundlegenden Zusammenhänge nicht wichtig ist. Proportional mit dem Verbrennungsdruck steigt auch das Drehmoment an, was aus folgender Beziehung hervorgeht:

$$M_d = p_m \cdot V_H \cdot (K_2)$$

Aus diesem Grund haben aufgeladene Motoren ein wesentlich höheres Drehmoment als gleichgroße Saugmotoren. Während sehr gute serienmäßige Saugmotoren auf ein spezifisches Drehmomentmaximum von etwa 90 Newtonmeter pro Liter Hubraum kommen (entsprechen 9 mkp/L), liegen aufgeladene Serien-Aggregate bis zu 50 Prozent darüber.

Das höhere Drehmoment und die höhere Endleistung des aufgeladenen Motors haben naturgemäß höhere Fahrleistungen des betreffenden Automobils zur Folge, was ja auch vorrangiges Ziel der Aufladung ist. Da ein aufgeladener Motor in der Regel nur geringfügig schwerer ist (ca. 5 bis 10 Prozent) als ein gleichgroßer Saugmotor, ergeben sich gegenüber einem gleichstarken Saugmotor, der unter Umständen sogar mehr Zylindereinheiten haben müßte, deutliche Gewichts- und Raumvorteile.

War ursprünglich nur Leistungssteigerung das Ziel der Motorenentwickler, so ist mittlerweile ein wichtiges weiteres Kriterium hinzugekommen, das der Aufladung gute Zukunftschancen einräumt: der Kraftstoffverbrauch. In der Tat waren alle verbrauchsoptimierten Forschungsautos (Auto 2000), die 1981 auf der IAA ausgestellt waren, mit aufgeladenen Antriebsaggregaten vorgesehen. Dabei kamen mechanische Kompressoren und gasdynamische Druckwellenmaschinen (Comprex) ebenso zum Einsatz, wie die inzwischen schon weltweit eingeführten Abgasturbolader.

Ein Beispiel für Fremdaufladung durch ein elektrisch angetriebenes Gebläse liefert diese Maschinengruppe eines Motorschiffes (MAN 1924).

Wie ist es nun möglich, durch Aufladung Kraftstoff zu sparen? Hier werden von den Befürwortern der Aufladung verschiedene Argumente vorgebracht, die in ihrer theoretischen Begründung sicher richtig sind, in der Praxis jedoch bisher nur teilweise nachvollzogen werden konnten. Es sind im wesentlichen vier Faktoren, die zur Kraftstoffeinsparung führen:

1. Das höhere Drehmoment und die größere Endleistung erlauben eine längere Getriebeübersetzung. Letztere senkt Drehzahl und Verbrauch.
2. Gegenüber einem gleichstarken, aber größeren Saugmotor hat der kleinere aufgeladene Motor geringere Pump- und Reibungsverluste.
3. Das geringere Motorgewicht und das kleinere Bauvolumen des aufgeladenen Motors ergeben eine Verminderung des Fahrzeuggewichts, die deutlich über die Gewichtsdifferenz der Antriebsaggregate hinausgeht.
4. Die Aufladung führt zu einer Verbesserung des motorischen Wirkungsgrades. Diese Feststellung kann vor allem für vom Abgas beaufschlagte Ladesysteme (Abgasturbolader, Comprex-Druckwellenmaschine) geltend gemacht werden.

Als weitere Folgen der Aufladung werden oft bessere Beherrschung der Abgasemission und der Geräuschentwicklung genannt. Sicherlich lassen sich beide Kriterien in speziellen Fällen nachweisen – insbesondere der Abgasturbolader ist ein Geräuschminderer –, doch wiegen diese Vorzüge kaum so schwer, daß sie allein eine Aufladung rechtfertigen würden.

Verschiedene Aufladesysteme

Natürlich gibt es verschiedene Möglichkeiten, das Arbeitsmedium bzw. die Verbrennungsluft außerhalb der Zylinder vorzuverdichten. Die Aufladesysteme lassen sich je nach Antriebs- oder Bauart in fünf Gruppen aufteilen

- Fremdaufladung
- Mechanische Aufladung
- Aufladung durch Gasschwingungen
- Druckwellen-Aufladung
- Abgasturbo-Aufladung

Für den Betrieb im Fahrzeug kommt die Fremdaufladung logischerweise nicht in Frage, da hier zum Betrieb des Verdichters eine zusätzliche Kraftquelle (z. B. Elektromotor) notwendig ist. Alle anderen Aufladesysteme entnehmen die zur Vorverdichtung der Luft notwendige Leistung bzw. Energie der Maschine, die aufgeladen werden soll. Und all diese Systeme sind bisher schon in Automobilen verwirklicht worden. Es sind außerdem kombinierte Aufladeverfahren möglich und auch realisiert worden.

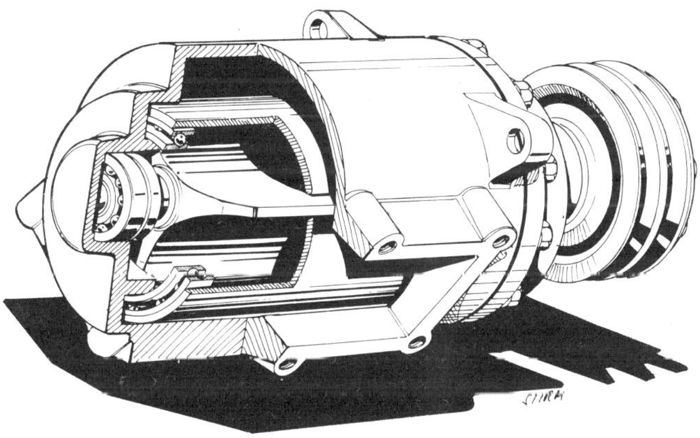

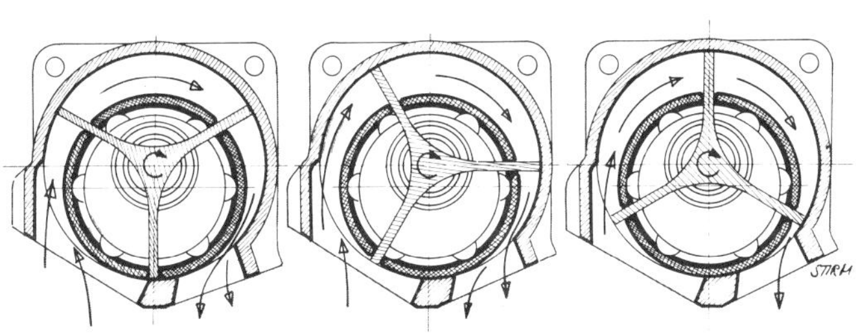

Aufbau und Funktionsschema eines Flügelzellenverdichters: Die Luft wird in den Kammern vorverdichtet.

MECHANISCHE AUFLADUNG

Die mechanische Aufladung war jahrzehntelang die einzige praktikable Methode, Automobil- oder Motorradmotoren mit ausreichend hochverdichteter Luft bzw. Gemisch zu füttern. Es wurden und werden hierzu in der Regel Lader nach Verdrängerbauart benutzt, die vom Motor selbst angetrieben werden. Von den verschiedenen Verdrängerbauarten, wie zum Beispiel Hubkolbenverdichter, Schraubenverdichter und Drehflügelverdichter (Zoller-Gebläse) haben sich vor allem die nach den Gebrüdern Roots benannten Drehkolbenverdichter (Roots-Gebläse) bei Automobilmotoren durchgesetzt.
Beim Roots-Gebläse wälzen sich zwei Drehkolben berührungsfrei in einem Gehäuse gegeneinander ab und fördern so Luft aus der Atmosphäre zur Druckseite des Motors (siehe Abbildung). Ein Zahnradpaar sichert die korrekte Abwälzung der beiden mit etwa 1,0 bis 2,5facher Motordrehzahl laufenden Drehkolben. Der Roots-Lader arbeitet dabei ohne innere Verdichtung, das heißt vereinfacht ausgedrückt, die eigentliche Verdichtung geschieht durch die Förderung einer zu großen Luftmenge in einen zu kleinen Sammelbehälter. Der Sammelbehälter ist das Einlaßsystem des Motors. Der Wirkungsgrad der Roots-Verdichter ist wegen der relativ hohen Spaltverluste nicht allzu gut. Für höhere Druckverhältnisse, wie sie freilich für normale Personenwagenmotoren nicht nötig sind, eignen sich Roots-Verdichter nicht. Auf Grund des speziellen Förder- und Verdichtungsvorganges der Roots-Verdichter ergeben sich starke Schwingungen der Luftsäulen, die sich durch erhebliche Geräuschentwicklung bemerkbar machen. Das Kreischen der alten Rennmotoren mit Kompressor ist im wesentlichen darauf zurückzuführen.
Die generellen Vorteile der mechanischen Aufladung sind rasch aufgezählt. Sie ist technologisch einfach praktizierbar, relativ preiswert und erlaubt schon bei niederen Drehzahlen ausreichend hohen Ladedruck. Die mechanische Koppelung an den Motor ergibt außerdem ein gutes dynamisches Verhalten, so daß derart aufgeladene Motoren gut am Gas hängen und auch schon bei niederen Drehzahlen hohes Drehmoment aufweisen. Aus diesem Grund haben sich mechanische Kompressoren, vorwiegend Roots-Verdichter, bei den amerikanischen Dragster-Motoren, wo es um höchste Beschleunigungsleistungen geht, hartnäckig gehalten.
Den genannten Vorteilen stehen jedoch wichtige Nachteile gegenüber, die den mechanischen Verdichter bei Automobilmotoren zumindest vorübergehend in eine Außenseiterposition gedrängt haben. Hier wäre an erster Stelle der schlechte Gesamtwirkungsgrad eines mechanisch aufgeladenen Verbrennungsmotors zu nennen. Da die gesamte mechanische Leistung

Mechanische Lader wurden vor allem in den USA zum Motortuning benutzt. Im Foto ein VW Käfermotor mit zwei Judson-Kompressoren (Flügelzellenverdichter).

Mitte: Funktionsschema eines Drehkolbenverdichters (Roots-Gebläse) am Beispiel des Lancia Trevi Volumex.

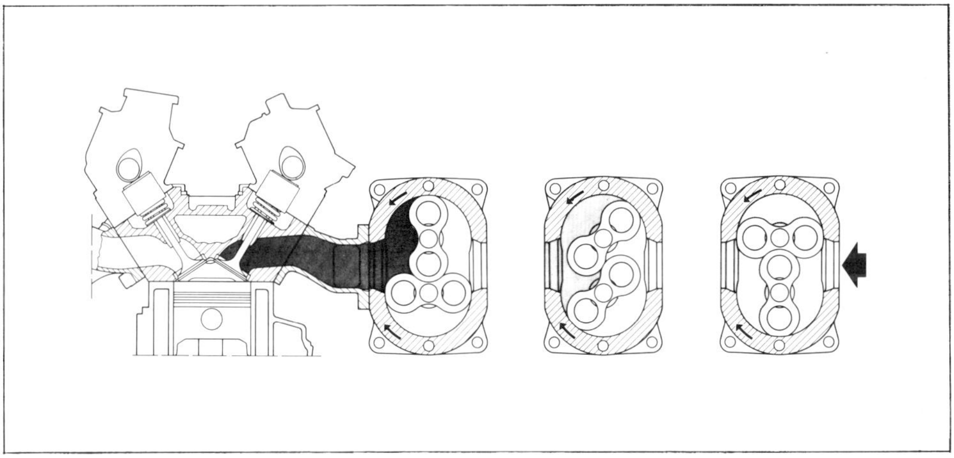

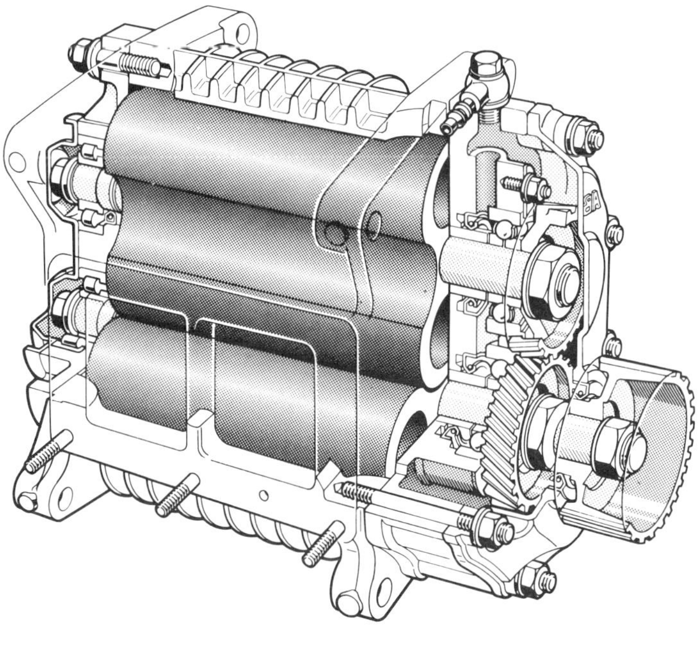

Mechanischer Aufbau eines modernen Drehkolbenverdichters: Die beiden Drehkolben sind durch schrägverzahnte Stirnräder gekoppelt, alle Lagerstellen sind druckdicht ausgeführt, als Antrieb dient ein Zahnriemen.

Zerlegte Versuchsausführung eines kleinen Drehkolbenverdichters (Roots-Gebläse). Die beiden Drehkolben laufen berührungsfrei gegenüber Gehäuse und sich selbst.

zum Antrieb des Verdichters dem Motor entzogen wird, fällt dieser Leistungsteil, der je nach Auslegung bis zu 10 Prozent betragen kann, als Nutzleistung weg. Da es auch mit dem Wirkungsgrad der mechanischen Verdichter selbst wegen der unvermeidlichen Spaltverluste nicht allzu gut bestellt ist, kann diese Art der Aufladung von der Wirtschaftlichkeit her (bezogen auf den Kraftstoffverbrauch) gegenüber anderen Ladesystemen nicht unbedingt favorisiert werden. Als zusätzlicher Nachteil wäre der Antrieb des mechanischen Verdichters zu nennen, der den Motor weiter verkompliziert und störanfälliger macht. Weitere Probleme machen – bei ständig mitlaufenden Verdichtern – die Lebensdauer und das Laufgeräusch. Als weiterer Nachteil des mechanischen Laders gilt sein relativ großes Bauvolumen und das damit verbundene hohe Gewicht. Gerade bei Motoren mit großem Hubraum und hoher Literleistung (große Durchsatzmengen) geraten daher mechanische Lader so groß und schwer, daß ihre Adaption an den Motor schon aus Raumgründen schwierig ist. Auf Grund der großen, starr mit dem Motor verbundenen Masse, wird auch das Schwingungsverhalten und damit die Akustik beeinflußt.

Dennoch ist die mechanische Aufladung in den Forschungs- und Entwicklungsabteilungen nicht in der Schublade verschwunden. So stellte VW in seinem Forschungsauto 2000 als Triebwerks-Alternative auch einen Vierzylinder mit mechanischem Lader vor. Dieser diente in erster Linie dazu, hohe Leistung für Beschleunigung und Spitzengeschwindigkeit zu erzeu-

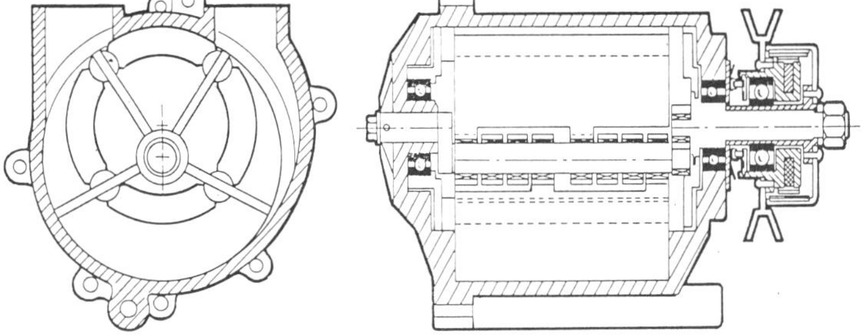

Flügelzellenlader der Firma Bendix (Rotocharger) mit elektromagnetischer Einschaltkupplung. Probleme mit der Dauerhaltbarkeit führten zur Einstellung des Rotocharger -Projekts.

gen. Er wurde daher nur bei Vollast durch einen sogenannten Kick-Down im Gaspedal über eine elektromagnetische Kupplung zugeschaltet, während im Teillastbereich der Motor als Sauger lief. Die Lösung wurde von VW wegen ihrer Preiswürdigkeit und guten Funktionalität gelobt. Die Wirkungsgrad-Nachteile wurden mit dem Einwand akzeptiert, daß der Vollastbetrieb bei einem Auto ganz allgemein nur einen Bruchteil des gesamten Lastkollektivs ausmache.

So hat es auch in jüngster Zeit nicht an Versuchen gefehlt, mechanische Lader mit besserem Wirkungsgrad und einfachem Aufbau zu entwickeln. Die amerikanische Firma Bendix stellte beispielsweise einen Flügelzellen-Lader namens Rotocharger vor, der mit innerer Verdichtung (variable Luftkammer) und relativ geringen Spaltverlusten arbeitet. In Versuchen zeigte sich freilich, daß dieses System den hohen Belastungen am Verbrennungsmotor nicht gewachsen war. Auch die im Turbolader-Geschäft gut etablierte Firma Garrett beschäftigt sich mit mechanischen Aufladesystemen. Und in Deutschland betreibt die sonst vorwiegend für Vergaser zuständige Firma Pieburg (Solex) eine Laderentwicklung.

Bei Fiat wollte man freilich die Entwicklung neuartiger verbesserter mechanischer Lader nicht abwarten, und vertraute auf den Einsatz des altbewährten Roots-Verdichters. Unter der Leitung des ehemaligen Ferrari-Konstrukteurs Lampredi wurden mechanisch aufgeladene Vierzylindermotoren entwickelt, die 1982 in Serie gingen. Der vor allem als Basismodell für den Sporteinsatz gedachte Lancia Rally verdankt seine 205 PS aus zwei Liter Hubraum ebenso einem mittels Zahnriemen angetriebenen Roots-Verdichter wie der für ein breiteres Publikum bestimmte Lancia Trevi Volumex (1995 cm^3, 135 PS (99 kW), 206 Nm, Ladedruck maximal 0,45 bar).

Mechanische Lader (hier ein Roots-Gebläse) haben einen relativ großen Raumbedarf und hohes Gewicht.

AUFLADUNG DURCH GASSCHWINGUNGEN

Seit langem wird jener Aufladeeffekt, der sich durch die Schwingungen der Gassäulen im Ansaug- und Auspuffsystem ergibt, zur Verbesserung der Füllung von Saugmotoren ausgenutzt. Besonders Rennmotoren, aber auch Serienmotoren höherer Literleistung, profitieren von einer sorgsamen Abstimmung der Frischgas- und Abgasleitungen. Große, kegelförmige Ansaugtrichter und komplizierte Rohrgebilde zur Abgaszusammenführung (sogenannte Fächerkrümmer) sind auffälliges Kennzeichen von Wettbewerbsmotoren für diese Art der Ladungsverbesserung.

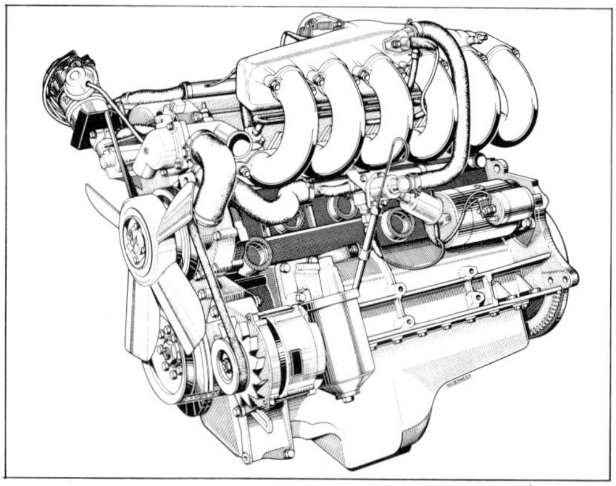

Durch Abstimmung der Rohrlängen im Ansaug- und Abgastrakt eines Motors lassen sich die Gasschwingungen zur Verbesserung des Füllungsgrades benutzen. Dies wird bei Serienmotoren (oben BMW 3,0 Si) ebenso praktiziert wie bei Rennmotoren.

Die gasdynamische Abstimmung selbst kann freilich immer nur in einem begrenzten Drehzahlbereich eine Verbesserung bringen, nie den gesamten Arbeitsbereich des Motors erfassen. Von einer echten Aufladung im Sinne einer kontinuierlichen Vorverdichtung der Luft bzw. des Gemischs außerhalb der Arbeitszylinder kann jedoch hier nicht die Rede sein. Allerdings sind durch Nutzung der Gasschwingungen vor allem bei Rennmotoren in bestimmten Drehzahlbereichen Liefergrade von deutlich über 1,0 (100 Prozent) erzielbar.

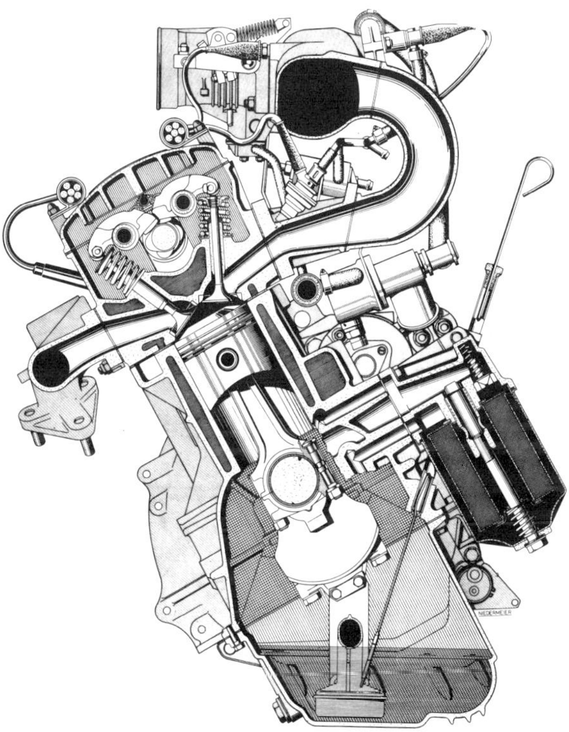

Bei diesem Querschnitt eines BMW Sechszylinder-Einspritzmotors ist die optimierte Gestaltung der Saug- und Abgasleitung sehr gut zu erkennen.

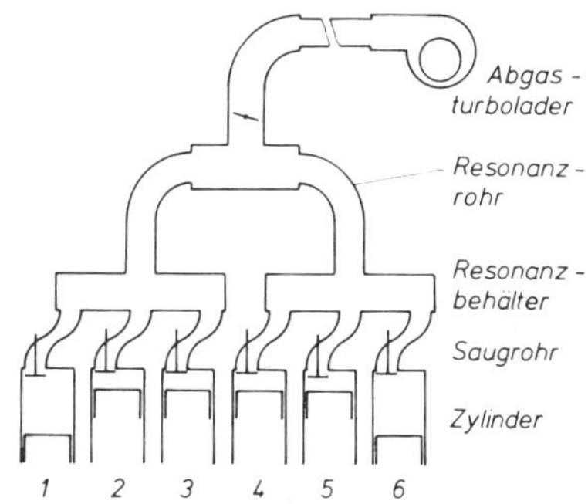

Durch die kombinierte Aufladung (oben die Anordnung) läßt sich im unteren Drehzahlbereich eine wesentliche Verbesserung des Drehmoments erzielen (Alpina B 7-Motor)

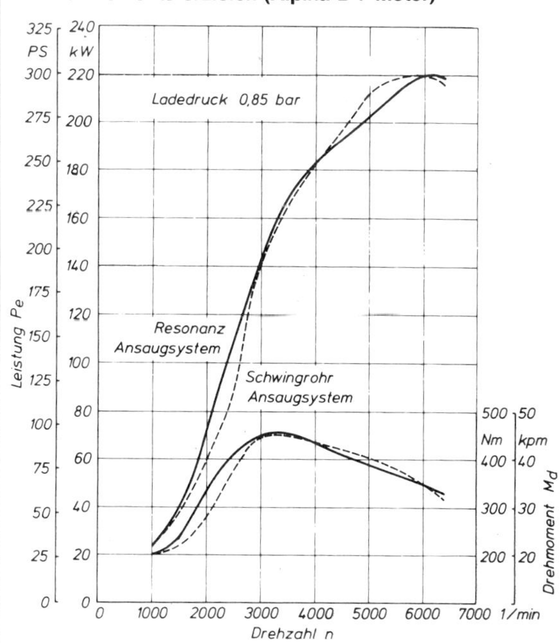

Rechts: Durch die kombinierte Aufladung (oben die Anordnung) läßt sich im unteren Drehzahlbereich eine wesentliche Verbesserung des Drehmoments erzielen (Alpina B 7-Motor)

Eine besondere Rolle auf dem Gebiet der Aufladung durch Gasschwingungen bildet die sogenannte kombinierte Aufladung nach G. Cser. Es handelt sich dabei um ein Resonanzsystem, das sich zwischen dem eigentlichen Verdichter (einem Turbolader) und dem Motor auf der Frischgasseite befindet. Grundidee des Verfahrens ist es, die pulsierende strömende Luft in einem Resonanzsystem so abzustimmen, daß im unteren Drehzahlbereich eine deutliche Füllungsverbesserung und damit eine Drehmomenterhöhung eintritt. Und da Gasschwingungen mit Schallgeschwindigkeit ablaufen, tritt der erreichbare Lade-Effekt praktisch ohne Zeitverzögerung ein. Damit wird einmal die typische Drehmomentschwäche von Turbomotoren im unteren Lastbereich überdeckt, zum anderen bringt der höhere Gasdurchsatz ein rascheres Ansprechen und einen besseren Ladedruckverlauf des Turboladers. Allerdings ist auch hier das gasdynamische Aufladeeffekt nur in der Nähe der gewählten Resonanzdrehzahl wirksam. Bei höheren Drehzahlen hat die Resonanzabstimmung so starke Leistungseinbußen zur Folge, daß sie nur als kombiniertes Aufladesystem sinnvoll anwendbar ist. Denn dann kann die eigentliche Aufladevorrichtung – z. B. der Abgasturbolader – den Leistungsverlust wieder kompensieren.
Außer bei Dieselmotoren wurde die kombinierte Aufladung erstmals durch die Firma Alpina bei einem Sechszylinder-Ottomotor (Basis-Aggregat: BMW Dreiliter) verwirklicht. Das Ergebnis war so überzeugend, daß der gasdynamischen Aufladung, kombiniert mit Abgasturbolader, gute Zukunftschancen eingeräumt werden müssen.

Resonanzrohre und Resonanzbehälter der kombinierten Aufladung sind hier gut zu erkennen.

COMPREX-AUFLADUNG

Die Comprex-Aufladung nutzt ebenfalls gasdynamische Effekte zur Vorverdichtung des Arbeitsmediums. Die von der Schweizer Firma Brown Boveri AG entwickelte Druckwellenmaschine vereinigt Kompressions- und Expansionsvorgänge in sich, woraus sich auch die Bezeichnung »Comprex« ableitet. Beim Comprex-Druckwellenverdichter tritt das unter hohem Druck stehende, heiße Abgas in ein rotierendes Zellenrad ein (in der Praxis eine Walze mit zahlreichen Kammern trapezförmigen Querschnitts), dessen Zellen von einer Seite mit Frischluft gefüllt sind. Durch das in die Zellen von der anderen Seite eintretende Abgas wird eine Druckwelle erzeugt, die das in etwa unter Umgebungsdruck stehende Frischgas komprimiert. Die im Abgas steckende Energie wird also direkt ohne Umwege dazu ausgenutzt, die Ladeluft zu verdichten. Eine definierte räumliche Trennung zwischen Frischgas und Abgas innerhalb des Druckwellenverdichters findet nicht statt.

Das Zellenrad selbst ist von einem trommelförmigen Gehäuse berührungsfrei umgeben. An der einen Stirnseite befindet sich Auspuff-Einlaß und Auspuff-Auslaß, auf der gegenüberliegenden Seite Frischgas-Einlaß und Frischgas-Austritt. Im Zellenrad und dem umgebenden Gehäuse findet also eine Bewegungsumkehrung sowohl vom Abgas als auch von der Frischladung statt. Abgas- und Frischgas treten daher an einer Seite ein und treten nach dem Energie-Austausch auf derselben Seite, aber am Umfang versetzt, wieder aus (siehe Abbildung und Arbeitsschema des Comprex-Laders).

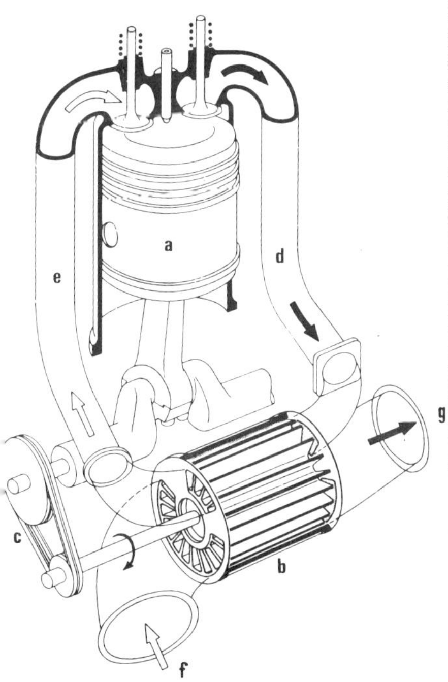

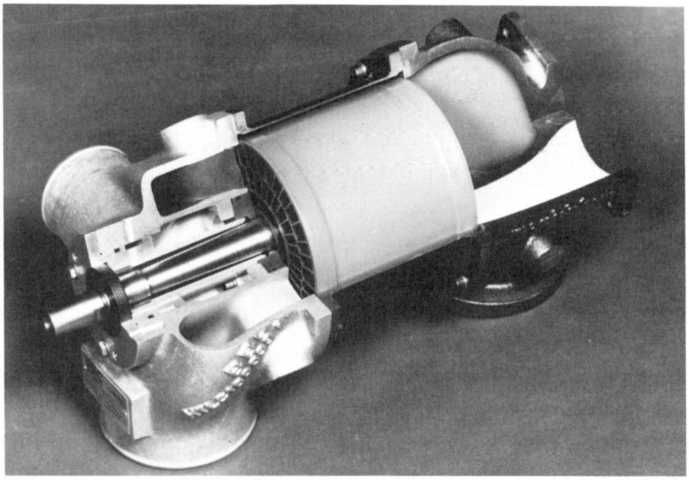

Am aufgeschnittenen Comprex-Lader sind Aufbau und Gasführung gut zu erkennen (links Frischgasseite, rechts Abgasseite)

Links: Prinzipieller Aufbau und Anordnung des Comprex-Druckwellenladers: a = Motorkolben, b = Zellenrad, c = Antrieb, d = Abgasleitung vom Motor, e = Ladeluftleitung zum Motor, f = Ansaugleitung zum Lader, g = Abgasstutzen zum Auspuff.

Blick von der Abgasseite in den Comprex-Lader auf das Zellenrad.

In dem Gehäuse läuft das Zellenrad mit doppelter bis vierfacher Motordrehzahl, wobei üblicherweise Keilriemen, Multi-V-Riemen oder Zahnriemen zum Antrieb benutzt werden. Durch die motorabhängige Drehzahl und die Anordnung der Einlaß- und Auslaßöffnungen wird jedoch lediglich der Ladevorgang gesteuert und abgestimmt. Eine mechanische Verdichterarbeit findet durch den Antrieb nicht statt. Die Verlustleistung für den Antrieb der Druckwellenmaschine ist daher nicht sehr groß, da nur Lagerreibung und Ventilationsverluste kompensiert werden müssen. Sie wird mit etwa einem Prozent der Motorleistung angegeben, was freilich nur für den stationären Betrieb (mit konstanter Drehzahl) gilt. Bei vorwiegend instationärem Betrieb mit ständig wechselnden Motordrehzahlen spielt auch die für die Beschleunigung des Zellenrades notwendige Leistung eine nicht vernachlässigbare Rolle.

Die Hauptvorteile der Comprex-Aufladung liegen zweifellos im unteren und mittleren Drehzahlbereich, da dort schon sehr hohe Ladedrücke erreichbar sind. Die Druckwellen-Aufladung vermeidet damit den Hauptnachteil der Abgasturboaufladung, nämlich die Drehmomentschwäche und Ansprechverzögerung im unteren Drehzahlbereich und bei niedriger Last. So betrachtet vereinigt der Comprex-Lader die Vorteile mechanischer Aufladesysteme mit den Vorteilen der Abgasturbo-Aufladung.

Allerdings gibt es auch einige Nachteile, die bisher verhindert haben, daß ein mit Comprex aufgeladener Automobilmotor in Serie ging. So ist der Druckwellenlader eine Resonanzmaschine und läßt sich nur in einem relativ engen Bereich optimal abstimmen. Die Schwierigkeit liegt somit darin,

Anordnung eines Comprex-Laders in einem Alfa Romeo Alfetta Diesel. Auf Ladeluftkühlung kann nicht verzichtet werden.

über einen ausreichend großen Drehzahlbereich einen hohen Aufladegrad zu erreichen. Damit ist der Comprex-Lader beim Automobil im Moment auf Motoren mit nicht so breitem nutzbaren Drehzahlbereich begrenzt, so daß vorwiegend Dieseltriebwerke mit Druckwellen-Aufladung erprobt werden. Als weitere Nachteile sind der gegenüber einem Turbolader größere Raumbedarf, der Zwang zur Ladeluftkühlung auf Grund des schlechten Wirkungsgrades und der Antrieb zu nennen. Letztendlich sind auch die Kosten der Comprex-Aufladung noch sehr hoch. Dennoch werden die Chancen für den Druckwellen-Lader im Automotor grundsätzlich gut eingeschätzt, zumal er noch keine allzu lange Entwicklungszeit hinter sich hat. Und es gibt daher eine Reihe namhafter Automobilhersteller, die den Comprex-Lader intensiv und ernsthaft erproben.

Kraft aus dem Abgas

GRUNDLAGEN DER ABGASTURBO-AUFLADUNG

Als vierte Möglichkeit der Aufladung wurde im vorhergehenden Kapitel die Abgasturbo-Aufladung genannt. Da sie mit Abstand die weiteste Verbreitung hat und zudem Thema dieses Buches ist, sollen die wichtigsten theoretischen Grundlagen dieses Aufladeverfahrens in einem gesonderten Kapitel ausführlich dargestellt werden. Zu diesem Zweck ist es notwendig, die thermodynamischen Zusammenhänge des Verbrennungsmotors und der Abgasturbo-Aufladung etwas näher zu erläutern, wobei zur Betrachtung ausschließlich der Viertaktmotor herangezogen werden soll.
Wie jede Kolbenmaschine mit innerer Verbrennung durchläuft der Viertaktmotor einen thermodynamischen Kreisprozeß, der in einem sogenannten pV-Diagramm (Druck-Volumen-Diagramm) dargestellt werden kann. Was ist nun überhaupt ein Kreisprozeß? Die technische Thermodynamik versteht darunter eine bestimmte Reihenfolge von Zustandsänderungen einer in einem Zylinder mit Kolben eingeschlossenen Gasmenge. Dabei befindet sich das Gas am Ende dieser Vorgänge wieder im gleichen Zustand wie zu Beginn. Die für den Zustand des Arbeitsmediums wichtigen Parameter sind dabei Druck, Temperatur und Dichte. Im Falle des Viertaktmotors (siehe Diagramm), der nur bei jeder zweiten Kurbelwellendrehung Arbeit leistet, sieht der von einem Indikator aufgezeichnete Kreisprozeß wie folgt aus:

- Ansaugen des Gemischs (1. Takt)
- Verdichtung des Gemischs (2. Takt)
- Zündung und Verbrennung
- Expansion (3. Takt)
- Auspuffen der verbrannten Gase
- Ausschieben der Restgase (4. Takt)

Der 4. und der 1. Takt dienen also lediglich der sauberen Räumung der Zylinder von Restgas und der Füllung mit frischer Ladung. Diese beiden Takte leisten beim Saugmotor keine Arbeit, sondern kosten welche. Man nennt dies die negative Gaswechselarbeit des Motors. Im pV-Diagramm erscheint dieser Vorgang als flache Schleife unter dem eigentlichen Prozeßdiagramm und wird als negative Ladungswechselschleife bezeichnet.
Bei der theoretischen (idealisierten) Betrachtung der Kreisprozesse wird die Verdichtung und Ausdehnung des Gases im Zylinder grundsätzlich als

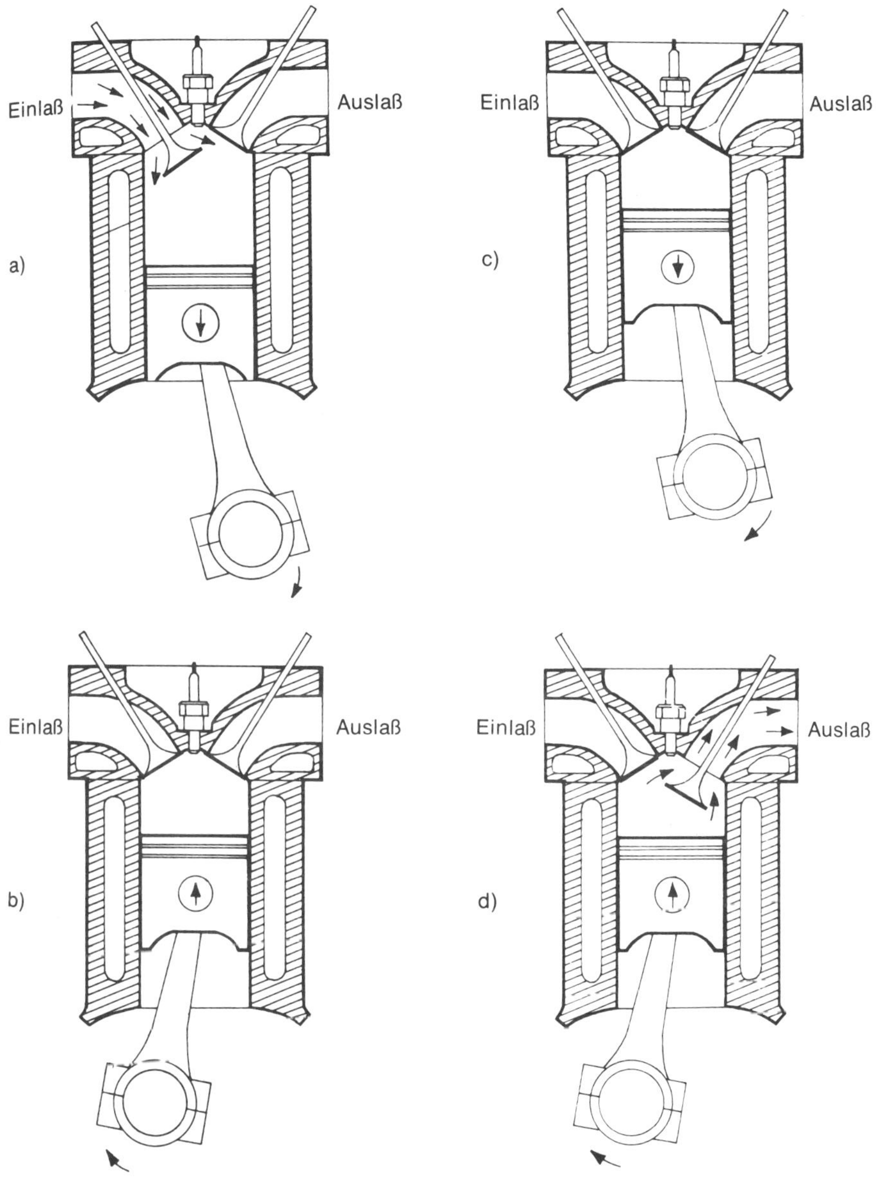

Die Arbeitsweise des Viertakt-Verbrennungsmotors wird aus diesen vier Skizzen deutlich. a) Ansaugen des Frischgases (Einlaß offen, Auslaß zu), b) Verdichtung des Kraftstoff-Luftgemisches (beide Ventile zu), c) Zündung und Verbrennung des Gemisches (beide Ventile geschlossen), d) Ausstoß der verbrannten Gase (Auslaß offen, Einlaß zu).

Die rechts im pV-Diagramm liegende Dreiecksfläche (Abgasenergie) kann zum Betrieb eines Turboladers genutzt werden.

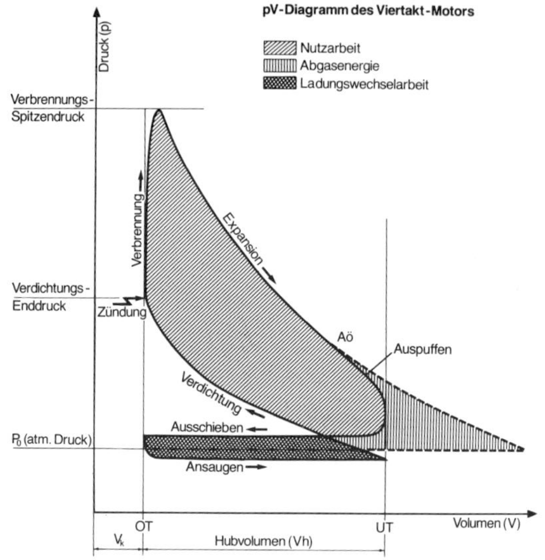

adiabatisch angenommen, was bedeutet, daß während dieser Zustandsänderungen keine Wärme von außen aufgenommen oder nach außen abgegeben wird. Im Vergleich zum Diagramm des wirklichen Motors bedeutet dies freilich eine Vereinfachung, denn die Wärmeabgabe der Zylinderladung über die Zylinderwand und dann über das Kühlmittel nach außen wird dabei vernachlässigt.
Was die verschiedenen Kreisprozesse voneinander unterscheidet, ist die Zustandsänderung während der Verbrennung. Sie kann theoretisch entweder bei konstantem Volumen des Gases (isochor) oder bei konstantem Druck ablaufen, was dann als isobare Zustandsänderung bezeichnet wird. In der Praxis verläuft die Verbrennung sowohl beim Otto- wie beim Dieselmotor als eine Mischung aus diesen beiden Extremen. Bei dem am anschaulichsten in einem Druck-Volumen (p, V)-Diagramm dargestellten Kreisprozeß ist die im Uhrzeigersinn eingeschlossene Fläche dann ein Maß für die während des Prozesses geleistete Arbeit, die im Prozeßverlauf gegen den Uhrzeigersinn eingeschlossene Fläche gilt als Verlust.

Wie der Turbolader verlorene Energie nutzt

Bei der Betrachtung des Kreisprozesses wird deutlich, daß ein nicht unwesentlicher Teil der Energie durch den Verpuffungsvorgang verloren geht. Hinzu kommt, daß in dem Moment, wo das Auslaßventil öffnet, die Gase im Inneren des Zylinders noch unter hohem Druck stehen. Die Entspannung und Abkühlung der Abgase auf Umgebungsbedingungen, was zum Teil in der Auspuffanlage, zum Teil in der freien Atmosphäre nach dem Auspuff geschieht, bedeutet einen Energieverlust, der im Diagramm als Dreiecksfläche sichtbar wird.

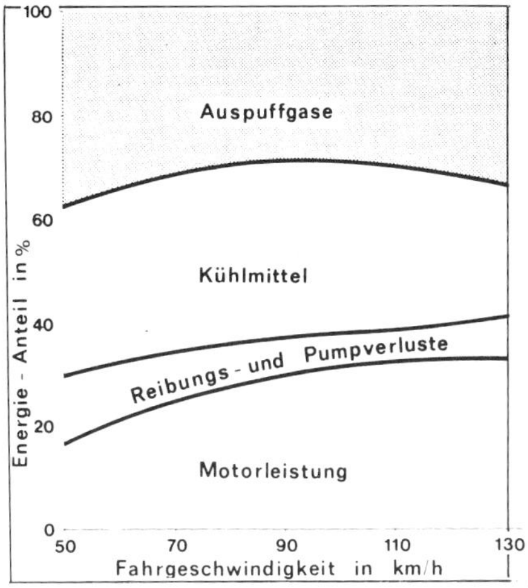

In der Energie-Bilanz des Verbrennungsmotors (hier Ottomotor) stellt die nutzbare Motorleistung nur rund ein Drittel dar.

Ein Teil dieser Energie läßt sich nutzen, indem man die Auspuffgase erst durch eine Abgasturbine und dann in die Umgebung schickt. Im pV-Diagramm sieht dies so aus, daß die über dem Atmosphärendruck (p_o) liegende Dreiecksfläche, die sonst nutzlos im Auspuff entspannt wird, zum Antrieb einer Gasturbine geeignet ist.
In der Gasturbine selbst wird dann – ein weiterer thermodynamischer Vorgang – das Druck- und Temperaturgefälle der Abgase in mechanische Arbeit umgewandelt. Ein Problem ist freilich in diesem Fall, die mechanische Arbeit einer sehr hoch drehenden Strömungsmaschine zu nutzen. Eine mechanische Koppelung an die eigentliche Arbeitsmaschine (den Kolbenmotor) entfällt meist wegen der damit verbundenen Problematik. Die beste Möglichkeit ist zweifellos die – und das ist die grundlegende Idee von Alfred Büchi gewesen –, mit der Abgasturbine eine weitere Strömungsmaschine, nämlich einen Turboverdichter, zu betreiben. Damit kann die eigentliche Arbeitsmaschine aufgeladen werden. Die Leistung für den Antrieb dieses Laders erhält man somit nahezu gratis. Die Zusammenfassung von Abgasturbine und Turboverdichter zu einer Einheit führt zum heute gebräuchlichen Abgasturbolader.

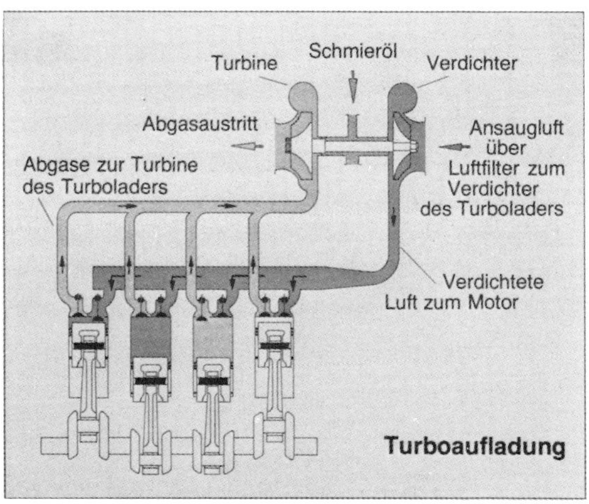

Der Abgasturbolader ist nicht mechanisch, sondern thermodynamisch mit dem Kolbenmotor gekoppelt. Beide zusammen stellen eine Verbundmaschine dar.

Der Turbomotor als Verbundmaschine

Der Abgasturbolader als reine Strömungsmaschine ist demnach nicht mechanisch, sondern ausschließlich thermodynamisch an die eigentliche Arbeitsmaschine, den Kolbenmotor, gekoppelt. Dennoch kann man von einer Verbundmaschine sprechen. Der Arbeitsprozeß der Kolbenmaschine wird nämlich durch den Verbund mit dem Abgasturbolader um zwei – wenn ein Ladeluftkühler hinzukommt um drei – wichtige Zustandsänderungen erweitert. Zum Vergleich seien die beiden Arbeitskreisläufe des normalen Kolbenmotors und des Kolbenmotors mit Abgasturbo-Aufladung und Ladeluftkühlung in ihren einzelnen Abläufen dargestellt.

Kolbenmotor:

- Verdichtungshub
- Verbrennung
- Arbeitshub
- Abkühlung und Entspannung in der Atmosphäre

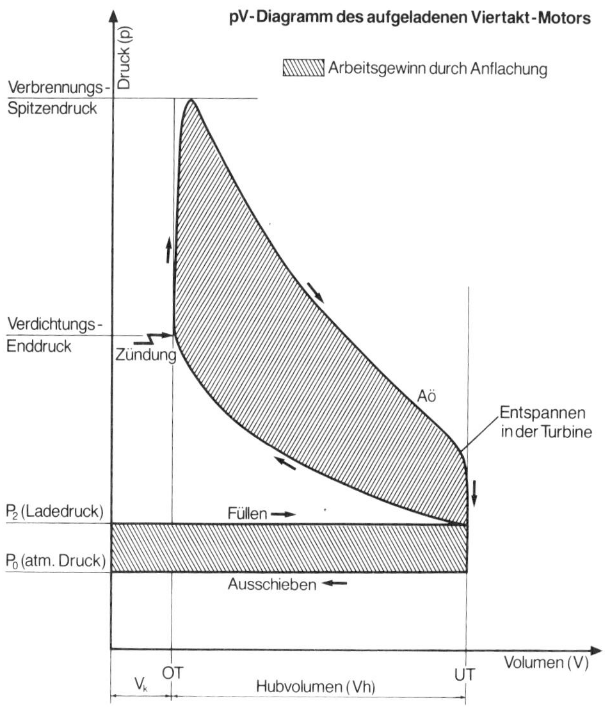

Der Arbeitsgewinn durch Aufladung ist höher, je größer das Druckverhältnis (p_2:p_0) ist. Außerdem liegt das gesamte Druckniveau des Kreisprozesses höher.

Kolbenmotor mit Abgasturbolader und Ladeluftkühler:

- Vorverdichtung im Turboverdichter
- Abkühlung im Ladeluftkühler
- Verdichtungshub
- Verbrennung
- Arbeitshub
- Entspannung in der Abgasturbine
- Abkühlung und Entspannung in der Atmosphäre

Der erweiterte Arbeitsprozeß der Verbundmaschine, im folgenden kurz Turbomotor genannt, läßt sich ebenfalls im idealisierten pV-Programm darstellen (siehe Abb. auf S. 42).

Die Ladeluftkühlung

Die im vorhergehenden Abschnitt erwähnte Ladeluftkühlung ist ein wichtiger Faktor für die Güte eines Turbomotors und gewinnt, nachdem sie bisher fast nur bei Wettbewerbsmotoren und großen Nutzmaschinen angewendet wurde, zunehmend auch beim Serien-Personenwagen an Bedeutung. Die Ladeluftkühlung ist übrigens keineswegs eine neue Erfindung. Schon Rudolf Diesel und auch Alfred Büchi erkannten den Nutzen eines kühlen Arbeitsmediums, da die grundlegenden Zusammenhänge schon damals kein Geheimnis waren.
Denn die Verdichtung der Luft bzw. der Ladung sorgt auf Grund der thermodynamischen Gesetze zwangsläufig auch für eine Erhöhung der

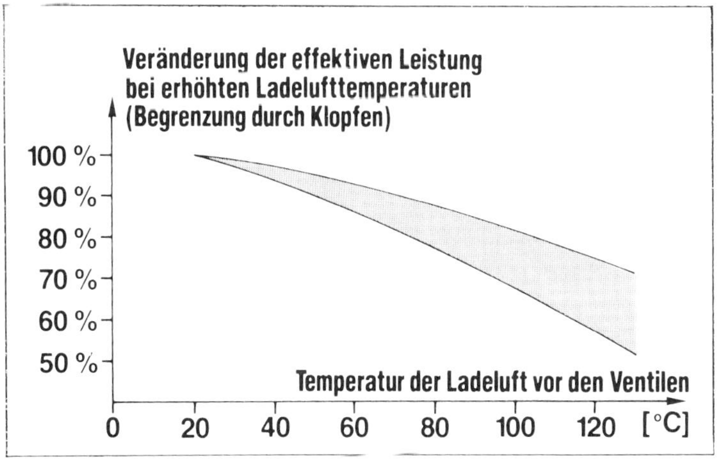

Erhöhte Ladelufttemperatur führt zu deutlichem Leistungsabfall.

Temperatur. Diesen Zusammenhang hat jeder schon erfahren, der seine Fahrradreifen selbst aufgepumpt hat. Die Temperatursteigerung ist dabei umso größer, je höher das Druckverhältnis ist. Außerdem hängt die Temperaturerhöhung vom Wirkungsgrad des Laders (schlechter Wirkungsgrad = große Temperaturerhöhung und umgekehrt) sowie vom Wärmeaustausch mit den Wandungen des Laders ab.
Eine hohe Eintrittstemperatur der Ladeluft bzw. der Ladung in den Motor wirkt sich jedoch aus verschiedenen Gründen nachteilig aus. Einmal ist für die Ladungsmenge im Zylinder die Dichte vor dem Einlaß maßgebend. Hohe Temperatur der Ladung reduziert jedoch die Dichte und damit das Luftgewicht bzw. die Ladungsmenge. So ist die Dichtesteigerung bei hohen Temperaturen wesentlich geringer als die Drucksteigerung – ein Effekt, der weder nützlich noch wünschenswert ist. Denn für den Leistungsgewinn durch Aufladung ist nicht allein das Druckverhältnis entscheidend, sondern letztendlich die Höhe der Ladungsdichte und damit die zur Verfügung stehende Sauerstoffmenge. Hohe Ladelufttemperatur ist aber noch aus einem anderen Grund schädlich. Da das gesamte Temperaturniveau des Kreisprozesses von der Verdichtungs-Ausgangstemperatur im Zylinder, also vorwiegend von der Temperatur der Ladung bestimmt wird, steigt die thermische Belastung einer Maschine durch hohe Ladelufttemperaturen stark an.
Hohe Ladelufttemperatur führt demnach zu mehreren nachteiligen Folgen im Betrieb eines aufgeladenen Motors. Es sind dies im wesentlichen:

- Geringere Leistung
- Höhere thermische Belastung
- Größere Klopfneigung (beim Otto-Motor)
- Schlechterer Wirkungsgrad

Um die größere Klopfneigung beim aufgeladenen Ottomotor zu kompensieren, müssen Verdichtungsverhältnis und Vorzündungswinkel ohne Ladeluftkühlung oft stark zurückgenommen werden.
Aus den genannten Gründen ist vor allem bei Motoren mit hoher spezifischer Leistung eine Ladeluftkühlung unbedingt empfehlenswert. Angestrebt wird dabei für Serienmotoren eine Temperaturabsenkung von etwa 40 bis 70 Grad, die durch einen zwischen Verdichter (Druckseite) und Motoreinlaß geschalteten Kühler erreicht wird. In der Regel werden hierzu bei Personenwagen vom Fahrtwind durchströmte Luftkühler verwendet, die, wenn sie eine ausreichende Wirkung zeigen sollen, nicht nur richtig plaziert, sondern auch groß genug bemessen sein müssen (siehe auch Seite 79). Einen Trost hat freilich der Motorenbauer: Die Wärme, die durch den Ladeluftkühler abgeführt wird, belastet nicht mehr das Kühlsystem

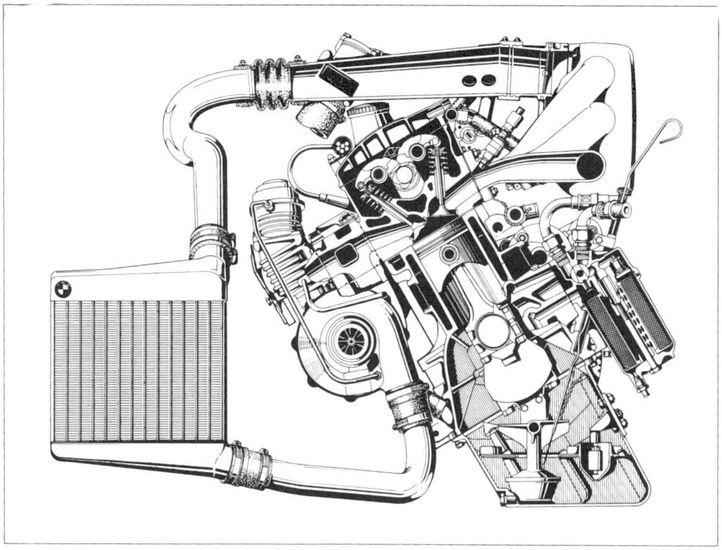

Der zwischen Verdichter und Einlaßtrakt placierte Ladeluftkühler (hier BMW 745 i) senkt die Ladelufttemperatur je nach Wirkungsweise um 40 bis 70 Grad.

des Motors. Dies gilt aber nur, solange die Motorleistung gleich bleibt. Wird die Ladeluftkühlung aber zur Leistungs-Steigerung genutzt, dann ist das Kühlsystem noch höher belastet.
Daß sich eine ordentliche Ladeluftkühlung auch im Personenwagen lohnt, haben Versuche und die Praxis schon hinlänglich bewiesen. So kann man pro 10 Grad Temperaturabsenkung bei gleichem Druckverhältnis mit einer Dichtesteigerung der Luft von etwa 3 Prozent rechnen. Die Leistungssteigerung durch die gekühlte Ladeluft entspricht dabei weitgehend der Dichtesteigerung. Außerdem wird der Wirkungsgrad und damit der spezifische Verbrauch besser.

Der Wirkungsgrad des Turbomotors

Im Vergleich zum einfachen, aus der Atmosphäre ansaugenden Kolbenmotor hat der Turbomotor ohnehin aus verschiedenen Gründen einen besseren Wirkungsgrad. Zum einen steigt durch die höheren Arbeitsdrücke und die Ausnutzung der Abgasenergie der sogenannte innere Wirkungsgrad der Maschine (ohne Berücksichtigung mechanischer Verlustleistungen). Dazu zählt, daß der Motor sein Gemisch nicht mehr ansaugen muß und der dadurch bedingte Wegfall der Ladungswechselarbeit, die teilweise sogar durch eine positive Ladungswechselschleife ersetzt wird. Allerdings sind dies bei kleinen Motoren so geringe Werte, daß sie, bezogen auf die Gesamtleistung, kaum ins Gewicht fallen.
Eine wichtigere Rolle spielt hier das beim Turbomotor günstigere Verhältnis von Gesamtleistung zur Verlustleistung (Reibungsverluste, Pumpverluste, Nebenaggregate usw.), was insgesamt auch zu einer Verbesserung des mechanischen Wirkungsgrades führt.

So kann durch die Abgasturbo-Aufladung unter optimalen Bedingungen im Vollastbereich eine Wirkungsgradverbesserung bis zu 5 Prozent erreicht werden. Dies ist zumindest Theorie. Sie läßt sich bei Großmaschinen auch größtenteils in die Praxis umsetzen. Bei sehr kleinen Hubkolbenmaschinen, wie sie für Automobile zum Einsatz kommen, sorgen vor allem bei Ottomotoren einige mißliche Umstände (zum Beispiel Verdichtungsverhältnis, Zündzeitpunkt) dafür, daß sich die Wirkungsgradverbesserung nur schwer realisieren läßt. Bei turbogeladenen Dieselmotoren, die in ihrem Verdichtungsverhältnis nicht reduziert werden müssen, sind die Voraussetzungen hierfür günstiger.

Belastung durch Turboaufladung

Mit der spezifischen Leistung eines Motors steigt logischerweise auch seine Belastung. Allerdings ist es ein Unterschied, ob der Leistungszuwachs über die Drehzahl oder über höheren Mitteldruck erzielt wird. Denn durch eine Drehzahlerhöhung steigen die Beanspruchungen durch die Massenkräfte, also die Lagerdrücke und die Wechselbeanspruchung der Triebwerksteile (Pleuel, Kolben) mit dem Quadrat der Kolbengeschwindigkeit an. Da die Kolbengeschwindigkeit der Drehzahl direkt proportional ist, ergibt beispielsweise eine Drehzahlsteigerung um 50 Prozent (also z. B.

Um die höheren Gaskräfte des Turbomotors aufzufangen werden in der Regel Kolbenboden und Kolbenbolzen verstärkt. Hier ein Vergleich Turbo/Sauger beim MItsubishi Lancer.

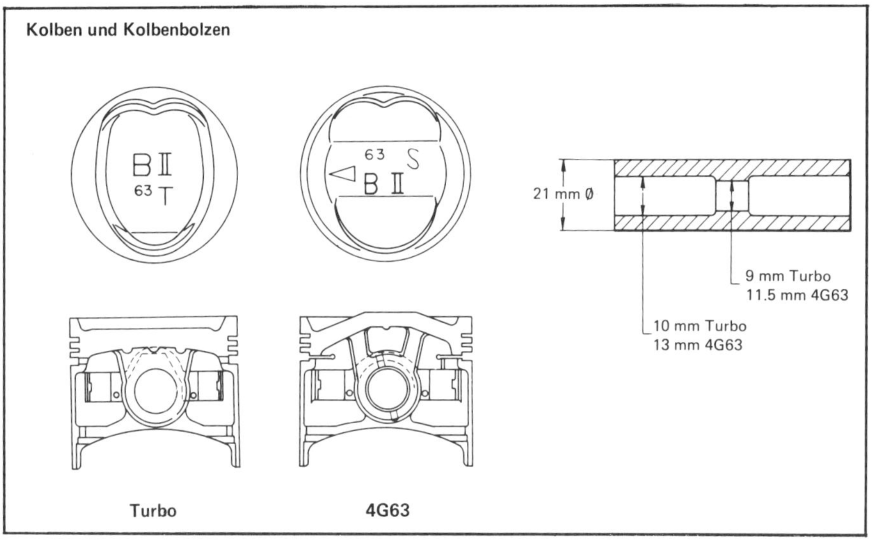

Höhere Leistung durch Turbo erfordert oft auch zusätzliche Maßnahmen an der Kraftübertragung: Hinterachskühlung beim BMW-Alpina B 7

von 4000 min^{-1} auf 6000 min^{-1}) die doppelte Belastung (100 Prozent) durch Massenkräfte. Der gleiche Zusammenhang gilt übrigens für die Verluste durch Reibleistung, die ebenfalls mit dem Quadrat der Drehzahl steigen.
Hinzu kommt ein weiterer Gesichtspunkt: Motoren mit hohem Drehzahlniveau werden üblicherweise wegen der dadurch bedingten Übersetzungsverhältnisse auch im Fahrzeug mit hohem Drehzahlniveau bewegt und zwar auch dann, wenn die Leistung nicht ausgeschöpft wird, also im Teillastbereich. Die Massenkräfte sind jedoch unabhängig von der effektiven Leistung wirksam.
Bei einer Leistungserhöhung durch Aufladung wird in der Regel auf eine Drehzahlerhöhung verzichtet, meist ist sogar eine Absenkung der Nenndrehzahl und des gesamten Drehzahlniveaus die Folge. Die Leistungszunahme geschieht ausschließlich durch Erhöhen des mittleren effektiven Druckes. Eine Mehrbelastung des Motors und der Triebwerksteile ist also vor allem durch die höheren Gaskräfte gegeben, die jedoch höchstens einfach proportional mit der Ladungsmenge wachsen. Zudem werden die Gaskräfte durch die direkt entgegenwirkenden Massenkräfte zum Teil kompensiert.
Dennoch wäre es verkehrt, die zusätzlichen spezifischen Belastungen, die sich durch die Abgasturbo-Aufladung ergeben, zu unterschätzen. Denn abgesehen vom Druckniveau steigt auch das gesamte Temperaturniveau der Maschine an. Vor der Turbine erreichen die Abgase Temperaturen zwischen 750 und 1000 Grad Celsius, so daß die davon betroffenen Teile, wie zum Beispiel Auslaßventile und Abgaskrümmer, aber auch die Kolben einer wesentlich erhöhten Temperaturbelastung ausgesetzt sind.

Bauteile-Änderung am VW-Turbodiesel

Die Ölspritzdüsen werden
vom Hauptstromölkanal versorgt.

Die Chromschicht des oberen Ringes wurde um ca. 40% verstärkt. Dadurch wird die Lebensdauer erhöht.

Die Konizität des unteren Ringes wurde geändert. Dadurch ergibt sich eine bessere Regulierung des Ölverbrauchs über eine längere Laufzeit.

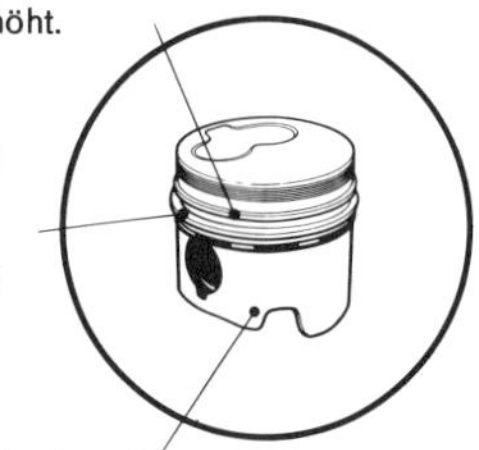

Diese Aussparung im Kolbenhemd ist wegen der Spritzdüsen erforderlich.

Um die Torsionsfestigkeit der Kurbelwelle zu erhöhen, wurde dieser Pleuellagerzapfen besonders bearbeitet.

Zur Aufnahme der größeren Belastung durch den Schwingungsdämpfer wurde der Durchmesser der Zentralschraube in M 14 x 1,5 geändert.

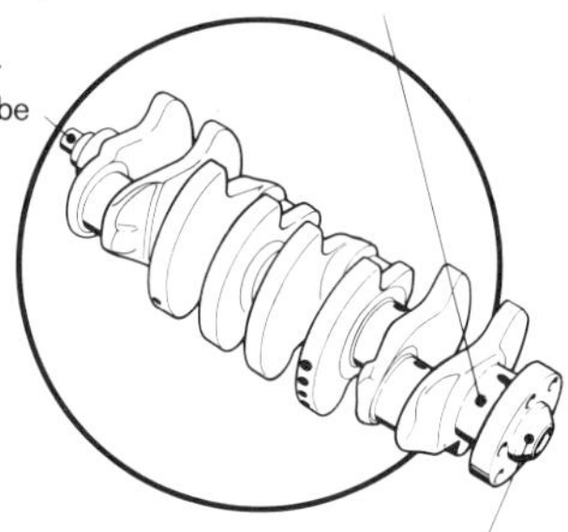

Diese umlaufende Nut kennzeichnet die Kurbelwelle für den Turbo-Diesel.

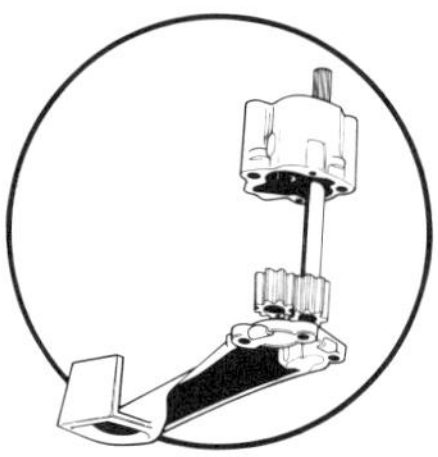

Die Ölpumpe ist wegen der Kolbenkühlu
um ca. 15% in der Förderleistung angehoben worden.

Die Zylinderkopfschrauben sind im Durchmesser von 11 mm auf 12 mm verstärkt worden.

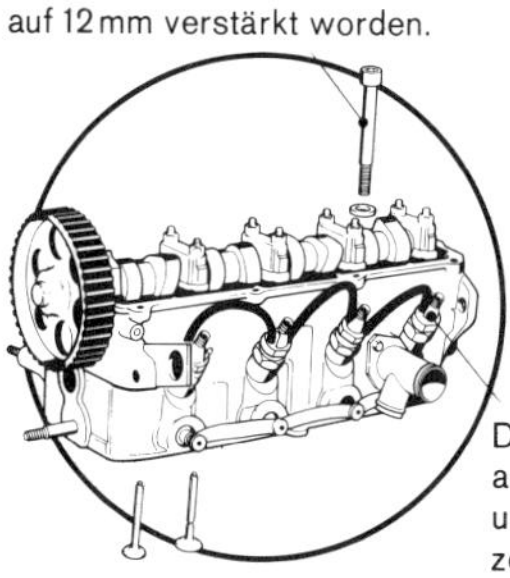

Der Einspritzdruck wurde auf 155 bar erhöht, um eine sichere Kraftstoffzerstäubung zu gewährleisten.

Das Material für den Zylinderkopf, die Ventile und die Sitzringe ist aus einer warmfesteren Legierung hergestellt.

Es ist also unbedingt notwendig, der durch Abgasturbo-Aufladung bedingten höheren Triebwerksbelastung konstruktiv zu begegnen. Dies geschieht bei Personenwagenmotoren üblicherweise ohne die Basiskonstruktion wesentlich zu verändern, das heißt, die Gehäuse- und Lagerabmessungen der Turbomotoren sind mit denen der Saugversionen identisch. Die konstruktiven Änderungen beschränken sich auf Details, sind für die Standfestigkeit jedoch außerordentlich wichtig. Zu den wichtigsten konstruktiven Maßnahmen, die der Aufnahme *höherer Gaskräfte* dienen, zählen die folgenden:

- stärkere Kolben
- verstärkte Kolbenbolzen
- hochwertige Lager
- spezielle Wärmebehandlung der Kurbelwelle
- verstärkte bzw. hochwertigere Zylinderkopfschrauben
- stärkere Zylinderkopfdichtung

Zu den wichtigsten konstruktiven Maßnahmen, die der Kompensation der *höheren Temperaturbelastung* dienen, zählen die folgenden:

- Ölspritzkühlung der Kolbeninnenseite
- hochwarmfeste Auslaßventile
- hochwertiges Material für Abgaskrümmer und deren Befestigung
- bessere Motorkühlung
- zusätzliche Kühlung des Motoröls
- Ladeluftkühlung

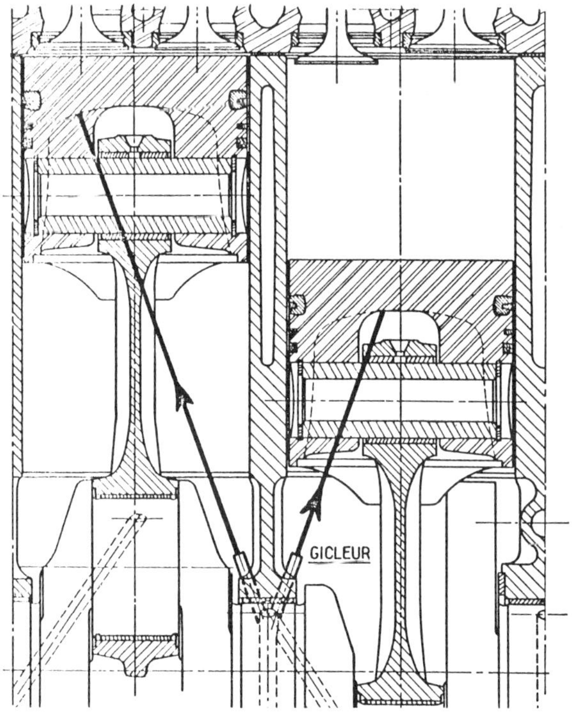

Eine wirksame Maßnahme zur Reduzierung der thermischen Belastung durch Aufladung stellt die Spritzölkühlung der Kolbenunterseite dar. Die Spritzdüsen stecken meist im Lagerstuhl des Kurbelgehäuses und werden vom Hauptölkanal mit Öl versorgt (z. B. Peugeot).

Damit ist freilich nicht gesagt, daß jeder Turbomotor sämtliche oben genannten Konstruktions-Merkmale aufweisen muß. Es bleibt vielmehr dem Konstrukteur überlassen, entsprechend der in Versuchen gefundenen Mehrbelastung die geeigneten Maßnahmen vorzusehen. Wenn dies mit der nötigen Sorgfalt geschieht, führt dies zu robusten Motoren, die in der Regel länger halten als Saugmotoren vergleichbarer Literleistung und höherem Drehzahlniveau. Wer jedoch die spezifischen Belastungen durch Abgasturboaufladung ignoriert, wird früher oder später Probleme bekommen.

Das Leistungsverhalten des Turbomotors

Daß die Abgasturbo-Aufladung so lange gebraucht hat, bis sie sich im Personenwagen durchsetzen konnte, hängt in erster Linie mit ihrer sehr spezifischen Leistungs- und Drehmomentcharakteristik zusammen. Hier sind vor allem die Drehmomentschwächen im unteren Last- und Drehzahlbereich und das verzögerte Ansprechverhalten zu nennen. Bei Maschinen, die stationär betrieben werden, also in Schiffen oder Kraftwerken, aber auch bei überwiegend stationär betriebenen Fahrzeugen, wie z. B. Diesellokomotiven oder Lastwagen, wirkt sich diese Charakteristik kaum nachteilig aus. Im Personenwagen jedoch, mit seinen sehr häufig wechselnden Lastzuständen (vorwiegend instationärer Betrieb), machen sich diese spezifischen Nachteile der Abgasturbo-Aufladung besonders unangenehm bemerkbar.

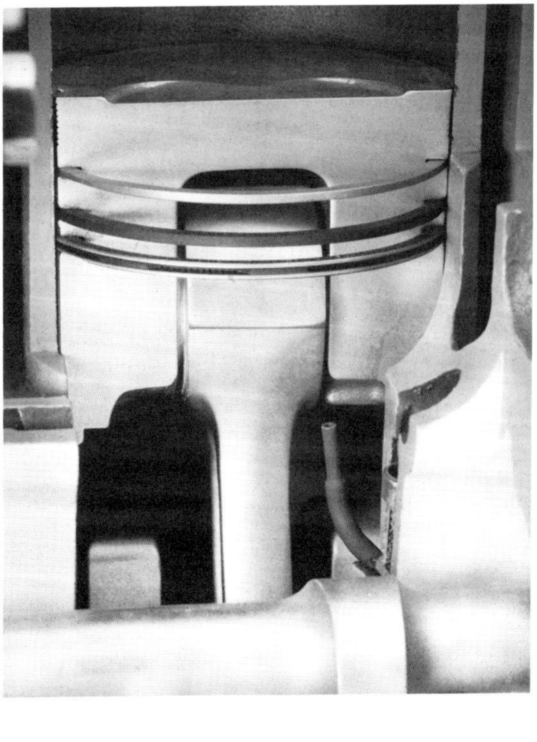

Ölspritzkühlung beim Golf-Turbodiesel

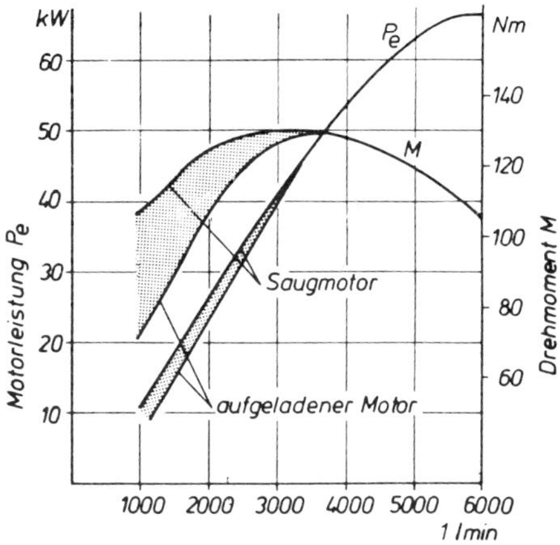

Ein leistungsgleicher Saugmotor hat im unteren Drehzahlbereich mehr Drehmoment und Leistung zu bieten als ein Turbomotor.

Die Ursachen für dieses Verhalten sind vielschichtig und liegen primär in der Wahl des Aufladeverfahrens begründet. Denn die für die Aufladung entscheidende Turbolader-Drehzahl hängt vom Gasdurchsatz durch den Motor und von der Auspufftemperatur ab. Daraus folgert, daß bei geringer Last keine ausreichende Abgasmenge für den Betrieb des Turboladers zur Verfügung steht. Daraus resultiert auch im wesentlichen die grundsätzliche Eigenschaft der Turbolader, im unteren Lastbereich den Luftbedarf nur ungenügend zu decken und bei hoher Last und hoher Drehzahl zu viel Luft zu liefern.

Die rein thermodynamische Koppelung an den Motor führt wiederum dazu, daß bei plötzlichen Änderungen des Lastzustandes, wie zum Beispiel bei Beschleunigungen, Laderdrehzahl und Ladedruck hinterherhinken. Dies hat im wesentlichen zwei Ursachen. Einmal der ganz normale Regelverzug vom Gasgeben bis zum Aufbau einer genügend großen und heißen Abgasmenge, zum zweiten muß zunächst ein erheblicher Teil der vom Abgas an die Turbine abgegebene Leistung zur Beschleunigung des Laufzeugs des Abgasturboladers selbst (Laufzeug = Turbinenrad, Welle und Verdichterrad) aufgewendet werden.

Diese beiden spezifischen Nachteile der Abgasturboverdichtung – der

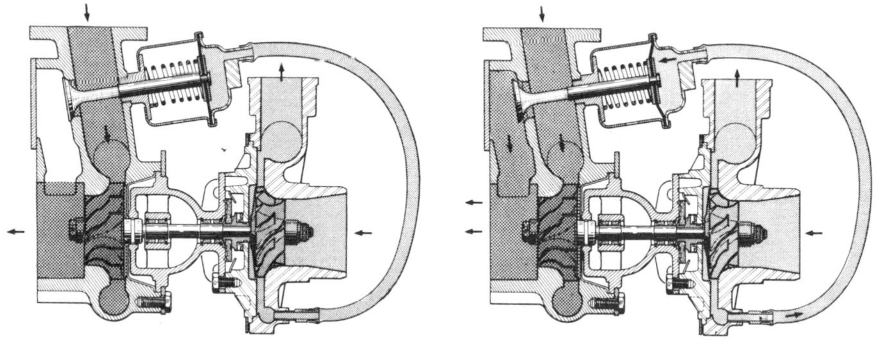

Schematische Darstellung einer waste gate-Regelung. Sobald ein betimmter Ladedruck erreicht ist, wird ein Teil des Abgases an der Turbine vorbeigeleitet.

geringe Ladedruck im Teillastbereich und das verzögerte Ansprechverhalten – lassen sich durch geeignete konstruktive Maßnahmen weitgehend eliminieren oder zumindest verbessern. Gerade in den letzten Jahren wurden auf diesem Gebiet viel Entwicklungsarbeit geleistet und erhebliche Fortschritte erzielt. Speziell für Personenwagenmotoren mit ihrem weitgespreizten Last- und Drehzahlspektrum, aber auch für den Wettbewerbseinsatz führen die folgenden Maßnahmen zu einem wesentlich besseren dynamischen Verhalten:

1. **Ladedruckregelung**
   Da der Turbolader bei geringer Last zu wenig und bei hoher Last zu viel Luft und damit Ladedruck liefert, ist eine Regelung des Ladedrucks notwendig. Die Regelung dient einmal dazu, den Ladedruck nach oben zu begrenzen; außerdem erlaubt sie die Verwendung kleinerer Abgasturbolader-Einheiten. Die Ladedruckregelung ermöglicht außerdem eine bessere Anpassung des Abgasturbolader-Kennfeldes an den Motor. Eine Ladedruckregelung ist auf verschiedene Weise möglich (siehe auch Seite 65). Am besten hat sich das Abblassen von Abgas vor der Turbine (abgasseitige Regelung durch waste gate) bewährt.

Kleine Turboladereinheiten mit sehr leichtem Laufzeug verbessern das Ansprechverhalten und ermöglichen diese Form der Aufladung auch für hubraumschwache Motoren.

2. **Kleine Abgasturbolader-Einheiten**
   Um schon bei relativ geringer Last Ladedruck zu erzeugen, sind kleine Abgasturboladereinheiten zweckmäßig. Die Entwicklung sehr kleiner Verdichter mit speziellen, rückwärts gekrümmten Schaufeln und entsprechend kleinen Turbinen war ein schwieriges, inzwischen gelöstes

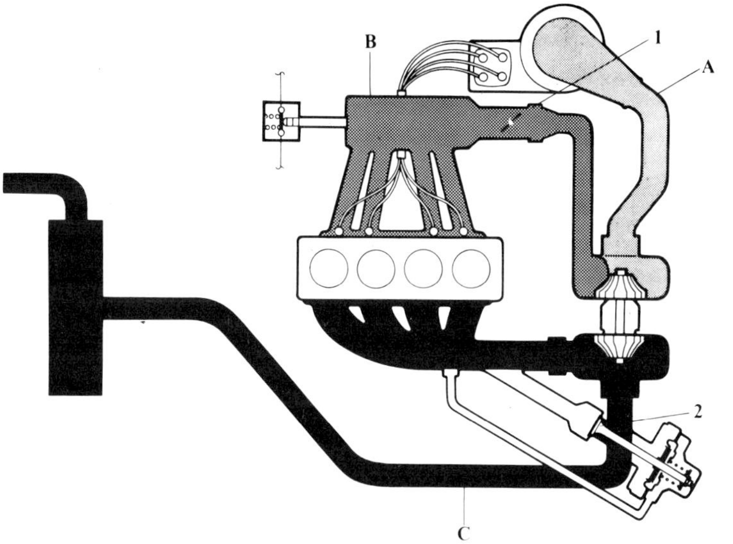

Schematische Leitungsführung beim Turbomotor (Saab) ohne Ladeluftkühlung: A = Saugrohr zwischen Luftmengenmesser der Einspritzung und Verdichter, B = Luftsammler zwischen Verdichter und Motor mit Drosselklappe (1), C = Abgasanlage nach Turbine mit Abzweigung für waste gate (2).

technologisches Problem. Kleine Abgasturbolader haben zudem den Vorteil, daß die Massenträgheit ihres Laufzeugs gering ist und so das Ansprechverhalten verbessert wird. Es gibt außerdem die vorwiegend bei Wettbewerbsmotoren, neuerdings aber auch bei Serienfahrzeugen (Maserati Biturbo) praktizierte Möglichkeit, an Stelle eines großen Abgasturboladers zwei kleine Abgasturbolader zu benutzen, um so das Ansprechverhalten zu verbessern.

3. **Optimierte Leitungsführungen**
   Eine optimierte Leitungsführung sowohl auf der Abgas- wie auf der Frischgasseite kann nicht nur den Wirkungsgrad, sondern auch das Ansprechverhalten des Abgasturboladers deutlich verbessern. Kurze und widerstandsarme Gaswege auf der Frischgasseite sind in diesem Sinn vorteilhaft, was für die Leitungen vor und nach dem Verdichter gilt. So ist es wichtig, das Druckgefälle zwischen Umgebung und Verdichtereintritt so gering wie möglich zu halten. Ein kleines Leitungsvolumen nach dem Verdichter begünstigt zusätzlich die Ansprechzeit. Eine Resonanzabstimmung nach Cser verbessert vor allem den Ladedruck im unteren Drehzahlbereich.
4. **Anhebung der Basisverdichtung und Drehmomentauslegung**
   Höheres Verdichtungsverhältnis und eine Abstimmung des Motors auf viel Drehmoment (durch entsprechende Steuerzeiten der Nockenwelle etwa) erhöhen das stationäre Grunddrehmoment vor allem bei niederen Drehzahlen, wo noch kein Ladedruck zur Verfügung steht.

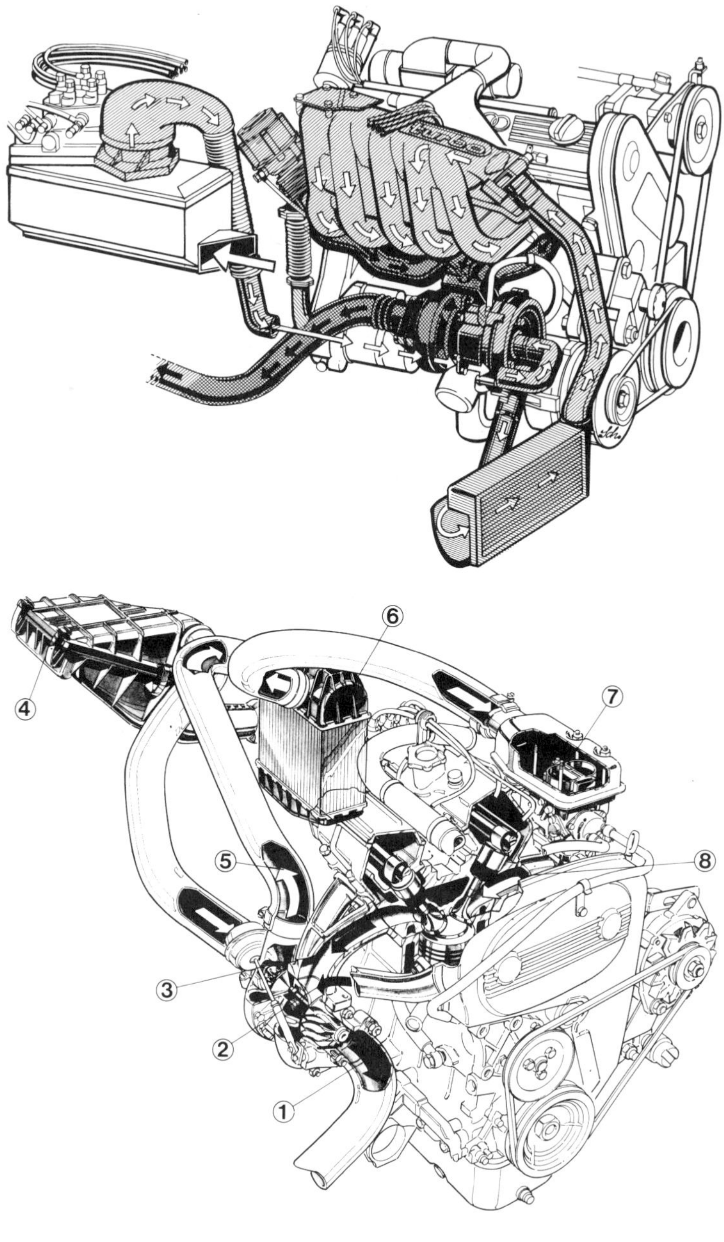

Leitungsführung bei zwei modernen Turbomotoren mit Ladeluftkühlung (oben Audi Quattro, unten Lancia Delta HF). Es bedeuten im unteren Bild: 1 = Abgasleitung zum Auspuff, 2 = Abgasleitung zur Turbine, 3 = Turbolader mit integriertem Regelventil, 4 = Luftfilter, 5 = Druckleitung zwischen Verdichter und Ladeluftkühler, 6 = Ladeluftkühler, 7 = Druckvergaser, 8 = Einlaßkanal

Auf der Abgasseite muß sich der Konstrukteur für *Stauaufladung oder Stoßaufladung* entscheiden. Bei der Stauaufladung wird die durch die Strömung des Abgases bedingte kinetische Energie nicht berücksichtigt. Das Abgas wird einfach aus allen Zylindern in einen gemeinsamen, großvolumigen Sammler geleitet und danach der Abgasturbine zugeführt. Der Gasdruck vor der Turbine ist dabei – jeweils bezogen auf einen bestimmten Lastpunkt – weitgehend konstant.

Bei diesem Jaguar V 12-Motor, der von Broadspeed aufgeladen wurde, werden die Abgasströme auf beiden Zylinderseiten gesammelt und über je ein Rohr zur Turbine geführt. Es findet reine Stauaufladung statt.

Bei der sogenannten *Stoßaufladung* wird die kinetische Energie der aus den Zylindern ausströmenden Gase verwertet. Hierzu sind getrennte Abgasleitungen und eventuell mehrflutige Turbinen-Einströmgehäuse notwendig. Bei der Führung der Abgasleitungen werden dabei jeweils die von der Zündfolge am weitesten auseinanderliegenden Zylinder zusammengefaßt. So benötigen ein Vierzylinder zwei, ein Fünfzylinder drei und ein Sechszylinder zwei getrennt geführte Abgasleitungen. Länge und Querschnitte dieser Leitungen müssen, wie beim optimierten Saugmotor, genau abgestimmt werden. Auf Grund spezifischer Einbauverhältnisse oder aus konstruktiven Gründen ist jedoch oft eine optimale Auslegung für Stoßaufladung nicht möglich. Durch die Stoßaufladung ergeben sich vor der Turbine schwankende Druckverhältnisse. Die Stoßaufladung verbessert den Turbinenwirkungsgrad und das Ansprechverhalten des Abgasturboladers. Außerdem fällt der Ladedruck bei weitem nicht so stark mit der Motordrehzahl ab wie bei reiner

Beim Renault 5 Turbo wird die kinetische Energie der Abgase zur Stoßaufladung genutzt. Die Abgasströme werden weitgehend getrennt bis zum Turbineneintritt geführt.

Stauaufladung. Eine reinrassige Stoßaufladung, wie sie bei großen Dieselmotoren praktiziert wird, ist bei Ottomotoren für den Dauerbetrieb nicht realisierbar. Die dazu notwendigen zweiflutigen Turbinengehäuse halten nämlich den hohen Abgastemperaturen des Ottomotors auf Dauer nicht stand. Die Trennwand im Turbineneintritt (Zunge) wird thermisch so hoch belastet, daß sie nach relativ kurzer Zeit reißt.

Zusammenfassung und Indices

Die Vor- und Nachteile der Abgasturbo-Aufladung lassen sich abschließend zusammenfassen. Die wesentlichen Vorteile sind:

- Hohe Leistungs- und Drehmomentsteigerung bei gleichbleibender Motordrehzahl und gleichbleibenden Motorabmessungen
- Sehr günstiges Leistungsgewicht (kg/kW) und absolut geringes Gewicht des Turbomotors
- Geringerer Raumbedarf und dadurch günstigere Einbaumöglichkeiten
- Besserer Gesamtwirkungsgrad und dadurch geringerer spezifischer Kraftstoffverbrauch (gilt vor allem für Diesel)
- Günstigeres Leistungsverhalten in großen Höhen
- Geringe Geräuschemission
- Kein besonderer Wartungsaufwand für den Abgasturbolader

Als Nachteile wären zu nennen:

- Höhere thermische und mechanische Belastung des Motors
- Ungünstiger instationärer Drehmomentverlauf und verzögertes Ansprechverhalten
- Hoher Bauaufwand und unverhältnismäßig hohe Kosten bei kleinen Maschinen
- Zusätzlicher Aufwand zwecks Öl- und Ladeluftkühlung
- Reduzierung des Verdichtungsverhältnisses wegen Klopfgefahr und dadurch bedingte Wirkungsgradverschlechterung bei Ottomotoren
- Aufwendige Zündzeitpunkt-Regelung

Wie bereits im vorhergehenden Kapitel erläutert wurde, durchläuft das Arbeitsmedium des Motors (Luft bzw. Gemisch) von der Frischluftöffnung am Luftfilter bis zum Auspuffende zahlreiche Zustandsänderungen. Die für die weitere Betrachtung von Turbomotoren wichtigen Zustände sollen daher, um Verwechslungen zu vermeiden, mit den folgenden Indices gekennzeichnet werden. Es bedeuten:

Index 0: Außenzustand bzw. Umgebungszustand

Index 1: Zustand von dem Ladereintritt unter Berücksichtigung der Drosselverluste von Luftfilter und Saugleitungen

Index 2: Zustand nach dem Lader und vor dem Ladeluftkühler

Index E: Zustand vor dem Motoreinlaß und nach dem Ladeluftkühler

Index A: Zustand nach dem Motorauslaß

Index 3: Zustand vor dem Turbineneintritt

Index 4: Zustand hinter der Turbine

Ladung nach Maß

AUSWAHL DES ABGASTURBOLADERS UND REGELUNG DES LADEDRUCKS

Der Anbau eines Abgasturboladers an einen vorhandenen Motor ist rein mechanisch betrachtet eine relativ einfache Sache. Damit ist jedoch das Hauptproblem, nämlich die harmonische Anpassung des als Strömungsmaschine arbeitenden Aufladeaggregates an einen Hubkolbenmotor noch lange nicht gelöst. Zahlreiche Fehlschläge im Laufe der Entwicklungsgeschichte der Turbomotoren, wie zum Beispiel der Chevrolet Corvair Turbo oder der BMW 2002 Turbo, bestätigen die Schwierigkeit dieser Aufgabe. Dabei handelte es sich bei den oben genannten Marken um renommierte Unternehmen, deren Entwicklungsabteilungen durchaus über ein hochstehendes technisches Potential und Know how verfügen.

Der erste Turbomotor für Personenwagen (Chevrolet Corvair Monza) litt unter schlechter Anpassung und ungenügender Zuverlässigkeit.

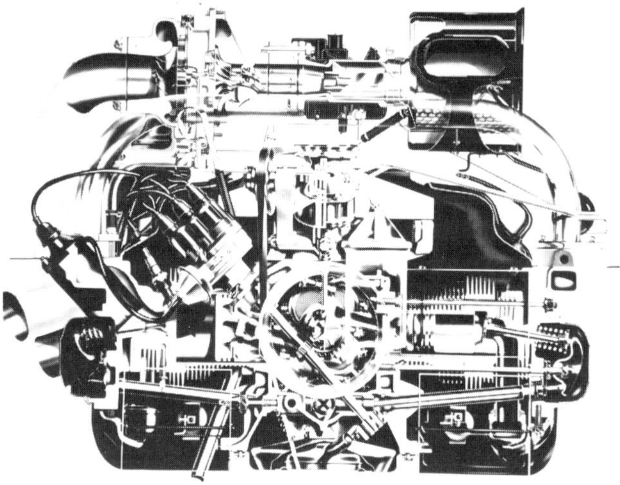

Umso schwieriger ist es für kleinere Firmen (zum Beispiel aus der Tuning-Branche), vor allem aber für private Bastler, einen Saugmotor zu einem gut laufenden Turbomotor umzufunktionieren. Denn abgesehen davon, daß ein Motor auch konstruktiv bestimmte Voraussetzungen zur Turboaufladung mitbringen muß, gibt es eine ganze Reihe spezifischer technischer Probleme, die bei der Abgasturbo-Aufladung zu berücksichtigen und

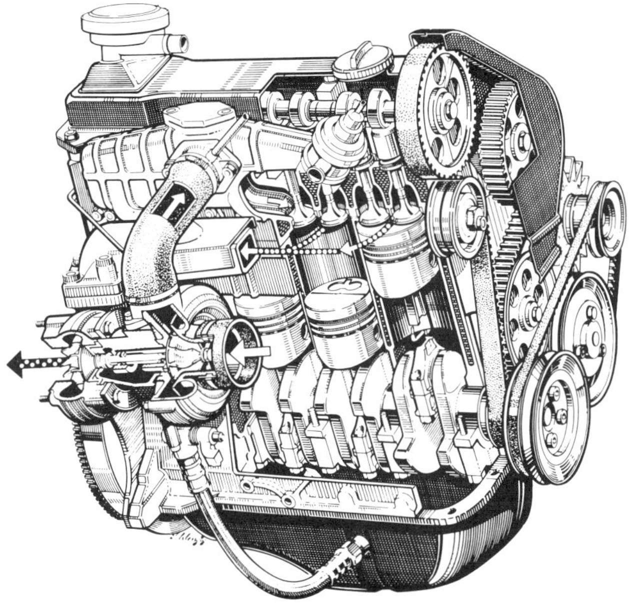

Beim Dieselmotor ist die Adaption des Turboladers einfacher, da eine qualitative Leistungsregelung stattfindet.

zu lösen sind. Dies kann meist nur in enger Zusammenarbeit zwischen Motorenbauer und Turboladerhersteller geschehen.
Dabei darf der Entwicklungsaufwand für einen gut funktionierenden Turbomotor auf keinen Fall unterschätzt werden. Er liegt in der Regel höher als auch unter Annahme ungünstigster Bedingungen vermutet wird. Professionelle Motorenbauer vergleichen den Entwicklungsaufwand eines Turbomotors sogar mit dem eines völlig neuen Aggregates.
Schließlich spielt es auch eine entscheidende Rolle, ob ein Otto- oder ein Dieselmotor aufgeladen werden soll. Beim Ottomotor gestaltet sich nämlich dieses Unterfangen aus verschiedenen Gründen schwieriger. Da wäre als erstes die höhere Temperaturbelastung zu nennen. Bei Ottomotoren ist mit Abgastemperaturen von etwa 1000 Grad Celsius und darüber zu rechnen, beim Diesel werden es maximal 800° C. Die höhere Temperaturbelastung erfordert bei der Abgasturbo-Aufladung (ATL) des Ottomotors nicht nur hochwertigere Materialien für Turbinengehäuse und Abgaskrümmer, sondern auch eine konsequente Wärmeentkoppelung des Abgasturboladers und des Regelventils, um Schäden durch Stauwärme zu vermeiden. Auch die Schmierung des Abgasturboladers und die Kühlung des Öls muß darauf Rücksicht nehmen, was freilich auch für den Diesel gilt.
Als weiterer Vorteil des Dieselmotors gilt seine qualitative Regelung. Bekanntlich wird die Leistung des Diesel nicht wie beim Ottomotor durch eine Luft- bzw. Gemischdrosselung geregelt, sondern durch die Einspritzmenge. Dadurch läuft der Diesel unabhängig vom Lastzustand immer mit annähernd gleichem Luftvolumen, was einmal ein etwas besseres Ansprechverhalten des Turboladers zur Folge hat, zum anderen die Pumpgefahr beim plötzlichen Lastwechseln (siehe auch Pumpgrenze auf Seite

61) eliminiert. Bei Ottomotoren sind zur Minderung dieser Pumpgefahr beim plötzlichen Schließen der Drosselklappe manchmal besondere Vorrichtungen nötig (sogenannte Umluftventile), um das Pumpen zu vermeiden.
Der größte Vorzug des Diesels – im Zusammenhang mit der Abgasturbo-Aufladung – ist jedoch sein Brennverfahren. Da der Diesel sein Gemisch durch Selbstzündung zum Brennen bringt, besteht keine Klopfgefahr. Letztere ist der Grund dafür, daß Ottomotoren in der Regel im Verdichtungsverhältnis reduziert werden müssen und dadurch an Wirkungsgrad und Drehmoment verlieren. Beim Diesel kann das Verdichtungsverhältnis unverändert bleiben.

Die Auswahl des Laders

Für die Auswahl des Abgasturboladers ist primär die Frischluftseite, also der Verdichter maßgebend. Denn die erforderliche Laderleistung – es ist die Leistung, die von der Abgasturbine für die Verdichtung der Luft aufge-

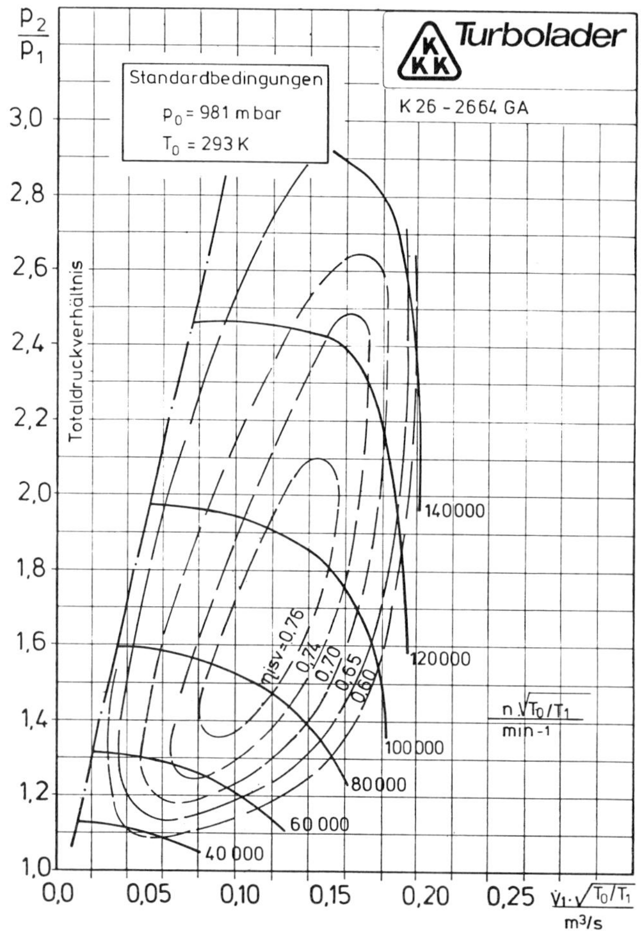

Verdichterkennfeld eines KKK-Turboladers mit rückwärts gekrümmten Schaufeln. Die linke Linie (strichpunktiert) stellt die Pumpgrenze dar, von ihr laufen die Drehzahlkurven nahezu waagrecht ab, um dann stark abzufallen; die Muschellinien markieren Gebiete verschiedenen Wirkungsgrades.

bracht werden muß – bestimmt letztendlich die Größe des Aggregates. Besondere Auslegungswünsche können dann innerhalb einer Baugruppe durch geeignete Kombinationen von verschiedenen Verdichtern und Abgasturbinen berücksichtigt werden.

Theoretisch läßt sich die erforderliche Laderleistung auf Grund der thermodynamischen Zusammenhänge ziemlich exakt berechnen. Sie ist von zwei Faktoren abhängig. Einmal an dem Druckverhältnis (P_2:P_1) hinter und vor dem Verdichter (wichtig ist dabei, daß nicht statische, sondern Totaldrücke gemeint sind, das heißt der dynamische Druckanteil des strömenden Mediums muß berücksichtigt werden). Als zweiter Faktor ist der Luftdurchsatz des Motors für die Ladergröße bestimmend. Auch dieser Wert läßt sich theoretisch annäherungsweise ermitteln.

Das Totaldruckverhältnis und der Luftdurchsatz sind die maßgebenden Parameter in dem für die Charakteristik des Laders wichtigen *Verdichterkennfeld.* In der Ordinate (senkrecht) des Verdichterkennfeldes ist das Druckverhältnis, in der Abszisse (waagrecht) der Volumenstrom aufgezeichnet. Außer diesen Koordinaten-Parametern sind im Verdichterkennfeld die Kennlinien konstanter Verdichterdrehzahl und, was für die Beurteilung der Verdichterauswahl mindestens ebenso wichtig ist, die muschelförmigen Linien des Verdichterwirkungsgrades eingetragen (siehe Diagramm). Sämtliche Werte beziehen sich natürlich auf Standard-Bedingungen (Druck = 981 mbar; Temperatur = 293 Kelvin bzw. 20° Celsius). Im Verdichterkennfeld ist außerdem ein anderes Charakteristikum des Turboverdichters zu erkennen: die sogenannte Pumpgrenze. Das Gebiet links dieser Linie ist instabil und kann zur Förderung nicht verwendet werden, da Turboverdichter bei kleinen Fördermengen kein nutzbares Druckverhältnis aufbauen. Als Folge davon reißt jenseits der Pumpgrenze die Strömung auf der Verdichterseite ab, es kommt zu Druckspitzen und Axialschlägen auf die Verdichterwelle und, bei häufigem Betrieb im instabilen Bereich, zu Schäden am Laufzeug.

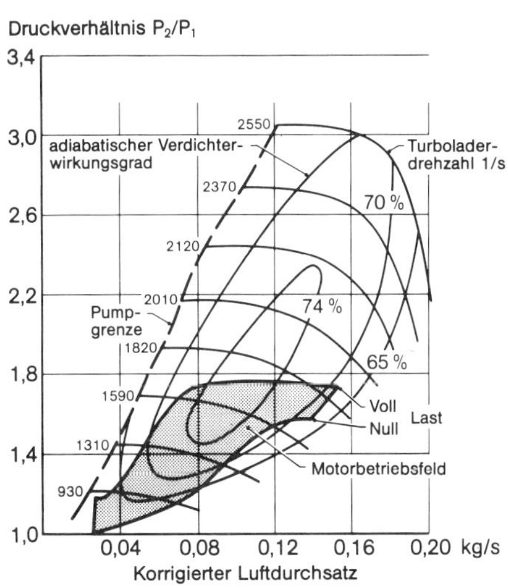

Verdichterkennfeld mit eingezeichnetem Motorbetriebsfeld des aufgeladenen Mercedes-Dieselmotors (Fünfzylinder, 3 Liter Hubraum).

In der Praxis ist das Auswahlverfahren für die Entwickler von kleinen Turbomotoren, wie sie in Personenwagen zum Einsatz kommen, relativ einfach. Man gibt die bestimmenden Eckdaten des Motors an den Turboladerhersteller, der auf Grund dieser Daten den passenden Abgasturbolader auswählt. Die hierzu benötigten Eckdaten sind:

- Hubvolumen
- Maximale Drehzahl
- Maximale Leistung
- Leistungsverlauf

Auf Grund dieser Eckdaten läßt sich ziemlich genau die Verdichtergröße ermitteln und damit die in Frage kommende Baugruppe des Abgasturboladers. Innerhalb der Baugruppe sind wiederum verschiedene Turbinengehäuse möglich, die entsprechend dem Auslegungswunsch des Motorenherstellers ausgewählt werden. Hierbei gilt folgender grundsätzlicher Zusammenhang:

- Hohes Drehmoment im unteren Drehzahlbereich – kleine Turbine
- Hohe Endleistung – große Turbine.

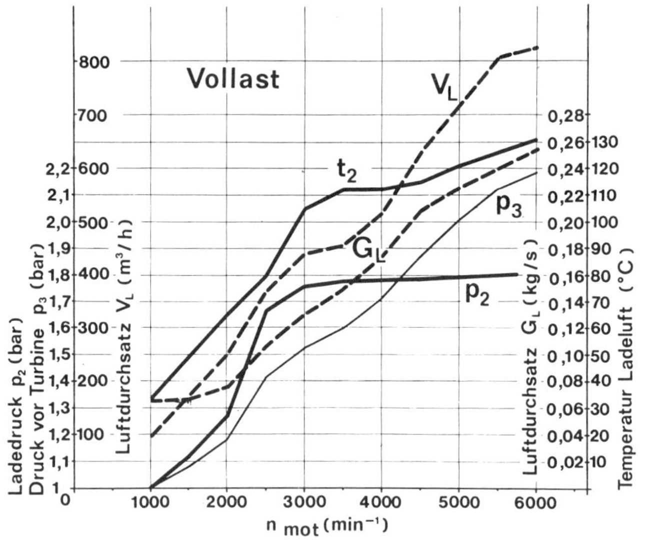

In diesem Diagramm sind Luftdurchsatz (V_L und G_L), Ladedruck (p_2), Abgasgegendruck (p_3) und Ladelufttemperatur jeweils bei Vollast dargestellt. Es handelt sich um einen aufgeladenen Porsche-Motor.

Bei dieser Gelegenheit noch ein Wort zu den Baugruppen. Die Firma KKK (Kühnle, Kopp und Kausch), bedeutendster Turboladerhersteller Europas, hat beispielsweise in der modernen K-Reihe sechs Baugruppen (von K 1 bis K 6, siehe auch Schaubild) im Programm. Diese Turbolader-Baugruppen decken einen aufgeladenen Leistungsbereich von etwa 50 PS

(37 kW) bis 1400 PS (1030 kW) ab. Für die im Personenwagenbereich eingesetzten, relativ kleinen Motoren kommen jedoch nur die beiden unteren Baugruppen (K 1 und K 2) in Frage. Das heißt, die Baugruppe K 1 ist für den Leistungsbereich von 50 PS (37 kW) bis 120 PS (88 kW) vorgesehen, die Baugruppe K 2 für den am häufigsten auftretenden Leistungsbereich zwischen 100 PS (74 kW) und 350 PS (257 kW).
Gemeinsames Merkmal einer Baugruppe ist jeweils das einheitliche Lagergehäuse. Für jede Baugruppe stehen verschiedene Verdichtergrößen und Turbinengehäuse zur Verfügung. Damit ist die Möglichkeit gegeben, innerhalb einer Baugruppe auf die unterschiedlichen Betriebsbedingungen und Anforderungen der Motoren optimal einzugehen. In der Baugruppe K 1 sind zwei Varianten, in der Baugruppe K 2 für Pkw drei Varianten lieferbar. Sie können in etwa den folgenden Hubraumgrößen zugeordnet werden:

- K 14 Ottomotoren bis 1800 cm^3, Dieselmotoren bis 2000 cm^3
- K 16 Ottomotoren bis 2200 cm^3, Dieselmotoren bis 3200 cm^3
- K 24 Ottomotoren bis 2700 cm^3, Dieselmotoren bis 3800 cm^3
- K 26 Ottomotoren bis 3400 cm^3, Dieselmotoren bis 4200 cm^3
- K 27 Ottomotoren bis 4500 cm^3, Dieselmotoren bis 5200 cm^3

Diese Hubraum-Zuordnung gilt jeweils für aufgeladene Motoren im Serien- oder Straßenbetrieb. Für Wettbewerbsmotoren sind relativ größere Lader notwendig. Wenn hier die K 2-Reihe nicht ausreicht, können entweder, wie im Falle des Renault Formel 1-Turbo, zwei K 2-Turbolader eingesetzt werden, oder, wie beim BMW Formel 1, ein Lader der größeren K 3-Baugruppe, die bis etwa 600 PS (441 kW) reicht.

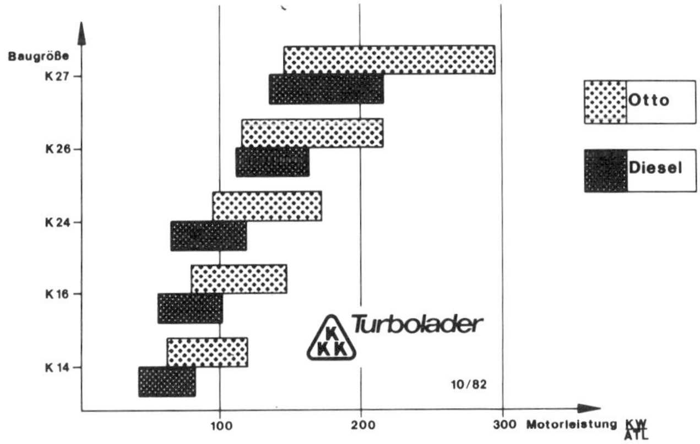

Einsatz- und Leistungsbereich verschiedener KKK-Turboladergrößen können diesem Schaubild entnommen werden.

Im weiteren Verlauf der Anpassung wird der auf Grund der Motor-Eckdaten ausgewählte Abgasturbolader mit dem dafür vorgesehenen Motor auf dem Prüfstand gemessen. Dabei wird zunächst festgestellt, ob der Turbo-

Mit Hilfe einer speziellen Meßdüse kann der Luftdurchsatz ermittelt werden.

motor aufgeladen die vorgesehenen Leistungs- und Drehmomentwerte erreicht. Es wird aber auch überprüft, wo die Vollastkennlinie des Motors im Verdichterkennfeld liegt. Hierzu wird das Totaldruckverhältnis (P_2:P_1) mittels Manometer gemessen und die vom Verdichter angesaugte Luftmenge entweder mit Hilfe einer Gasuhr, oder, was genauer ist, über eine Normdüse (siehe Abbildung) ermittelt. So werden beispielsweise alle 500 Umdrehungen die Vollastpunkte gefahren, die dabei gefundenen Werte auf Normbedingungen reduziert (Druck = 981 mbar; Temperatur = 293 K bzw. 20° Celsius) und in das Verdichterkennfeld eingetragen. Die so gefundenen Kurven nennt sich die Vollast-Schlucklinie des Motors (siehe Diagramm). Die Lage dieser Vollast-Schlucklinie im Verdichterkennfeld entscheidet schließlich darüber, ob der gewählte Verdichter beibehalten werden kann oder ob weitere Versuche mit anderen Verdichtern zur Optimierung notwendig sind. Dabei sind folgende Kriterien wichtig:

- Die Vollast-Schlucklinie soll im Bereich eines möglichst guten Verdichterwirkungsgrades verlaufen,
- Die Vollast-Schlucklinie muß einen ausreichend großen Abstand zur Pumpgrenze haben,
- Die Vollast-Schlucklinie soll nicht im Bereich zu hoher Lader- bzw. Turbinendrehzahl velaufen,
- Die Vollast-Schlucklinie muß zur Motor- und Getriebeauslegung passen.

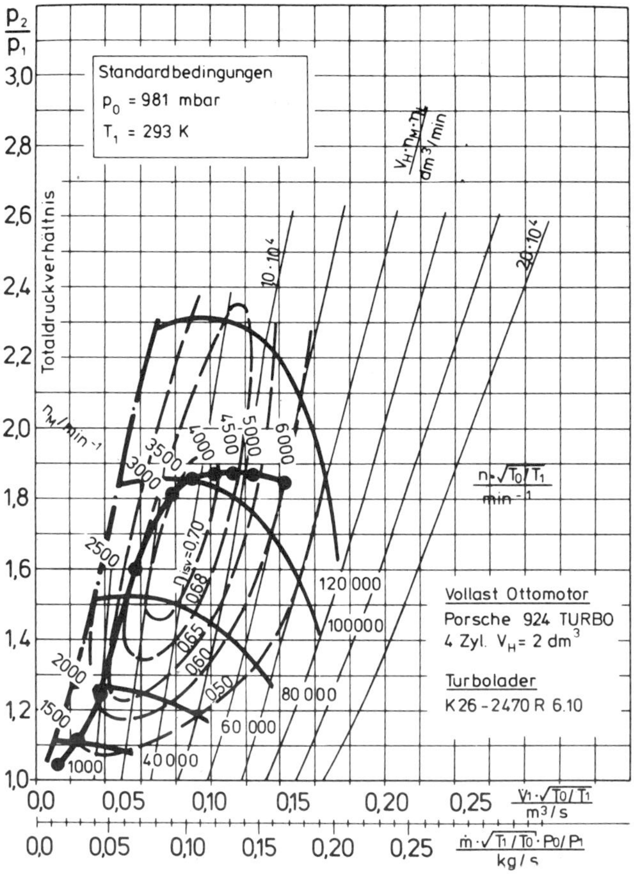

Im Verdichterkennfeld des Porsche 924 Turbo ist die Vollast-Schlucklinie des Motors eingetragen. Die Meßpunkte sind markiert.

Werden all diese Kriterien positiv beantwortet, so kann der Abgasturbolader auf der Verdichter- und Turbinenseite festgelegt werden. Als weiteres wichtiges Anpassungsinstrument ist jetzt die Ladedruck-Regelung an der Reihe.

Die Ladedruckregelung

Ein charakteristisches, für den Betrieb mit einem Kolbenmotor nachteiliges Merkmal des Abgasturboladers ist es, im unteren Drehzahl- und Lastbereich zu wenig und bei hoher Drehzahl und hoher Last zu viel Luft zur Verfügung zu stellen. Eine solche Ladedruck-Charakteristik führt zu drehmomentschwachen Motoren, die nur im oberen Vollastbereich zufriedenstellend laufen und zudem den Nachteil haben, instationär, also beim plötzlichen Beschleunigen, sehr träge zu reagieren. Da der Ladedruck aus

Gründen der Motorbelastung ohnehin begrenzt werden muß, liegt es nahe, durch eine sinnvolle Regelung des Ladedruckverlaufes die prinzipbedingten Nachteile der Abgasturbo-Aufladung zu eliminieren oder wenigstens zu reduzieren.
Die Begrenzung bzw. die Regelung des Ladedrucks ist auf verschiedene Weise möglich, doch nicht jede Möglichkeit führt zu dem gewünschten Ergebnis. Die gebräuchlichen Methoden werden hier beschrieben.

UNGEREGELTE ABGASTURBO-AUFLADUNG

In diesem Fall wird der Abgasturbolader so gewählt, daß sich eine Begrenzung des Ladedrucks durch das maximal erreichbare Druckverhältnis bei Höchstleistung ergibt. Dies bedeutet, daß der maximale Ladedruck im Bereich der Höchstleistungsdrehzahl anfällt. Bei mittleren und niederen Drehzahlen ist der Motor leistungs- und drehmomentschwach. Das Ansprechverhalten ist schlecht. Für den Normalbetrieb ist die ungeregelte Aufladung bei Ottomotoren nicht geeignet, für den Wettbewerbseinsatz, bei dem vorwiegend im Höchstleistungsbereich gefahren wird (z. B. Indianapolis oder Rekordfahrten), ist diese Methode in manchen Fällen ausreichend.
Bei turbogeladenen Dieselmotoren kann die ungeregelte Aufladung dann für Straßenfahrzeuge befriedigend funktionieren, wenn kein hoher Aufladegrad angestrebt wird. Als gutes Beispiel dient hier der Mitsubishi Galant Diesel.

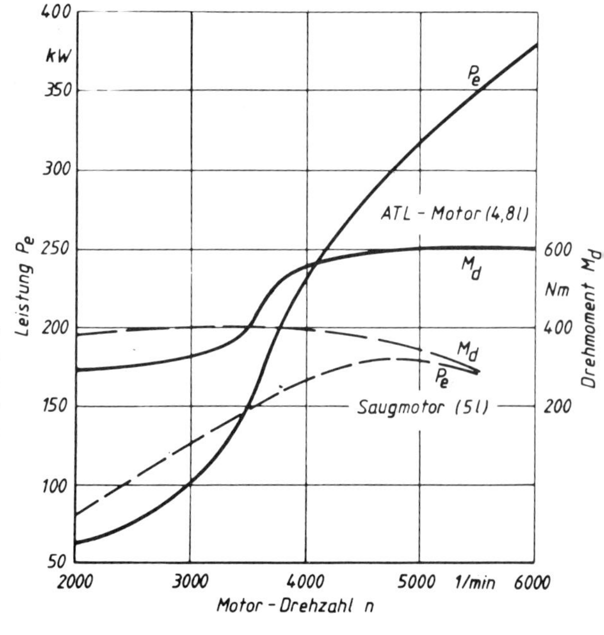

In diesem Schaubild ist der Leistungs- und Drehmomentverlauf bei ungeregelter Aufladung dargestellt. Es handelt sich um den Mercedes V 8-Motor (4,8 Liter Hubraum), der für Weltrekordfahrten eingesetzt wurde. Bemerkenswert ist die noch bei 6000/min steil ansteigende Leistungskurve.

EINLASSSEITIG GEREGELTE ABGASTURBO-AUFLADUNG

Bei dieser Methode wird ein Abblaseventil in dem unter vollem Ladedruck stehenden Luftsammler zwischen Verdichterauslaß und Motoreinlaß installiert. Beim Erreichen eines bestimmten, auf den jeweiligen Motor eingestellten Ladedrucks, öffnet das Ventil und läßt vorverdichtete Luft entweder (bei Rennmotoren) in die freie Atmosphäre, oder (bei Straßenmotoren) in den Luftfilter bzw. Ansaugtrakt vor dem Verdichter. Die einlaßseitig geregelte ATL wurde vor allem von BMW im Rennsport und später im ersten deutschen turbogeladenen Serien-Personenwagen, dem BMW 2002 Turbo, angewendet. Auch die von dem Schweizer Ingenieur Michael May entwickelten Turbo-Umbausätze für Ford- und Opelmotoren bedienen sich dieser Regelmethode.
Die Nachteile dieser Regelung sind dennoch so gravierend, daß sie bei modernen Turbofahrzeugen nicht mehr zu finden ist. So läßt sich zwar je nach Auslegung schon im mittleren Drehzahlbereich ausreichend hoher Ladedruck erreichen, doch muß dann bereits vorverdichtete Luft wieder abgeblasen werden, was einen Wirkungsgradverlust darstellt. Ein weiterer Nachteil dieses Regelverfahrens ist die Tatsache, daß die Turbine ebenso wie bei der ungeregelten Aufladung für die gesamte Abgasmenge ausgelegt werden muß. Dies schränkt nicht nur die Regelmöglichkeiten ein, sondern erfordert auch relativ große Turbinen mit entsprechend trägem Ansprechverhalten. Motoren mit dieser Regelung verhalten sich im Betrieb ähnlich wie ungeregelte Turbomotoren.

Oben: Beim BMW 20002-Rennmotor war der Ladedruck einlaßseitig geregelt. Das Abblasventil sitzt direkt im Luftsammler und entläßt die überschüssige Ladeluft in den Motorraum.
Links: Die Turbo-May-Anlage für den Ford-Sechszylinder ist einlaßseitig geregelt. Ein Schlauch leitet die abgeblasene Ladeluft zum Luftfilter zurück. Die Turbine ist sehr groß.

ABGASSEITIG GEREGELTE ABGASTURBO-AUFLADUNG

Die abgasseitige Regelung der ATL geht davon aus, den Ladedruck durch eine Steuerung des Gasdurchsatzes durch die Turbine zu begrenzen. Hierzu wird in die Abgasleitung zwischen Motorauslaß und Turbineneinlaß ein sogenanntes Bypaßventil (waste gate) eingebaut, das abhängig von einer bestimmten Steuergröße öffnet und einen Teil der Abgasmenge unter Umgehung der Turbine direkt in die Auspuffanlage leitet. So werden bei Vollast je nach Auslegung etwa 20 bis 40 Prozent der gesamten Abgasmenge um die Turbine vorbeigeführt. Die restlichen 60 bis 80 Prozent treiben die Turbine an und sorgen für den Ladedruck.

Ohne Regelung wird der volle Ladedruck sehr spät erreicht. Die Steuerung des Ladedruck-Regelventils vom Abgasgegendruck (p_3) ergibt eine fallende Kennlinie.

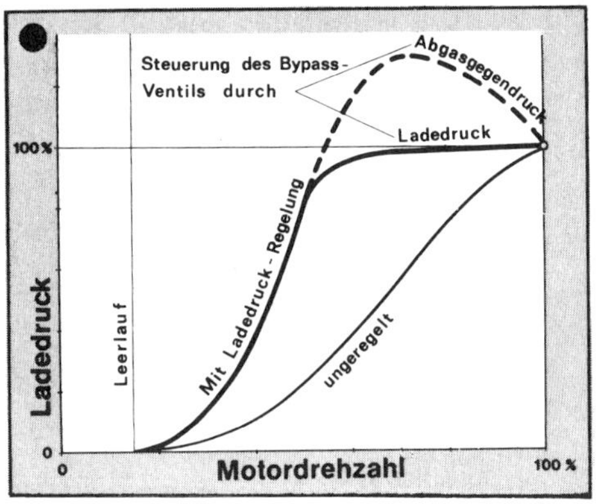

Der Vorteil dieser Methode ist, daß wegen des geteilten Abgasstromes wesentlich kleinere Turbinen und entsprechend kleine Abgasturbolader verwendet werden können. Dadurch ist schon bei relativ niedriger Motordrehzahl hoher Ladedruck erreichbar. Zudem läßt diese Art der Regelung je nach Wahl der für das *Ladedruck-Regelventil (LRV)* vorgesehene Steuergröße einen individuell angepaßten Verlauf der Ladedruckkurve zu. Die abgasseitig geregelten Turbomotoren verfügen daher in der Regel über einen guten Drehmomentverlauf und befriedigendes Ansprechverhalten.
Das Ladedruck-Regelventil selbst kann entweder im Turbolader integriert sein, oder, was vor allem bei Ottomotoren wegen der hohen Temperaturen notwendig ist, vom Turbolader separat an einer gut kühlbaren Stelle untergebracht werden. Konstruktiv sind verschiedene Ausführungen des Ladedruck-Regelventils möglich. Bei KKK wird es in der Regel als Hubventil ausgebildet, während Garrett beim integrierten Ladedruck-Regelventil eine schwenkbare Klappe bevorzugt. Prinzipiell wird das Ventil bzw. die Klappe durch Federdruck geschlossen gehalten. Gegen die in einer Druckdose untergebrachte Feder wirkt als Gegenkraft der Steuerdruck. Mit Hilfe der Federkraft läßt sich der Ladedruck einstellen, das heißt, je größer die

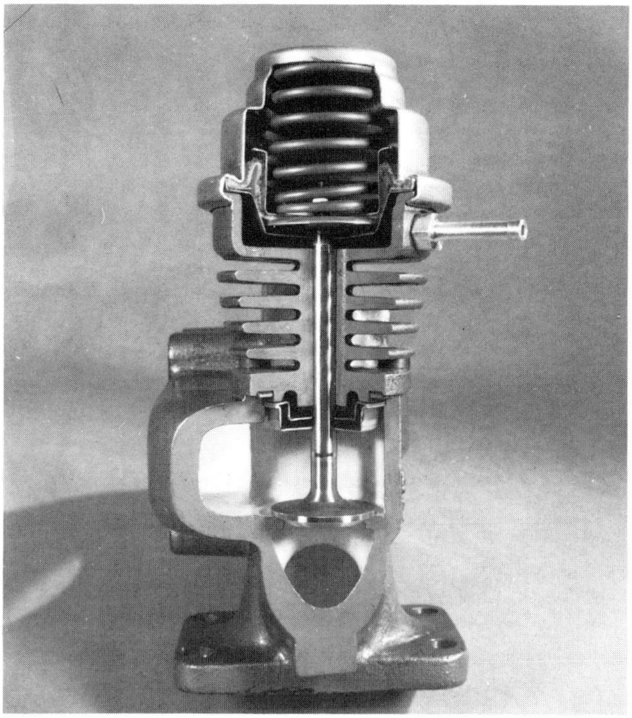

Im Ladedruck-Regelventil wird die Höhe des Ladedrucks primär durch die Stärke der Feder bestimmt, die die Gegenkraft zur Membran bildet.

Federkraft, umso höher der Ladedruck. Diese Einstellmöglichkeit dient freilich nur der Grundeinstellung, also der Festlegung des maximalen Ladedrucks, nicht jedoch der Ladedruckregelung. Bei Serienfahrzeugen ist denn auch aus Sicherheitsgründen die Federkraft fest eingestellt und plombiert. Bei Rennmotoren läßt sich die Federkraft mittels Einstellschraube variieren, was eine Veränderung des maximalen Ladedrucks und damit der Motorleistung zur Folge hat.
Für die *Höhe des Ladedrucks* ist also primär die Feder im Regelventil maßgebend, für den *Verlauf des Ladedrucks* der als Steuergröße gewählte Steuerdruck. Von den verschiedenen zur Wahl stehenden Kombinationsmöglichkeiten sind die folgenden mit Erfolg praktiziert worden.

● p_2-Regelung

Die am häufigsten praktizierte p_2-Regelung nimmt als Steuergröße den Ladedruck (p_2 = Druck unmittelbar nach dem Verdichter, siehe auch Seite 56). Der Ladedruck wirkt also auf der einen Seite der Druckdose, auf der anderen Seite liegt p_o (Umgebungsdruck) an, so daß als Gegenkraft nur die Feder wirkt. Die Methode gilt, da nur zwei Parameter den Ladedruckverlauf bestimmen, als einfach und zuverlässig. Hinzu kommt, daß saubere, verdichtete Luft zur Steuerung benutzt wird. Als Nachteil der p_2-Regelung gilt der zunächst steil ansteigende und dann waagrechte oder leicht steigende Ladedruckverlauf (siehe Diagramm). Die Anpassung ist dadurch

Der Steuerdruck (p_2) wird bei diesem Garrett-Lader bereits in der Verdichterspirale entnommen, um einen günstigeren Ladedruckverlauf zu erreichen (1 = Abgaseintritt, 2 = Abgasaustritt, 3 = Turbinenrad, 4 = Verdichterrad, 5 = Lufteintritt, 6 = Luftaustritt, 7 = Ladedruck-Regelventil).

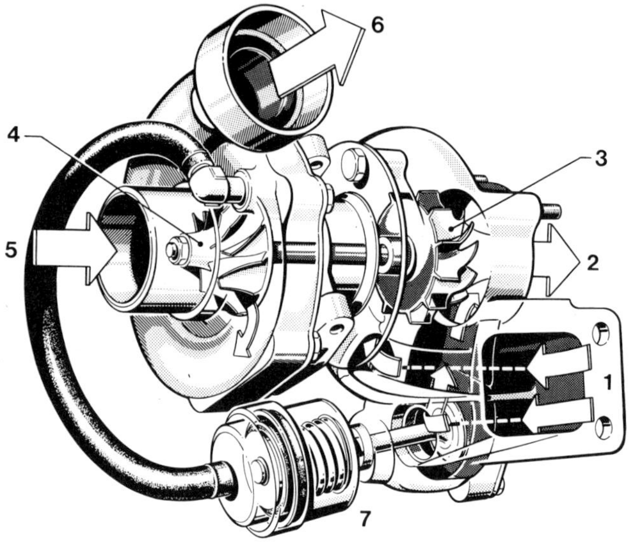

nicht immer optimal. Um eine leicht fallende Kennlinie zu erreichen, wird bei modernen Turboladern der Steuerdruck (p_2) schon im Anfang der Verdichterspirale abgenommen.

● p_3-Regelung

Die p_3-Regelung benutzt als Steuergröße den Abgasgegendruck vor dem Eintritt in die Turbine. Auf der einen Seite der Membrandose liegt also p_3 an, auf der anderen Seite Umgebungsdruck (p_o) und die Feder. Da der Verlauf des Abgasgegendrucks (p_3) progressiv ist, das heißt bei hoher Last und hoher Drehzahl wächst der Staudruck vor der Turbine überproportional an, ist die Verwendung einer harten Feder möglich. Dies wiederum führt zu einem starken Anstieg des Ladedrucks im mittleren Bereich (siehe Diagramm), der dann mit zunehmender Öffnung des Ladedruck-Regelventils abgebaut wird.
Die Folge dieses Ladedruckverlaufes ist eine im unteren Bereich fülligere Leistungs- und Drehmomentkurve. Die Nachteile der p_3-Regelung sind Einbußen an Spitzenleistung und die Tatsache, daß heißes, verunreinigtes Abgas zur Steuerung benutzt wird. Letzteres kann zu Funktionsstörungen am Ladedruck-Regelventil führen.

● p_2/p_1-Regelung

Bei dieser kombinierten Regelung werden als Steuergröße der Ladedruck (p_2) und der Druck vor dem Verdichtereintritt (p_1) benutzt. Auf der einen Seite der Membran wirkt also p_2, auf der anderen Seite p_1 und die Feder. Da p_1 mit zunehmender Last und Drehzahl infolge der Drosselverluste in den Saugleitungen abnimmt, ergibt sich – verglichen mit p_o – ein höheres Druckgefälle. Hierdurch ist eine stärkere Feder verwendbar, was wieder-

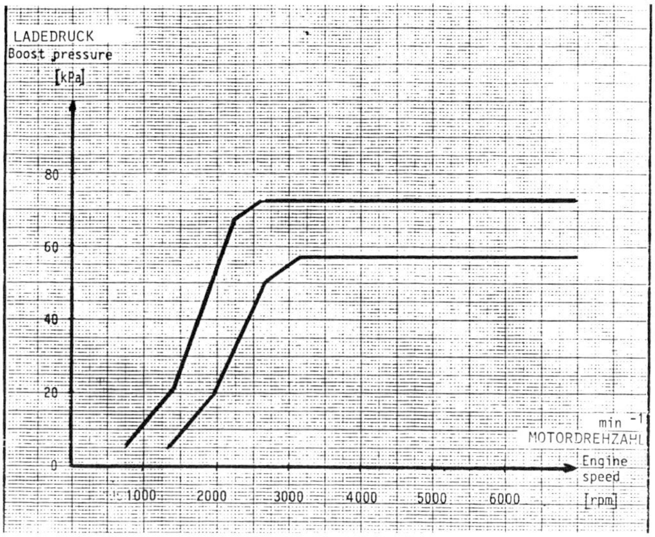

Typischer, gemessener Verlauf einer reinen p_2-Regelung (Volvo 240 Turbo) mit verschiedene maximalen Ladedrücken (Europa- und US-Ausführung).

um zu einer degressiven, der p_3-Regelung ähnlichen Kennlinie führt. Als Nachteil wäre unter Umständen eine gewisse Abhängigkeit des Ladedruckverlaufes vom Verschmutzungsgrad des Luftfilters zu nennen.

● p_3/p_1-Regelung

Als Steuergrößen werden hier der Abgasgegendruck (p_3) und der Druck vor dem Verdichtereintritt (p_1) benutzt. Auf einer Seite der Membran liegt also p_3, auf der anderen Seite p_1 und die Feder an. Die Kennlinie ist ähnlich wie bei der reinen p_3-Regelung, allerdings, aus schon genannten Gründen, mit verstärkter, degressiver Tendenz. Zu den bei der p_3-Regelung genannten Nachteilen kommt noch der Einfluß der Luftfilterverschmutzung.

Typischer Verlauf einer p_3-Regelung (Audi 200 T).

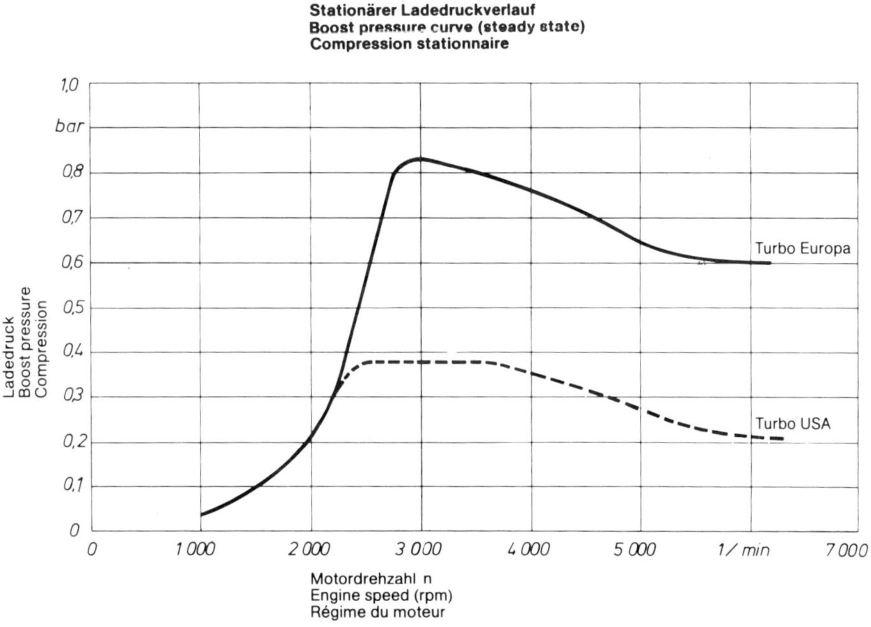

Verlauf einer kombinierten p_2/p_4-Regelung (Dr. Schrick).

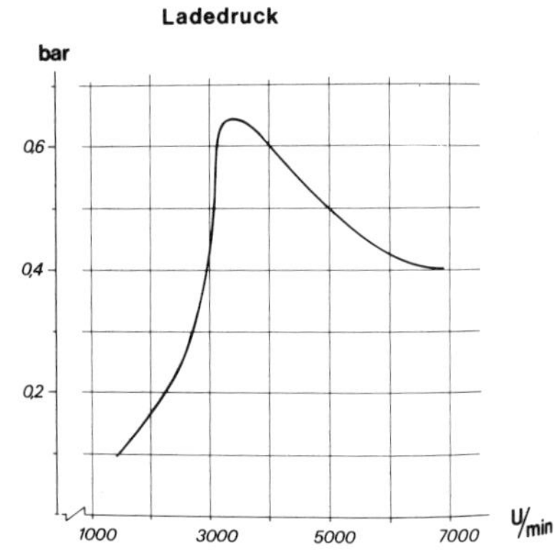

● p_2/p_4-Regelung

Diese Kombination benutzt den Ladedruck und den Auspuffgegendruck hinter der Turbine (p_4) als Steuergröße. Dabei liegen p_2 und p_4 auf einer Seite der Membran an und wirken gemeinsam gegen die Federkraft. Infolge des Druckgefälles (von p_2 zu p_4) strömt verdichtete Luft durch eine kleine Drosselbohrung in die Auspuffleitung. Da der Auspuffgegendruck mit zunehmendem Durchsatz zunimmt, wird das Ladedruck-Regelventil bei hoher Leistung weiter geöffnet als im mittleren Bereich. Dadurch sinkt der Ladedruck im oberen Bereich wieder ab. Die Folge ist eine degressive Kennlinie ähnlich wie bei der p_1/p_3-Regelung.

● Frei steuerbares waste-gate

Bei den bisher beschriebenen Methoden der abgasseitigen Ladedruckregelung wurde als einziger Parameter jeweils der Ladedruck oder andere Systemdrücke zur Steuerung des Ladedruck-Regelventils herangezogen. Trotz vieler Variationsmöglichkeiten ergeben sich bei dieser Art der waste-gate-Steuerung Nachteile insofern, als sich der dadurch erzielbare Ladedruckverlauf meist nicht mit dem notwendigen wünschenswerten Ladedruckverlauf deckt. Der Hauptnachteil resultiert daraus, daß die Vorspannkraft der Feder im Ladedruck-Regelventil wegen der bei Vollast notwendigen Ladedruckhöhe ziemlich hoch gewählt werden muß. Dies hat zur Folge, daß sich bei nur teilweise geöffneter Drosselklappe unnötig hoher Ladedruck aufbaut. Dieser überschüssige Ladedruck in der Teillast muß durch die Drosselklappe wieder auf den für die Motorleistung erforderlichen Wert abgesenkt werden. Die Nachteile dieser Methode sind:

- Anstieg der Ladelufttemperatur und damit reduzierte Klopfgrenze
- Höherer Abgasgegendruck vor der Turbine und dadurch erhöhte Verdichterleistung
- Höhere Ladungswechselverluste, da der Motor gegen hohen Abgasgegendruck arbeitet.

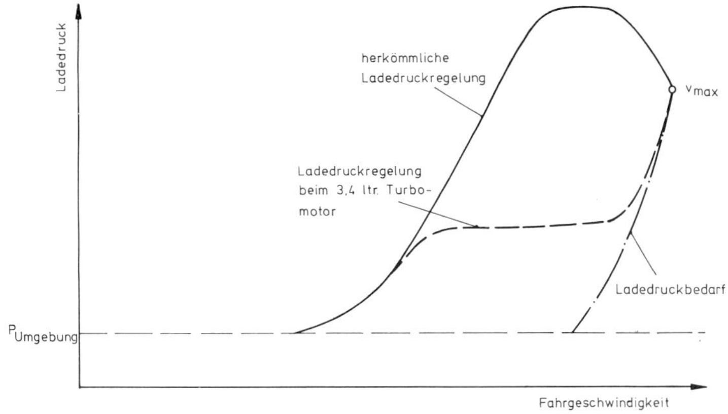

Ladedruckverlauf – gemessen vor der Drosselklappe = bei frei steuerbarem waste gate (BMW 745 i, 1983).

Solche Nachteile lassen sich durch ein frei steuerbares Ladedruck-Regelventil weitgehend vermeiden. Frei steuerbar bedeutet in diesem Fall, daß außer dem Ladedruck (oder anderen Systemdrücken) noch weitere Parameter die Öffnung des waste-gate bestimmen. Mit elektronischen Regelsystemen, die die verschiedenen Parameter, wie zum Beispiel Last, Drehzahl, Ladelufttemperatur oder Klopfen berücksichtigen, läßt sich so die Ladedruckregelung optimieren. Beim BMW 745 i des Jahrgangs 1983 wurde ein solches System in Verbindung mit der Bosch-Motronic erstmals realisiert. Zu diesem Zweck wurde für jeden Lastpunkt im Kennfeld der geringstmögliche Ladedruck eingestellt und in der Motronic gespeichert. Durch den Abbau überschüssigen Ladedrucks konnte so beim BMW-Turbomotor des 745 i der Druck vor der Drosselklappe in der Teillast wesentlich abgesenkt werden, die Ladelufttemperatur vor dem Kühler sank sogar um maximal 55°. Der geringere Leistungsbedarf zum Antrieb des Verdichters bewirkt eine Reduzierung des Abgasgegendrucks, gleichzeitig sinkt die Turboladerdrehzahl bei 4000 min^{-1} (Motor) und mittlerer Last um über 30 000 min^{-1}. Infolge dieser positiven Einflüsse (kältere Zylinderfüllung) kann im oberen Lastbereich des Motors mit größeren Vorzündungswinkeln und weniger fettem Gemisch gefahren werden – beides Maßnahmen, die den Wirkungsgrad verbessern und somit den Verbrauch senken.

Das Funktionsschema auf Seite 74 enthält die Komponenten der Ladedruck- und Klopfregelung, deren elektronische Regelsysteme von Bosch entwickelt wurden. Der Ladedruck wird durch ein Bypaßventil (10) eingestellt. Die Vorspannkraft der Feder wurde von 210 auf 65 N (N = Newton) reduziert. Entsprechend dem Kräftegleichgewicht im Bypaßventil reicht damit ein deutlich geringerer Steuerdruck zum Öffnen des Ventils aus.

In der Steuerleitung befindet sich ein Magnetventil (11), das von dem Regelgerät (13) angesteuert wird. Bei geöffneter (stromloser) Stellung des Magnetventils wirkt der volle Steuerdruck auf die Membran des Ladedruck-Regelventils. Unter Strom sperrt das Magnetventil die Steuerleitung und entlüftet zugleich die Druckkammer des Ladedruck-Regelventils. Die

Funktionsschema der Ladedruck-Regelung beim Motor des BMW 745 i des Jahres 1983: 1 = Luftfilter, 2 = Luftmengenmesser, 3 = Verdichter, 4 = Ladeluftkühler, 5 = Drosselklappe, 6 = Luftsammler, 7 = Auspuffkrümmer, 8 = Turbine, 9 = Abgasrohre, 10 = Ladedruck-Regelventil, 11 = Magnetventil, 12 = Drosselklappen-Potentiometer, 13 = Ladedrucksensor, 14 = Klopfsensor, n = Drehzahlimpuls, t_s = Zündsignale, BM = Bezugsmarke OT, VL = Vollast-Signal.

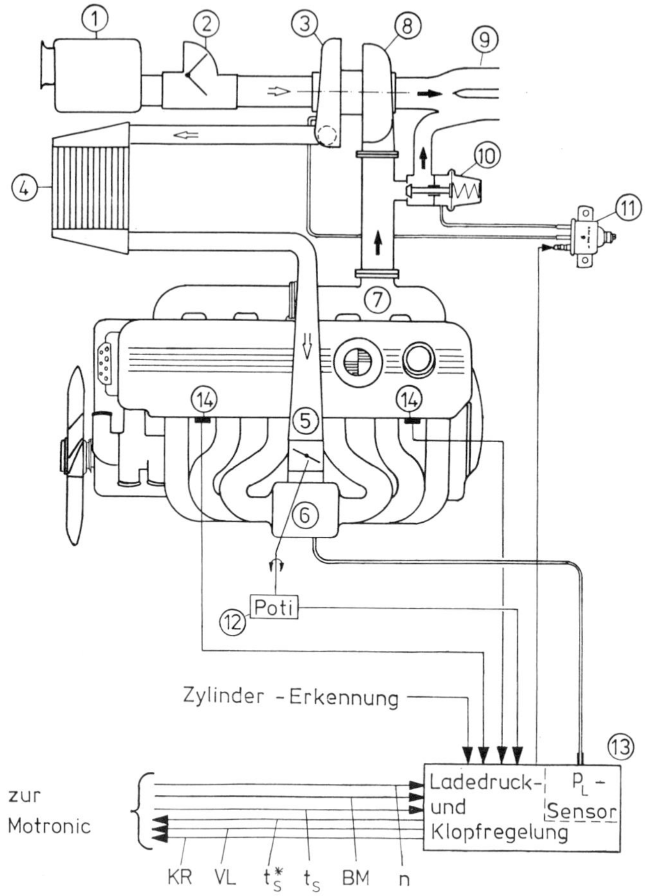

Ansteuerung des Magnetventils erfolgt mit einer Taktfrequenz von 12 Hz (1 Hz = 1 Schwingung pro Sekunde); dabei wird die Dauer der Schließimpulse (Taktzeit) variiert. Das Magnetventil erfüllt so die Funktion eines *Druckminderventils.* Der abgesenkte Steuerdruck bewirkt eine geringere Öffnung des Ladedruck-Regelventils und damit eine Erhöhung des Ladedrucks. Die Bildung der Taktzeit erfolgt kennfeldabhängig im Regelgerät (13). Die jeweiligen Kennfeldpunkte werden je nach Gaspedalstellung (≙ Drosselklappenwinkel) und Motordrehzahl abgefragt. Die Drosselklappenstellung wird mit einem Potentiometer (12) gemessen. Unterhalb einer vorgegebenen Potentiometerspannung wird das Regelgerät nicht aktiviert; das Magnetventil bleibt geöffnet. Bei Überschreitung der Grenzspannung setzt der Regelvorgang ein. Zunehmende Taktzeiten bewirken eine Erhöhung des Ladedrucks. Die elektrischen Schaltkreise für beide Regeleinrichtungen sind in einem gemeinsamen Gehäuse untergebracht.

Zusätzlich wird diese Ladedruckregelung durch eine Klopfregelung überlagert (siehe auch Seite 107). Die Klopfregelung über reduzierten Ladedruck wird jedoch nur wirksam, wenn die Klopfregelung über die Rücknahme des

Zündwinkels nicht ausreicht, also wenn dauerndes, starkes Klopfen auftritt, wie es eigentlich nur durch Tanken von zu niederoktanigem Kraftstoff vorkommt.

Die Handregelung des Ladedrucks

Zahlreiche Rennfahrzeuge, aber auch einige Straßen-Turbos, wie zum Beispiel der BMW Alpina B 7, verfügen über die Möglichkeit, den Ladedruck und damit die Leistung von Hand zu beeinflussen. Mit dem sogenannten *Dampfrad,* das vom Fahrersitz aus betätigt werden kann, läßt sich der Ladedruck innerhalb bestimmter Grenzen variieren, um so die Leistung besser den jeweiligen Bedürfnissen anpassen zu können. Bei Wettbewerbswagen dient daher die Handregelung in erster Linie dazu, den Lade-

Handregelventil zur Einstellung des Ladedrucks bei einem BMW-Alpina.

druck bzw. die Leistung vorübergehend zu erhöhen, um einen Konkurrenten schneller überholen zu können oder um eine gute Trainingszeit zu erzielen. In diesem Fall wird der Ladedruck bewußt über die für den Dauerbetrieb zulässige Grenze angehoben. Eine Rücknahme ist unbedingt erforderlich, wenn Motorschäden vermieden werden sollen. Bei Straßenturbos wird in der Regel vom zulässigen maximalen Ladedruck heruntergeregelt, um beispielsweise bei nasser oder glatter Fahrbahn ein besseres Fahrverhalten (weicherer Leistungseinsatz des Motors) zu erzielen.

Schematische Anordnung des Druckregelventils (Handventil) beim Alpina B 7-Motor.

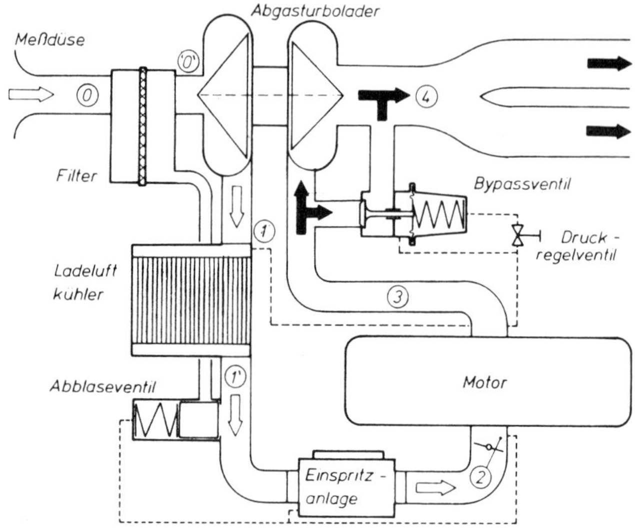

Das Prinzip der Handregelung ist in beiden Fällen das gleiche. Doch soll vorweg festgehalten werden, daß die Handregelung immer eine zusätzliche Regelmaßnahme des Turbomotors darstellt; sie ersetzt auf keinen Fall die Hauptregelung des Ladedrucks über ein Ladedruck-Regelventil. Denn gerade dort, am Ladedruck-Regelventil, erfolgt der Regeleingriff über die Handregelung. Und zwar werden im Prinzip die beiden durch eine Membran getrennten Kammern des Bypaßventils überbrückt und in diese Überbrückung ein zusätzliches Druckregelventil geschaltet.

Bei dem Druckregelventil handelt es sich normalerweise um ein Differenzdruckventil, das über eine Membran und eine Feder die Regelung niedriger Drücke erlaubt. Als Regelgröße dient der jeweils für die Öffnung des Bypaßventils gewählte Steuerdruck, also p_2 oder p_3.

Auf der einen Seite des Ladedruck-Regelventils liegt also wie üblich der gewählte Steuerdruck an, auf der gegenüberliegenden Seite der Membran außer der Feder jetzt noch der von der Stellung des Handreglers abhängige Differenzdruck. Dieser Differenzdruck unterstützt die Federkraft und wirkt somit der Öffnung entgegen. Ist nun das Handregelventil geschlossen, so liegt kein zusätzlicher Druck auf der Federseite des Bypaßventils, das dann wie bei einer normalen Regelung funktioniert. Diese Stellung

Querschnitt durch ein Niederdruck-Regelventil der Firma Lorch.

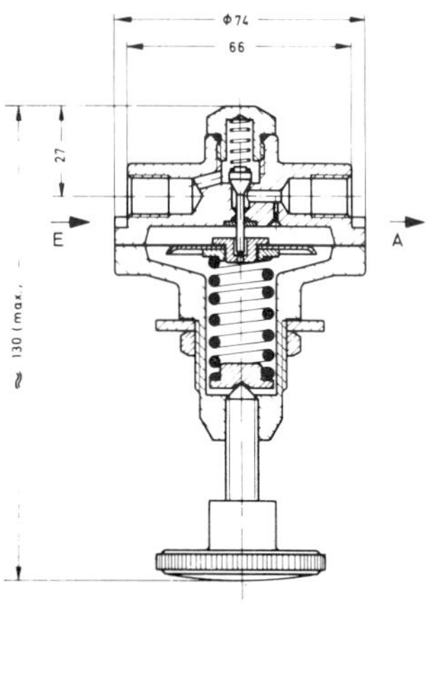

markiert die *untere Ladedruckgrenze,* das heißt, die Feder muß auf diese Stellung, also relativ weich, ausgelegt sein. Mit zunehmender Öffnung des Handregelventils steigt der Druck auf der Federseite des Ladedruck-Regelventils, was wiederum zu einer Erhöhung des Ladedrucks führt. Aber auch das Handregelventil muß in seiner Öffnung begrenzt werden (obere Ladedruckgrenze), da sonst im Ladedruck-Regelventil keine Druckdifferenz mehr herrscht und demzufolge keine Öffnung des waste gate mehr stattfindet. Ein unzulässiges Ansteigen des Ladedrucks wäre die Folge.
Beim nachträglichen Einbau eines Handregelventils in einen vorhandenen Turbomotor ist zu beachten, daß die Feder der Bypaßventils demzufolge weicher gewählt werden muß. Zur Funktionskontrolle ist eine hinreichend genaue Ladedruckanzeige unerläßlich.

Die Ladedruckhöhe

Die Höhe des Ladedrucks ist von dem jeweiligen Motor, seinem Einsatzzweck und seiner gewünschten Leistung abhängig. Welchen Einfluß der Ladedruck auf die Leistung eines Motors hat, läßt sich grob abschätzen. Nimmt man die Leistungssteigerung direkt proportional dem Druckverhältnis (in Wirklichkeit ist sie geringer), so ergibt sich die folgende Faustformel:

- $$\text{Leistung aufgeladen} = \text{Leistung unaufgeladen} \cdot \left(\frac{P_{La}}{P_o}\right)$$

P_{La} ist in diesem Fall der absolute Ladedruck. Während üblicherweise der Ladedruck als Überdruck (Ladedruck = Druckdifferenz zwischen absolutem Ladedruck und Atmosphärendruck) angegeben wird, muß zur Ermittlung des Druckverhältnisses stets der absolute Druck herangezogen werden. Zu beachten ist außerdem, daß die unaufgeladene Leistung eines Turbomotors in der Regel geringer ist als die eines Saugmotors, der nicht für die Aufladung vorgesehen ist. Nimmt man als Beispiel den Motor des BMW 745 i, der als 3,2 Liter Saugversion immerhin 197 PS (145 kW) entwickelt. Bei einem Druckverhältnis von 1,5 (Ladedruck = 0,5 bar) müßte die Aufladung demnach rund 295 PS bringen. Dies ist natürlich nicht der Fall, da der Basismotor des 745 i aus vielerlei Gründen (z. B. geringere Verdichtung, weniger Vorzündung usw.) eine deutlich niedrigere unaufgeladene Leistung bringt, die in der Gegend von 175 PS (125 kW) liegt.

Darstellung des Leistungsverlaufes in Abhängigkeit vom Ladedruck beim Alpina B 7-Motor. Zum Vergleich der unaufgeladene Saugmotor.

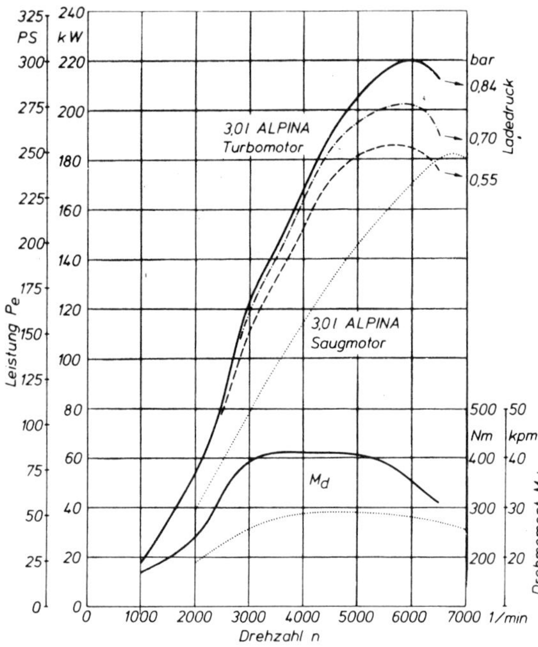

Als Anhaltswerte für die Höhe der Ladedrücke je nach Einsatzgebiet können die folgenden Zahlen (Überdruck) gelten:

- Straßen-Turbos Serie: 0,4 bis 0,8 bar
- Sportwagen und Rallyefahrzeuge: 0,8 bis 1,5 bar
- Formel 1- und Rekordfahrzeuge: 1,8 bis 2,4 bar

Im Serienbau geht dabei die Tendenz eindeutig zum höher verdichteten und weniger hoch aufgeladenen Turbomotor, während der Rennsport durch verschiedene zusätzliche Maßnahmen, zum Beispiel Wasser-Einspritzung, nach immer höherem Ladedruck strebt.

Die Ladeluft-Kühlung

DIE ABSENKUNG DER LADELUFT-TEMPERATUR UND IHRE WIRKUNG

Je nach Höhe des gewählten Druckverhältnisses erwärmt sich die Luft bei der Verdichtung in Abgasturboladern oder mechanischen Kompressoren mehr oder weniger stark. In der Thermodynamik nennt man diese Form der Dichteerhöhung *polytrope Verdichtung,* wobei die Temperatursteigerung des Verdichtungsmediums, in diesem Fall der Verbrennungsluft, nach folgender Beziehung funktioniert (Verdichterwirkungsgrad = 1,0):

$$\frac{T_1}{T_2} = \left(\frac{P_1}{P_2}\right)^{\frac{n-1}{n}} \quad ; \quad T_2 = T_1 : \left(\frac{P_1}{P_2}\right)^{\frac{n-1}{n}};$$

In dieser Formel bedeuten T_1 und T_2 die Lufttemperaturen vor und nach der Verdichtung in Kelvin (Null Grad Celsius = 273 Kelvin), P_1 und P_2 die entsprechenden Absolutdrücke und n der jeweilige Polytropen-Exponent. Die Temperatursteigerung hängt also in erster Linie vom Druckverhältnis und vom Polytropen-Exponenten ab, aber auch vom Wirkungsgrad (η) des Laders. Nach Zinner* ergeben sich für eine Lader-Eintrittstemperatur von 20° C (293 Kelvin) die folgenden Temperatur-Differenzen ($\triangle T = T_2 - T_1$):

P_2/P_1	1,5	2,0	2,5	3,0	3,5
$\triangle T$ bei $\eta = 0{,}765$	46,5°	84°	115°	142°	165,5°
$\triangle T$ bei $\eta = 0{,}81$	44,5°	79,5°	108,5°	134°	156,5°

* Karl Zinner: Aufladung von Verbrennungsmotoren, Springer-Verlag, Berlin · Heidelberg · New York

Neben der erwünschten Dichtesteigerung erfolgt also im Abgasturbolader auch eine unerwünschte Temperaturerhöhung der Luft. Unerwünscht ist die hohe Temperatur vor allem deshalb, weil sie das Temperaturniveau des Arbeitsprozesses im Motor erhöht – und somit dessen thermische Belastung – zum anderen aber, weil sie die in den Motor einbringbare Luftmasse (geringe Dichte) reduziert.

Diese grundsätzlichen Zusammenhänge waren schon in der Frühzeit des Motorenbaus bekannt, und die Idee, die erwärmte Luft herunterzukühlen, hatten fast alle Pioniere des Motorenbaus, angefangen von Rudolf Diesel bis zum Erfinder der Abgasturbo-Aufladung, Alfred Büchi. Letzterer mach-

Dieses Diagramm zeigt den Einfluß der Ladelufttemperatur auf die Leistung und den Verbrauch beim Alpina B 7-Motor. Es zeigt außerdem, wie weit die Vorzündung (wegen Klopfen) mit steigender Ladelufttemperatur zurückgenommen werden muß.

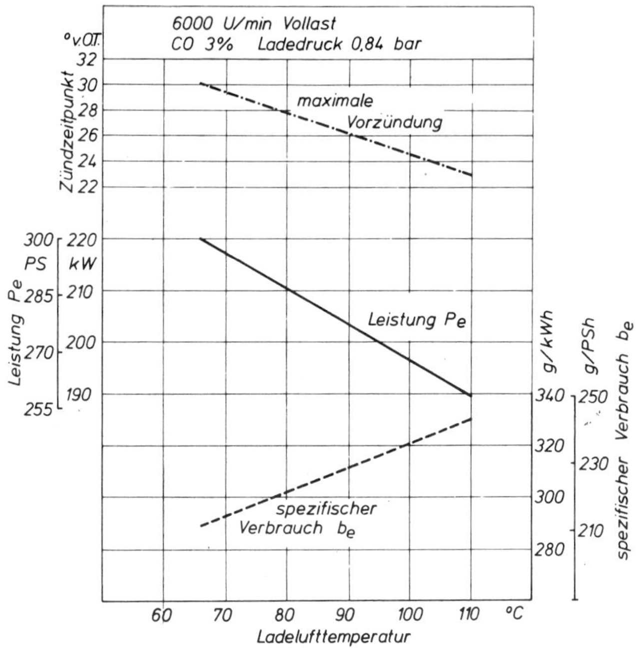

te die Ladeluftkühlung (in der Technik LLK abgekürzt) nicht nur zum Bestandteil seiner Erfindung, sondern führte sie auch in der Praxis durch. Heute arbeiten fast alle aufgeladenen Großdiesel mit Ladeluftkühlung und auch die meisten aufgeladenen Lkw-Motoren. Im Personenwagen beginnt man die Bedeutung der Ladeluftkühlung mit zunehmendem Entwicklungsstand der Turbomotoren zu berücksichtigen.

Thermodynamisch betrachtet bedeutet die Ladeluftkühlung eine Erweiterung des Gesamtprozesses (siehe auch Seite 43), die zwei wichtige Funktionen erfüllt:

1. eine Erhöhung der Luftdichte bei gleichem Ladedruck,
2. eine Absenkung der Lufttemperatur.

Auf einen gegebenen Turbomotor bezogen bedeutet dies wiederum, daß mit zunehmender Dichte eine höhere Leistung möglich ist. Denn die Leistungssteigerung des Motors ist in erster Linie proportional dem Luftgewicht, also der Dichtesteigerung. Überschlägig läßt sich rechnen, daß eine Temperaturabsenkung von 10° Grad eine Dichtesteigerung von etwa 3 Prozent ergibt. Dies wiederum erhöht die Leistung um ungefähr den gleichen Prozentsatz, so daß beispielsweise eine Ladeluftkühlung von 50° eine Leistungssteigerung von rund 15 Prozent bringt.

Andererseits bringt die kühlere Ladeluft eine geringere Anfangstemperatur des Kreisprozesses (auch geringere Abgastemperaturen), somit eine Reduzierung der thermischen Belastung und (bei Ottomotoren) eine geringere Neigung zur Selbstentzündung des Gemischs (Absenkung der Klopfgrenze).

Man kann also die Ladeluftkühlung einmal vorwiegend zur Erhöhung der Leistung heranziehen, was bei Sport- und Rennmotoren geschieht, oder, wie es zunehmend bei Serien-Turbomotoren praktiziert wird, als Mittel zur Erhöhung des Motorwirkungsgrades (besserer Verbrauch) durch höhere Verdichtung und größere Vorzündungswinkel. Die Ladeluftkühlung hat also Einfluß auf verschiedene wichtige Kenngrößen des aufgeladenen Motors, die unmittelbar oder mittelbar voneinander abhängen. Die Tendenz, in welche Richtung die Ladeluftkühlung diese Werte beeinflußt, ist dabei immer positiv:

- Leistung → höher
- Drehmoment → höher
- Ladedruck → geringer
- Verdichterleistung → geringer
- Oktanzahlbedarf → geringer
- Verdichtung → höher
- Zündwinkel → früher
- Verbrauch → geringer
- Standfestigkeit → höher

Geht man diese Liste der Reihe nach durch, so stellt man schnell fest, daß sich natürlich nicht alle Werte kumulativ verbessern lassen, sondern nur alternativ. Es kommt, wie schon weiter vorne erwähnt, darauf an, für welchen Effekt die Ladeluftkühlung vorwiegend herangezogen werden soll. Wer also in erster Linie Leistung sucht, kann durch Ladeluftkühlung bei gleichbleibendem oder gar höherem Verdichter-Druckverhältnis eine beträchtliche Mehrleistung erzielen. Wie hoch sie im Einzelfall ist, hängt von den jeweiligen spezifischen Motoreigenschaften, vor allem aber von der Wirksamkeit der Ladeluftkühlung ab.
Andererseits gestattet es eine wirksame Ladeluftkühlung, die gleiche Motorleistung bei geringerem Druckverhältnis zu realisieren. Von dieser

Als erster Personenwagen erhielt 1977 der Porsche-Turbo einen großen Ladeluftkühler, der vorteilhaft unter dem Heckflügel placiert wurde.

Möglichkeit wird zunehmend bei Straßenturbos Gebrauch gemacht. Denn der reduzierte Ladedruck erfordert eine geringere Verdichter-Antriebsleistung, wodurch in den meisten Fällen die Verwendung einer kleineren Turbine möglich ist. Beide Maßnahmen, das geringere Druckverhältnis und die kleinere Turbine, verbessern die typischen Schwachpunkte des Turbomotors, nämlich das Drehmoment bei niederen Drehzahlen und die Reaktionszeit beim plötzlichen Beschleunigen. Gerade diese beiden Faktoren sind für den Betrieb eines Turbomotors im Straßenverkehr sehr viel wichtiger als hohe Spitzenleistung.
In die gleiche Richtung zielen weitere Maßnahmen, welche die Ladeluftkühlung bei Ottomotoren erlaubt. Der dank LLK geringere Oktanzahlbedarf gestattet es nämlich, die Basisverdichtung zu erhöhen und größere Vorzündungswinkel zu fahren. Beides zusammen verbessert das Grunddrehmoment des aufgeladenen Motors und sein Ansprechverhalten. Obendrein reduzieren diese Maßnahmen noch den Verbrauch.

Einbau und Wirksamkeit von Ladeluftkühlern

Die Wirksamkeit einer Ladeluftkühlung ist von vielen Faktoren abhängig, die speziell im beengten Motorraum von Personenwagen nicht immer so optimiert werden können, wie es wünschenswert wäre. Es sind dies

- Anordnung und Einbaulage des Ladeluftkühlers,
- Größe und Bauart des Ladeluftkühlers und die
- Leitungsführung der Ladeluft.

Das Diagramm zeigt die Druckverteilung am Vorderwagen (nach Hucho) bei Luftanströmung. Es macht deutlich, wo die Einströmöffnungen für Ladeluftkühler liegen müssen.

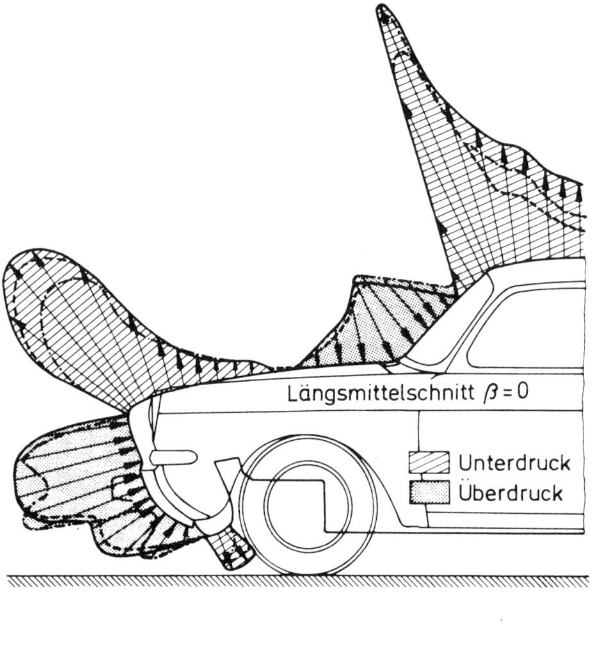

Zweifellos das größte Problem ist es, einen für die Durchströmung mit Kühlluft günstigen und auch vom Volumen her ausreichenden Platz für den Ladeluftkühler zu finden. Ganz besonders schwierig gestaltet sich die Lösung dieser Aufgabe bei Automobilen, die ursprünglich nicht für Turboaufladung konzipiert waren. Dennoch läßt sich bei Beachtung wichtiger Prämissen oft ein guter Kompromiß finden, zumindest lassen sich grobe Fehler vermeiden.
Der Ladeluftkühler benutzt bekanntlich den Fahrtwind zur Kühlung, das heißt, er arbeitet vom Staudruck beaufschlagt. Die beste Kühlwirkung wird folglich dort erzielt, wo der höchste Staudruck am Fahrzeug herrscht – und das ist in der Regel am Bug und auf der Motorhaube (siehe Schaubild Druckverteilung). Grundsätzlich sollte aber auch dafür gesorgt werden, daß der Ladeluftkühler vom Fahrtwind frei durchströmt werden kann. Dies bedeutet, daß der Ladeluftkühler weder vor noch hinter einem anderen Kühler plaziert werden sollte, sondern tunlichst in separater Anordnung frei oder neben einem vorhandenen Kühler. Zusätzliche Kühlluftführungen (Luftschächte) erhöhen die Wirksamkeit der LLK, vor allem dann, wenn

Beim Porsche 924 Carrera gab es verschiedene Anordnungen des Ladeluftkühlers. Die zivile Version, der Carrera GT, hatte einen relativ kleinen Kühler unter einer Haubenhutze, die vorwiegend für den Sporteinsatz produzierte GTS-Version hatte einen großen Ladeluftkühler vor dem Wasserkühler.

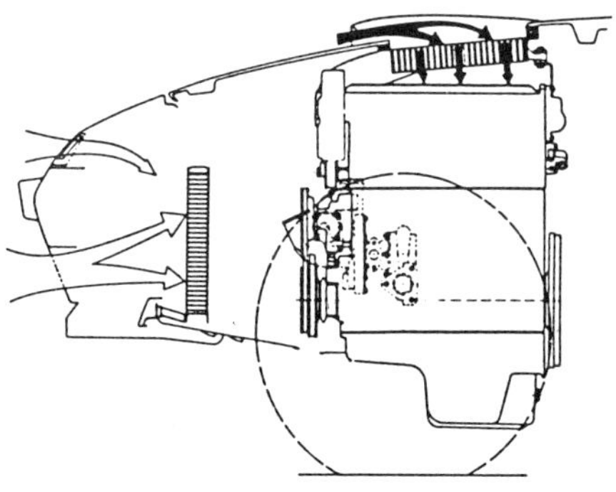

924 Carrera GT

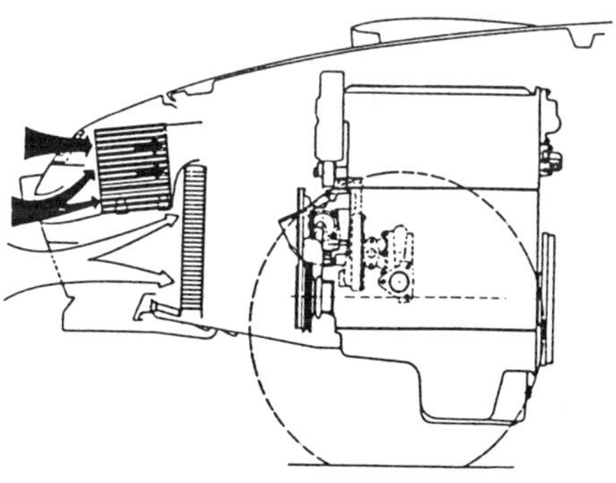

924 Carrera GTS

Optimaler Ladeluftkühler beim Volvo 760 Turbo: großflächig mit geringer Kühlnetztiefe und viel Elastizität zwischen Motor und Kühler. Nachteil: Der Ladeluftkühler ist vor dem Wasserkühler placiert.

auch dafür gesorgt wird, daß die den Ladeluftkühler verlassende Warmluft ungehindert abströmen kann.

Zur Leitungsführung ist grundsätzlich zu sagen, daß der Ladeluftkühler als Motorbestandteil möglichst nahe am Motor placiert werden sollte. Denn kurze Luftleitungen reduzieren den Druckverlust und verbessern das Ansprechverhalten des Turbomotors. Doch sollten die Luftleitungen nicht nur kurz, sondern auch strömungsgünstig gestaltet sein. Dies gilt sowohl für die Luftführung vom Abgasturbolader bzw. Verdichter zum Ladeluftkühler, als auch für die motorseitige Leitung vom Ladeluftkühler zum Einlaßsammler.

Noch ein rein mechanisches Problem ist bei der Leitungsführung zu beachten: Da der Ladeluftkühler in der Regel an der Karosserie (karosseriefest) montiert ist, gibt es Relativbewegungen zwischen ihm und den motorfesten Anschlußstutzen (Turbolader und Luftsammler). Insbesondere bei starken Beschleunigungsvorgängen (Anfahren) kann sich der Motor wegen der weichen Gummilagerung sehr stark gegenüber der Karosserie bewegen (bis zu 70 mm). Die Luftführung muß solche Bewegungen berücksichtigen und eventuelle Längendifferenzen elastisch ausgleichen, sonst kommt es früher oder später zum Bruch. Selbstverständlich müssen sämtliche Verbindungen der Druckleitung (Schlauchverbindungen usw.) druckfest ausgeführt sein.

Zur äußeren Form des Ladeluftkühlers ist zu bemerken, daß rein kühltechnisch betrachtet eine möglichst große Fläche und eine geringe Kühlnetztiefe zu den besten Ergebnissen führen würde. Leider läßt sich diese Erkenntnis aus Platzgründen und wegen des negativen Einflusses auf den Luftwiderstandsbeiwert selten in die Praxis umsetzen. Die Tendenz geht hier zu kompakten Kühlern mit relativ großer Bautiefe, die sich leichter unterbringen lassen. Doch auch hier sollte ein möglichst guter Kompromiß angestrebt werden, denn die Kühlfunktion wird umso schlechter, je tiefer der Kühler wird.

Auslegung und Wirkungsgrad

Die primäre Aufgabe der Ladeluftkühlung ist es, die Temperatur der verdichteten Verbrennungsluft abzusenken. Zur ungefähren Auslegung des Ladeluftkühlers ist es daher wichtig, die Ladeluftmenge und die Ladelufttemperatur zumindest annäherungsweise zu bestimmen.
Hierzu einige grobe Richtwerte über die Höhe der Ladelufttemperatur, wie sie bei Vollast am Verdichteraustritt anfällt:

- Renn- und Wettbewerbsmotoren über 200° C
- Sportliche Straßenmotoren max. 160° C
- Niedrig aufgeladene Straßenmotoren ca. 100° C

Wie schon ausgeführt, ist die Höhe der Ladelufttemperatur vom Aufladegrad des Motors (Ladedruckhöhe bzw. Druckverhältnis) unmittelbar abhängig. Obwohl bei hohen Ladelufttemperaturen wegen des großen Temperaturgefälles der Kühler wirksamer arbeitet, ist natürlich zu einer effektiven Kühlung ein größeres Kühlervolumen notwendig, als bei niedrigen Ladelufttemperaturen.

Platzgründe zwingen zu kompakten, tiefen Ladeluftkühlern wie hier bei einem Renntourenwagen.

Stärker noch als die Ladelufttemperatur bestimmt die durchgesetzte Luftmenge die Kühlergröße. Da diese mit zunehmender Leistung wächst, kann als Richtwert die aufgeladene Höchstleistung des Motors herangezogen werden. Als Luftmenge lassen sich so überschlägig etwa *4 bis 5 Kilogramm Luft pro PS und Stunde* ansetzen. Bei Dieselmotoren vergleichbarer Leistung liegt die Luftmenge etwas höher als bei Ottomotoren. Auch

wegen der im allgemeinen geringeren Fahrzeuggeschwindigkeit sollten Ladeluftkühler für Diesel-Personenwagen größer dimensioniert werden.
Um die Wirksamkeit einer Ladeluftkühlung zu überprüfen, kann die Temperaturdifferenz zwischen Kühlereintritt und Kühleraustritt herangezogen werden. Da die Kühlung der Ladeluft grundsätzlich durch die Umgebungsluft stattfindet, markiert die Umgebungstemperatur die Grenze, auf die man theoretisch herunterkühlen kann. In der Praxis liegen die Ziele allerdings etwas höher. Als gutes Ergebnis gelten hier Werte, die etwa 20 bis 30 Grad über der Umgebungstemperatur liegen. Als Maß für die thermische Wirksamkeit eines Ladeluftkühlers gilt folgender Zusammenhang:

$$\varepsilon \text{ (thermische Wirksamkeit)} = \frac{\Delta T_{LL} \text{ (Ladeluft-Temperaturdifferenz)}}{\text{ETD (Eintritts-Temperaturdifferenz)}}$$

Die Ladeluft-Temperaturdifferenz ist der bereits erwähnte Temperaturunterschied zwischen Kühlereintritt und -Austritt, die Eintritts-Temperaturdifferenz ist der Unterschied zwischen Ladelufttemperatur (Kühlereintritt) und Umgebungstemperatur. Wenn beide Werte gleich groß sind, wenn es also gelänge, auf Umgebungstemperatur herunter zu kühlen, wäre die thermische Wirksamkeit des Ladeluftkühlers 1,0 oder 100 Prozent, was allerdings unmöglich ist. Einen für die Praxis sehr guten Wert markiert der neue Audi 200 Turbo: Seine Ladelufttemperatur (Kühlereintritt) beträgt ca. 100° C; diese wird im Kühler auf etwa 40° C abgekühlt, bei einer Umgebungs-Temperatur von ca. 20° C. Dies ergibt die folgende thermische Wirksamkeit:

$$\varepsilon = \frac{100-40}{100-20} = \frac{60}{80} = 0{,}75;$$

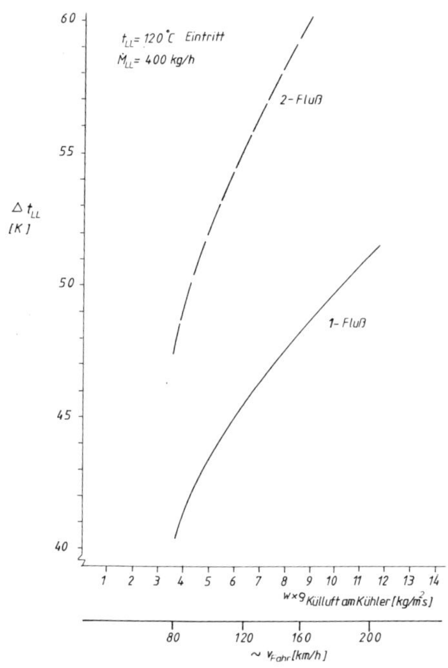

Das Diagramm zeigt die Abkühlung der Ladeluft in Abhängigkeit von der Fahrgeschwindigkeit bzw. vom Kühlluftdurchsatz. Kühler mit einfacher Durchströmung (1-Fluß) sind hier etwas weniger leistungsfähig als 2-Fluß-Kühler.

Strömungsgünstig und auf kürzestem Weg wird bei diesem Porsche-Rennmotor die gekühlte Ladeluft dem Motor zugeführt.

So hohe Werte erreichen freilich nur Fahrzeuge mit hoher Endgeschwindigkeit und optimaler Anordnung des Ladeluftkühlers. In den meisten (weniger günstigen) Fällen liegt die thermische Wirksamkeit zwischen 0,4 und 0,6.

Die Temperaturabsenkung der Ladeluft im Kühler ist freilich nicht der einzige Maßstab für die Güte einer Ladeluftkühlung. Denn neben der Abkühlung tritt außerdem ein unvermeidlicher Druckabfall und damit Dichteverlust der Ladeluft ein, der durch den Strömungswiderstand im Kühler und in den Zuleitungen verursacht wird. Dieser Druckabfall muß durch eine höhere Vorverdichtung kompensiert werden, was wiederum einen Rattenschwanz von Nachteilen, wie beispielsweise höhere Turbinendrehzahl, schlechteren Verdichter-Wirkungsgrad und letztendlich eine höhere Ladelufttemperatur nach sich zieht.

Demnach wird angestrebt, den Druckverlust im Ladeluft-Kühlsystem so gering wie möglich zu halten. Widerstandsarme Kühler und aerodynamisch günstige, kurze Leitungen sind hierzu der beste Weg. Dennoch bleibt auch bei sorgfältiger Ausführung ein Zielkonflikt zwischen möglichst hoher Temperaturabsenkung und möglichst geringem Druckverlust bestehen. Anzustreben ist ein ausgewogenes Verhältnis zwischen Druckverlust

Ladeluftkühler mit zweifacher Durchströmung (2-Fluß) haben einen höheren Druckverlust als solche mit einfacher Durchströmung.

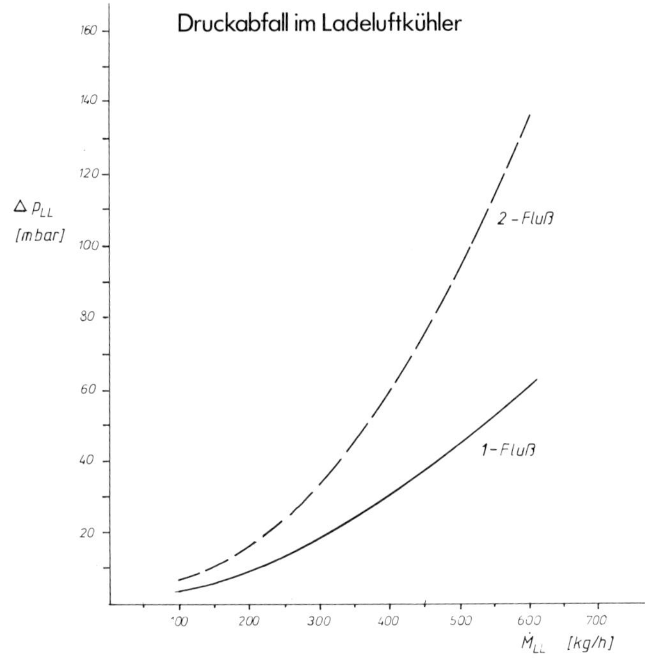

und Abkühlung. Wird die Ladeluftkühlung in erster Linie zur Wirkungsgradverbesserung über höhere Verdichtung und größerer Vorzündung herangezogen, so genießt eine möglichst hohe Temperaturabsenkung die Priorität. Wird jedoch vor allem Leistungssteigerung durch die Ladeluftkühlung angestrebt, so kann eine geringere Temperaturabsenkung zugunsten eines minimalen Druckabfalls in Kauf genommen werden. Aber auch dann sollte der maximale Druckabfall im gesamten Kühlsystem 20 Prozent des Ladedrucks nicht überschreiten. Als sehr gut gilt ein Druckabfall von 10 Prozent und darunter.

Besonderheiten der Ladeluftkühler

Alle derzeitigen Ladeluft-Kühlsysteme bei Personenwagen arbeiten mit Luft/Luftkühlern. Nur im Rennsport gibt es Ausnahmen, die auch das Kühlwasser zur Ladeluftkühlung benutzen. Bei der Luft/Luftkühlung wird die Ladeluft im Kreuzstrom durch die Umgebungsluft gekühlt, die wegen der Druckdifferenz zwischen der Fahrzeug-Außenkontur (Staudruck) und dem Kühleraustritt (meist im Motorraum) durch den Kühler strömt. Als erstes Unterscheidungsmerkmal der Ladeluftkühler gilt daher das Kühlmedium, also Luft/Luftkühler oder Luft/Wasserkühler, als zweites Unterscheidungsmerkmal die Form der Innendurchströmung.
Bei der *einfachen Durchströmung* tritt die Ladeluft auf einer Seite des Kühlers ein, durchströmt ihn geradlinig und tritt auf der anderen Seite

Einfach durchströmte Ladelufkühler sind wegen ihres Raumbedarfes schwer unterzubringen. Der zweifach durchströmte Kühler des neuen Audi 200 Turbo (unten) gewinnt durch ein leicht schräggestelltes Kühlnetz zusätzliche Kühlfläche.

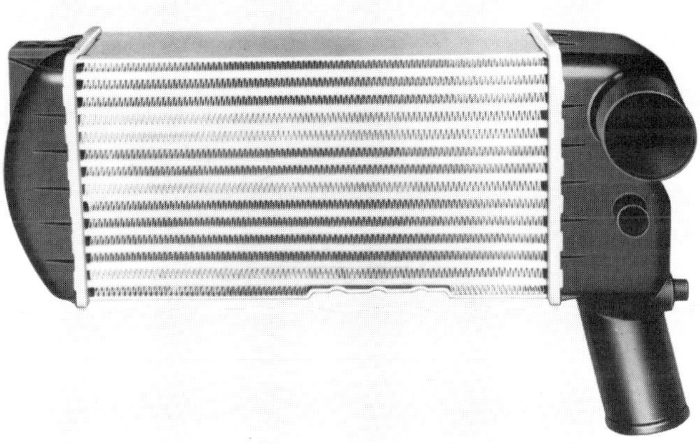

Der Ladeluftkühler des Renault 18 Turbo ist zweifach durchströmt, senkrecht angeordnet und besitzt eine thermostatische Steuerung.

wieder aus. Die Vorteile der einfachen Durchströmung sind niedrige Strömungsgeschwindigkeit, kurze Wege und geringer Druckabfall. Der einfach durchströmte Ladeluftkühler erfordert jedoch in der Regel eine größere Kühler-Eintrittsfläche und steht somit einer kompakten Bauweise entgegen, wie sie bei modernen, strömungsgünstigen Fahrzeugen gefordert wird.

Bei der *zweifachen Durchströmung* liegen Luft-Eintritt und Luft-Austritt auf einer Seite des Kühlers, die Luft durchströmt den Kühler nach dem Eintritt geradlinig, wird dann am gegenüberliegenden Kühlerkasten U-förmig umgelenkt und strömt zurück. Da die Luft bei vergleichbaren Kühlergrößen den doppelten Weg zurücklegt, hat sie auch die doppelte Strömungsgeschwindigkeit. Die hohe Strömungsgeschwindigkeit und die Umlenkung ergeben jedoch gegenüber dem einfach durchströmten Kühler einen wesentlich höheren Druckabfall, der durch möglichst widerstandsarme Ausführung des Kühlers (große Rohrquerschnitte) teilweise kompensiert werden kann. Als Richtwerte für den Druckabfall allein im Kühler lassen sich für die einfache Durchströmung 6 Prozent ansetzen, für die zweifache Durchströmung 12 Prozent des jeweiligen Ladedrucks. Andererseits erlaubt die zweifache Durchströmung eine kompakte Bauweise des Ladeluftkühlers und im Bedarfsfall eine temperaturabhängige Regelung zur Schließung des Kühlers über einen Thermostaten und eine Klappe. Eine solche Regelung ist dann notwendig, wenn eine Ladeluftkühlung bei aufgeladenen Vergasermotoren vorgesehen ist (Druckvergaser, das heißt, der Gemischbildner liegt nach dem Turbolader), um Vergaservereisung zu verhindern.

Zur Bauweise der Ladeluftkühler ist zu bemerken, daß grundsätzlich Leichtmetallkühlerelemente zum Einsatz kommen. Zur Erzielung einer hohen Kühlleistung sind außerdem die Kühlerblöcke bei guten Fabrikaten doppelt berippt (z. B. Längerer & Reich), also innen und außen. Ein auf der Kühlluftseite dichtes Kühlnetz ergibt einen hohen Staudruck, eine geringere Kühlluftmenge und somit einen besseren C_w-Wert. Die seitlichen Kühl-

Typisches Kühlnetzmuster wie es für Ladeluftkühler (Luft/Luftkühler) verwendet wird (Längerer & Reich).

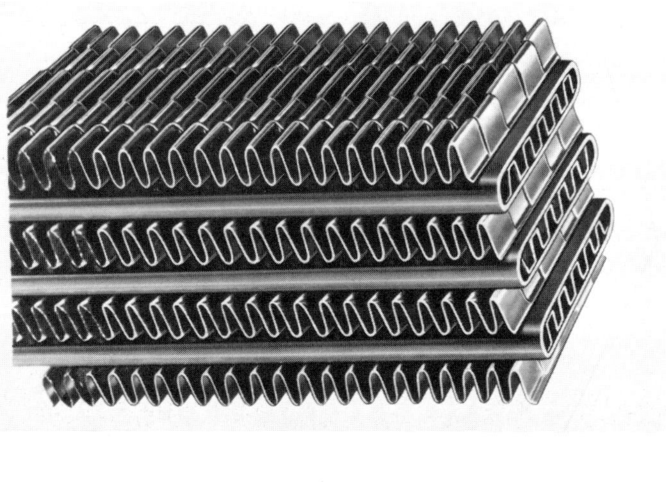

luftkästen müssen strömungsgünstig gestaltet sein, um den Druckabfall möglichst gering zu halten. Kühlluftkästen aus Kunststoff sind nur anwendbar, wenn die Ladelufttemperatur unter 140° C liegt. Bei höheren Temperaturen sind die Kästen aus Aluminiumblech oder Aluminiumguß zu verwenden. Um den zur Verfügung stehenden Raum optimal zu nutzen, kann auch ein schräges Kühlung verwendet werden. So ließen sich beim neuen Audi 200 13 statt 12 Kühllamellen unterbringen.

Die kombinierte Ladeluftkühlung

Bei dieser Form der Kühlung wird die Ladeluft in zwei Stufen gekühlt. Sie strömt einmal durch einen kleinen Wasser/Luftkühler, der vom Kühlmittel des Motors (unmittelbar nach Motorkühler-Austritt) durchflossen wird, im zweiten Kühlkreis durchströmt sie einen Luft/Luftkühler in der üblichen Form. Diese sogenannte Mix-Kühlung wird bisher nur bei Wettbewerbsmotoren verwendet (z. B. Renault F 1), wo die Vorteile dieser Kühlungsform zu nutzen sind. Die Mix-Kühlung bringt schon bei niedrigen Geschwindig-

Schema der kombinierten Ladeluftkühlung beim Renault Formel 1. Im Foto ist die beachtliche Größe der Ladeluftkühler zu sehen.

keiten oder in der Teillast eine gute Kühlleistung und somit insgesamt eine gleichmäßigere Ladelufttemperatur. Außerdem werden die Kühler insgesamt kleiner, was besonders bei dem beengten Bauraum von Formel-Fahrzeugen vorteilhaft ist. Schließlich ist noch eine bessere Verteilung der Kühler denkbar.

Der hohe Bauaufwand begrenzt den Einsatz der Mix-Kühlung auf Sonderfälle, zumal die der Ladeluft entzogene Wärme dem Kühlsystem des Motors zufließt und von dort wiederum über die Motorkühlung abgeführt werden muß. Insgesamt ist die Gesamtleistung der Ladeluftkühlung durch die gemischte Kühlung nicht besser als die einfache Luft/Luftkühlung. – Als Kühlwasser läßt sich auch ein separater Wasserkreislauf benutzen, der den Vorteil geringerer Kühlmittel-Temperatur hat (z. B. Toleman Hart F 1 bis 1983). Das Verfahren ist wegen zusätzlicher Kühler und Pumpen sehr aufwendig.

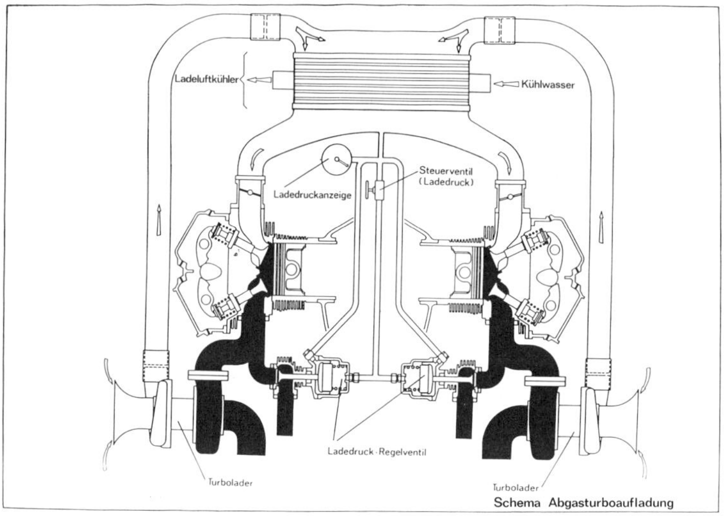

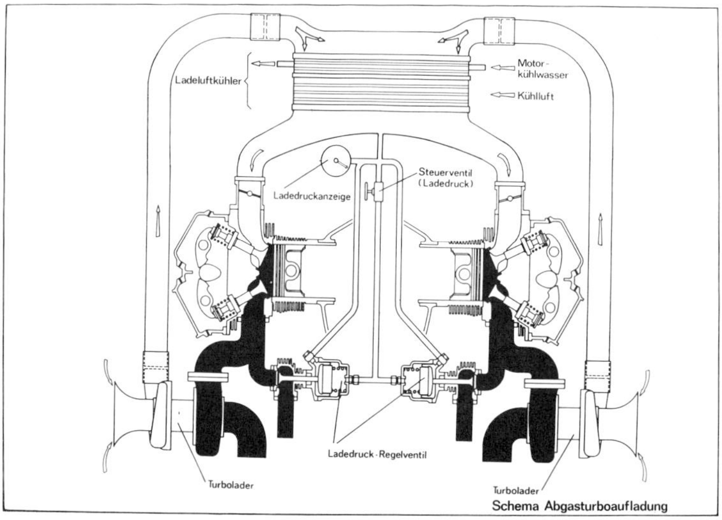

Ladeluftkühler können auch als Luft/Wasserkühler an ein vom Motor separates Flüssigkeits-Kühlsystem angeschlossen werden (oben). Auch bei Porsche wurde bei einigen Wettbewerbsmotoren die kombinierte Ladeluftkühlung praktiziert.

Im Umfeld des Turbo

KONSTRUKTIVE UND SPEZIFISCHE BESONDERHEITEN DES TURBO-MOTORS

Ein aufgeladener Motor, insbesondere aber ein Turbomotor, ist eine Sache für sich. Weder ein gleich starker größerer Saugmotor noch ein unaufgeladener Basismotor lassen verbindliche Rückschlüsse über Betriebsverhalten und spezifische Erfordernisse eines aufgeladenen Aggregates erkennen. Um befriedigende oder gar gute Ergebnisse zu erzielen, ist daher ein hoher Entwicklungsaufwand nötig. Der Motor selbst und das gesamte motorische Umfeld, angefangen von der Auspuffanlage bis hin zum Zündsystem, müssen auf die besonderen Bedingungen der Abgasturbo-Aufladung abgestimmt bzw. angepaßt werden. Daß dies in der Regel nicht einfacher, sondern schwieriger ist als bei leistungsgleichen Saugmotoren, haben die Erfahrungen der Vergangenheit sehr deutlich gezeigt. Hohes technisches Know-how und sorgfältiges, ingenieurmäßiges Vorgehen sind unabdingbare Voraussetzungen.

Das Verdichtungsverhältnis

Der Hubkolbenmotor lebt auf Grund seines thermodynamischen Prinzips von Verdichtung und Expansion. Kein Wunder, daß das geometrische Verdichtungsverhältnis (es ist das Verhältnis zwischen dem gesamten Zylinderinhalt, also dem Hubraum plus dem über dem Kolben bei OT-Stellung verbleibenden Verdichtungsraum, zu dem Verdichtungsraum allein und wird auch als Basisverdichtung bezeichnet) einen wichtigen motorischen

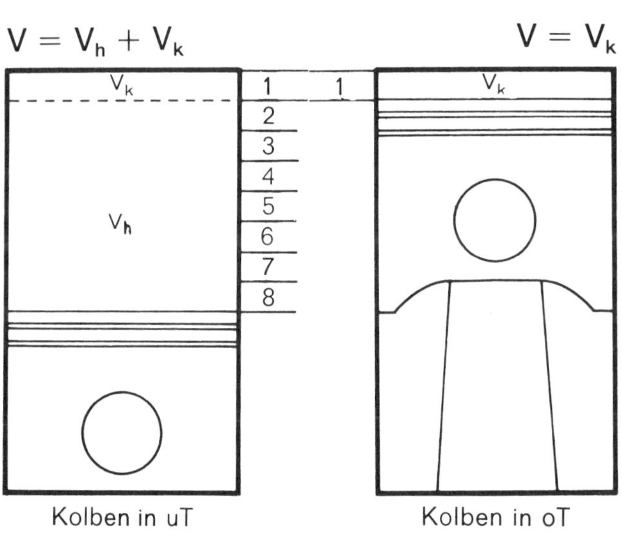

Für das geometrische Verdichtungsverhältnis sind die jeweils über den beiden Totpunktstellungen (UT und OT) über dem Kolben verbleibenden Volumen maßgebend (in diesem Beispiel 8:1).

Kennwert darstellt. Zur Verdeutlichung sei hier an die Formel für das geometrische Verdichtungsverhältnis erinnert. Sie lautet:

$$\varepsilon = \frac{V_h + V_k}{V_k}$$

Das Verdichtungsverhältnis beeinflußt den Mitteldruck, also Drehmoment und Leistung eines Motors ebenso wie den Kraftstoffverbrauch und die Abgaszusammensetzung. Es ist zudem von wesentlicher Bedeutung für die Temperatur- und Druckbelastung eines Triebwerks.

Bei Ottomotoren wird das Verdichtungsverhältnis durch die Selbstzündung des Gemischs (Klopfen oder Klingeln genannt) beschränkt. Die dadurch markierte Grenze nennt man Klopfgrenze. Sie verhindert, daß Ottomotoren so hoch verdichtet werden können, wie dies aus Gründen der Verbrauchs- und der Leistungsoptimierung wünschenswert wäre. Die Klopfgrenze ist abhängig von den konstruktiven Gegebenheiten des jeweiligen Motors (zum Beispiel Brennraum) und der Qualität der verwendeten Kraftstoffe. Das Verdichtungsverhältnis liegt für Saugmotoren bei den in Mitteleuropa erhältlichen Kraftstoffen zwischen 7,5:1 und 11:1. Für die untere Grenze reicht Normalbenzin aus, für die Obergrenze ist Super notwendig.

Was beim Ottomotor stört, ist beim Diesel erwünscht. Hier entzündet die hohe Verdichtung das Gemisch ohne fremde Hilfe, wie zum Beispiel elektrische Zündfunken, so daß von einer Klopfgrenze keine Rede sein kann. Höchstens zu geringe Verdichtung ist zu vermeiden, um auch unter ungünstigen Bedingungen (bei großer Kälte zum Beispiel) eine sichere Selbstzündung realisieren zu können. Pkw-Dieselmotoren sind daher üblicherweise mit einem Verdichtungsverhältnis von 20:1 bis 24:1 gesegnet. Es ist mit eine Ursache für die hohe Wirtschaftlichkeit des Dieselmotors. Auf Grund seines spezifischen Verbrennungsverfahrens ist daher das Verdichtungsverhältnis selbst beim aufgeladenen Dieselmotor kein Thema. Es bleibt in der Regel gegenüber dem Sauger unverändert, lediglich die durch das höhere Druckverhältnis verursachte zusätzliche thermische Belastung

Mit zunehmendem Verdichtungsverhältnis steigt der thermische Wirkungsgrad zunächst steil an. Bei sehr hohen Werten sind keine Wirkungsgradverbesserungen zu erwarten.

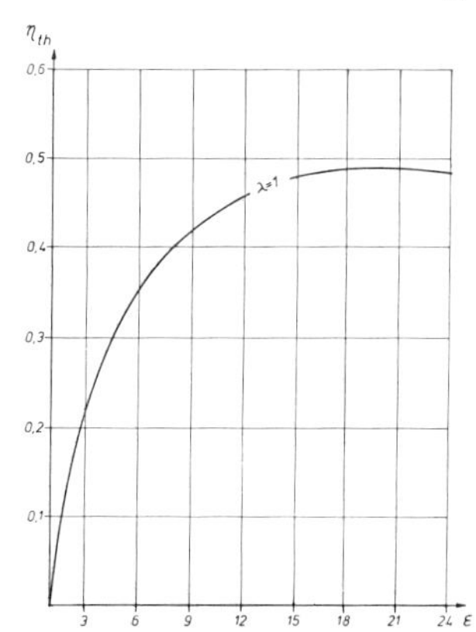

muß, durch Spritzölkühlung der Kolben beispielsweise, kompensiert werden.
Ein zentrales Thema dagegen ist das Verdichtungsverhältnis beim aufgeladenen Ottomotor. Der Grund: Durch die Aufladung wird bekanntlich das gesamte Druckniveau des Arbeitsprozesses höher, so daß die Klopfgrenze ohne besondere Maßnahme leicht erreicht und überschritten werden kann. Denn zwischen dem geometrischen Verdichtungsverhältnis und der tatsächlichen, im Motor stattfindenden Verdichtung bestehen oft erhebliche Unterschiede. Selbst ohne Aufladung liegt das beim Verdichtungsvorgang erzielbare Druckverhältnis meist über dem geometrischen Verdichtungsverhältnis. Es wird natürlich umso höher, je mehr das Gemisch schon vor Eintritt in die Zylinder durch Aufladung vorverdichtet wird. Um wieviel es höher wird, läßt sich mit der folgenden Formel überschlägig errechnen:

$$\varepsilon_{eff} = \varepsilon_{geom} \cdot \sqrt{\frac{P_L}{P_O}}$$

In dieser Formel bedeuten ϵ (griechischer Buchstabe Epsilon) die effektive bzw. geometrische Verdichtung, P_L der Ladedruck (Absolutwert), P_o der Umgebungsdruck und κ (griechischer Buchstabe Kappa) der Adiabaten-Exponent (Zahlenwert 1,4). Die Formel liefert unter der vereinfachten Annahme, daß die Temperatur am Ende des Verdichtungsvorganges beim aufgeladenen und unaufgeladenen Motor die gleiche Höhe erreicht, brauchbare Anhaltswerte. Die Ergebnisse dieser Formel lassen sich in einem Diagramm (siehe Seite 97) in einfachen, linearen Kurvenscharen mit dem Ladedruck als Parameter graphisch darstellen. Ein weiteres Diagramm, in dem als Parameter die Linien konstanter effektiver Verdichtung eingezeichnet sind, verdeutlicht die Abhängigkeit des geometrischen Verdichtungsverhältnisses vom Ladedruck. Diese lautet ganz einfach in Worten gefaßt:
Je höher der Ladedruck, umso geringer das mögliche geometrische Verdichtungsverhältnis.
So ergeben sich aus dem Diagramm für eine gewünschte effektive Verdichtung von beispielsweise 10 viele verschiedene Möglichkeiten. Ausgehend von einem Saugmotor, der unaufgeladen 10:1 verdichtet wäre, müßte zum Beispiel bei einem Ladedruck von 0,3 bar das Verdichtungsverhältnis auf 8,3:1 reduziert werden, bei einem Ladedruck von 0,8 bar sogar auf den relativ niedrigen Wert von 6,6:1.
Ein Vergleich von Ladedrücken existierender Turbomotoren zeigt freilich gewisse Abweichungen von diesen rein theoretischen auf Grund der Formel ermittelten Zusammenhängen. Es zeigt sich nämlich, daß die effektive

Die effektive Verdichtung ist wesentlich vom Ladedruck abhängig. Je höher der Ladedruck, umso niedriger muß das geometrische Verdichtungsverhältnis gewählt werden.

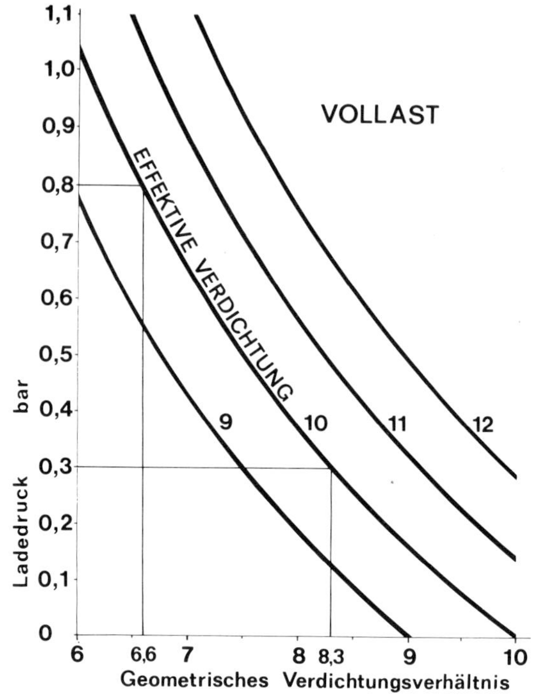

Verdichtung aufgeladener Motoren in der Regel höher liegt als bei entsprechenden Saugmotoren. Die Gründe dafür sind einmal die günstigere Brennraumform, die ein reduziertes geometrisches Verdichtungsverhältnis ermöglicht (weniger Zerklüftung, geringere Oberfläche), zum anderen die meist aufwendiger geregelten Zündanlagen der Turbomotoren. Eine Rolle spielt auch die erhöhte Ladungsbewegung (Turbulenz) im Brennraum.
Ein weiterer wichtiger Faktor, der eine deutliche Erhöhung der Verdichtung zuläßt, ist die Kühlung der Ladeluft. Den Einfluß eines wirkungsvollen Ladeluftkühlers kann man mit rund einem Punkt im geometrischen Verdichtungsverhältnis ansetzen. Beispiel: Ein aufgeladener Motor, der ohne diese Maßnahme schon bei 7,5:1 knapp unter der Klopfgrenze läuft, kann bei wirksamer Ladeluftkühlung mit einem geometrischen Verdichtungsverhältnis von 8,5:1 betrieben werden.
Warum, kann man sich nun fragen, ist es denn so wichtig, die Basisverdichtung so hoch wie möglich zu wählen, wenn sich die Leistungseinbußen doch durch erhöhten Ladedruck mühelos ausgleichen lassen? Auch darauf gibt es schlüssige Antworten. In erster Linie ist es der zu hohe Verbrauch eines niedrig verdichteten Turbomotors. Denn die hohe effektive Verdichtung des Turbomotors und der damit verbundene gute Wirkungsgrad ist natürlich nur bei Vollast vorhanden. Im Teillastgebiet, wo meist unaufgeladen gefahren wird, ist es mit dem Wirkungsgrad eines Turbomotors deutlich schlechter bestellt als bei einem vergleichbaren Saugmotor. Da sich jedoch der weit überwiegende Betriebszustand im normalen Stra-

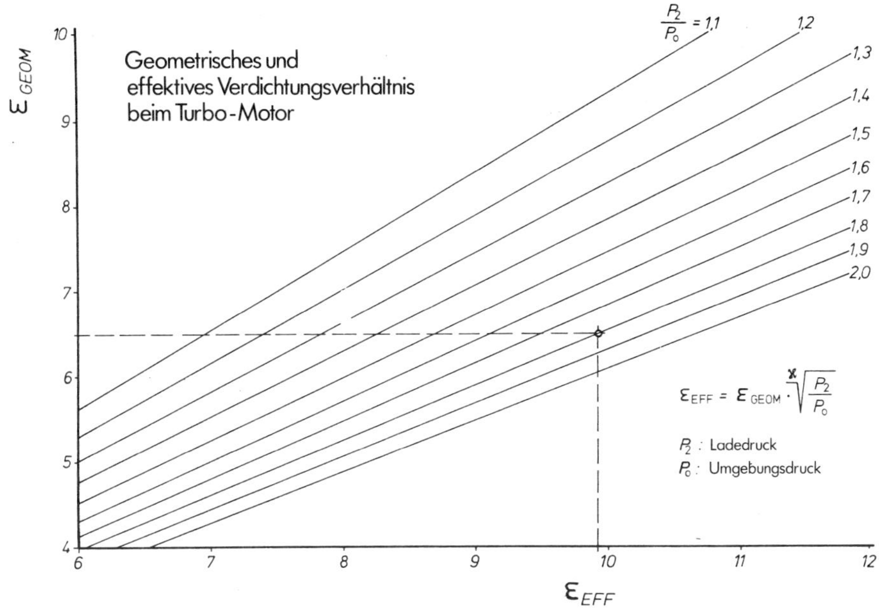

Das Verhältnis von geometrischem Verdichtungsverhältnis und effektiver Verdichtung in Abhängigkeit vom Ladedruck. Bei geometrisch 6,5:1 und einem Ladedruck von 1,9 bar (entspricht 0,9 bar Überdruck, da hier mit Absolutdrücken gerechnet werden muß) ergibt sich beispielsweise eine Effektiv-Verdichtung von 9,9.

ßenverkehr in der Teillast abwickelt (80 bis 90 Prozent), ist der Kraftstoffverbrauch zu hoch.

Ein zweiter, ganz wesentlicher Punkt, der für eine möglichst hohe Basisverdichtung spricht, ist das Ansprechverhalten. Niedrig verdichtete Turbomotoren wirken schlapp und sprechen träge auf Gasgeben an, da es länger dauert, bis sich – über den Ladedruck – ein ausreichend hoher Mitteldruck aufbaut. Der hochverdichtete Turbomotor fährt sich dank seines höheren Grunddrehmoments fast wie ein Sauger.

Die Tendenzen, die sich aus diesen Überlegungen ableiten lassen, sind bereits in der Serienentwicklung deutlich spürbar. Während früher im allgemeinen mit stark reduzierter Basisverdichtung (im Bereich von 6,5:1 bis 7,5:1) und mit Ladedrücken von durchschnittlich 0,7 bar operiert wurde, verfolgt die neuere Generation der Turbomotoren den umgekehrten Weg: Relativ hohe Basisverdichtung (8:1 bis 9:1) und niedriger Ladedruck (um 0,5 bar) sind derzeit die Richtwerte für straßentaugliche Turbomotoren.

Der Erfolg dieser Tendenzen ist fühl- und meßbar. Bei gleicher oder gar höherer Leistung wird ein deutlich besseres dynamisches Verhalten erreicht unter gleichzeitiger Absenkung des Kraftstoffverbrauches. Ganz ohne zusätzlichen Aufwand läßt sich dieses Ziel jedoch meist nicht realisieren. So zählen Ladeluftkühler und vollelektronische, kennfeldgesteuerte Zündanlagen zu den typischen Merkmalen moderner Turbomotoren. Einen weiteren Schritt in diese Richtung ermöglicht die Klopfregelung mittels Knocksensor über den Ladedruck oder die Zündung.

Die Nockenwelle

Als wesentliches Steuerelement des Gaswechsels spielt die Nockenwelle bei Saugmotoren, insbesondere bei solchen mit hoher Literleistung, eine tragende Rolle. Steuerzeiten, Ventilerhebungskurven und Überschneidungen – letztere sind jene Phasen der Steuerung, bei denen das Auslaßventil noch nicht geschlossen und das Einlaßventil schon geöffnet ist – werden vornehmlich bei Wettbewerbsmotoren bis an die Grenzen der mechanischen Festigkeit optimiert, um hohe Drehzahlen und dabei eine möglichst gute Füllung zu erreichen. Zugleich soll festgehalten werden, daß Saugmotoren auf alle Änderungen der Steuerzeiten und der Ventilerhebung in der Regel empfindlich reagieren, es sei denn, es handelt sich um spezifisch niedrig belastete Gebrauchsmotoren.

Der Einfluß verschiedener Steuerzeiten auf den Leistungsverlauf ist beim Turbomotor nicht sehr groß.

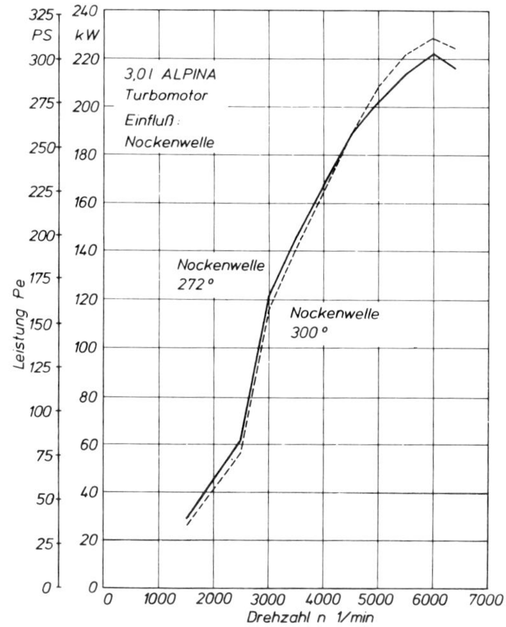

Obwohl der Vergleich hinkt, läßt sich sagen, daß Turbomotoren, wenn sie nicht gerade für den Renneinsatz vorgesehen sind, ähnlich unempfindlich auf die Steuerwerte reagieren wie niedrig belastete Sauger. Da der Ladungswechsel mit Überdruck stattfindet, sind große Überschneidungen, extreme Ventilhübe und ellenlange Ventilöffnungszeiten in der Regel nicht notwendig. So kommen Turbomotoren, auch solche mit sehr hoher Literleistung, generell mit relativ zahmen Nockenwellen aus. Ein Vergleich verschiedener Porsche 911-Motoren macht dies sehr deutlich:

	911/2,7 l (210 PS/ 152 kW)	911/3 l 200 PS/ 147 kW)	911 Turbo (260 PS/ 191 kW)
Einlaß öffnet v. OT	64° kW	24° kW	22° kW
Einlaß schließt n. UT	76° kW	76° kW	62° kW
Auslaß öffnet v. UT	64° kW	66° kW	52° kW
Auslaß schließt n. OT	44° kW	26° kW	20° kW
Ventilüberschneidung	108° kW	50° kW	42° kW
Ventilhub (E/A) mm	11,6/10,3	11,6/10,3	9,7/8,9

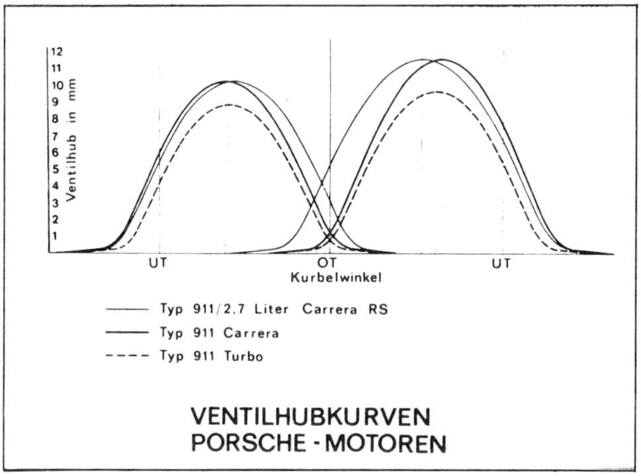

Die Ventilerhebungskurven der drei Porsche-Modelle zeigen, daß der Turbo die »zahmste« Nockenwelle besitzt.

Nicht immer liegen die Verhältnisse so wie im Falle dieser Porsche-Motoren. Sehr häufig wird auch die serienmäßige Nockenwelle des Saugers weiterbenutzt, wenn die Steuerzeiten nicht zu extrem sind. Diese Wahl ist besonders dann zu empfehlen, wenn ein Motor nachträglich durch Turbo-Aufladung leistungsgesteigert wird (z. B. Schrick-Golf oder May-Ford).
Ganz allgemein jedoch geht die Tendenz beim Turbo-Serienmotor zur zahmen Nockenwelle. Einmal sind sehr hohe Drehzahlen nicht notwendig, zum anderen sollen die engen Steuerzeiten zur Erhöhung des Grunddrehmoments führen, mit dem Vorteil des rascheren Ansprechens des Turboladers. Ein weiterer Vorteil der zahmen Nockenwelle ist der stabilere Leerlauf, was eine Absenkung der Leerlaufdrehzahl und somit wieder eine – wenn auch geringfügige – Reduzierung des Kraftstoffverbrauches und der Abgasmenge ermöglicht.

Die Abgasanlage

Was im Volksmund kurz als »Auspuff« bezeichnet wird, ist bei Turbomotoren ein äußerst aufwendiges und diffiziles Gebilde aus Gußkrümmern, Ventilen, Rohrleitungen und Schalldämpfern. Da die gesamten Abgase teils durch den Turbolader, teils durch ein Bypass-Ventil geführt werden, sind beide Bauteile integrierter Bestandteil der Abgasführung. Bei der Gestaltung der gesamten Abgasanlage eines Turbomotors müssen daher vor allem zwei Faktoren berücksichtigt werden:

- die Festigkeit und Haltbarkeit der Anlage und ihrer Verbindungen,
- die thermodynamische Anpassung an den Abgasturbolader.

Edelstahlkompensatoren bei geteilten Krümmern oder zwischen waste gate und Auspuffanlage tragen der starken Wärmausdehnung Rechnung (Audi).

Was die Haltbarkeit und Festigkeit der Anlage betrifft, so gibt es hier insbesondere im Krümmerbereich vor dem Abgasturbolader große Probleme. Die thermische Belastung ist hier wegen des Gegendrucks in der Turbine wesentlich höher als beim frei durchströmten Krümmer eines Saugmotors. Dies führt – vor allem bei Ottomotoren – nicht nur zu dem Zwang, besonders hitzefeste und entsprechend teure Materialien als Krümmerwerkstoff zu verwenden (meist ist es hochlegierter Chrom-Nickel-Stahlguß, wie er auch für die Turbinengehäuse verwendet wird), sondern auch zu besonders aufwendigen Befestigungen. Da der Krümmer infolge seiner hohen Erwärmung stark arbeitet, ist die Abdichtung und Verschraubung am Zylinderkopf sehr schwierig. Hochwarmfeste Schrauben, spezielle Muttern, unter Umständen geteilte Krümmer und Edelstahlkompensatoren, bedingen einen Bau- und Versuchsaufwand, der mit Saugmotoren

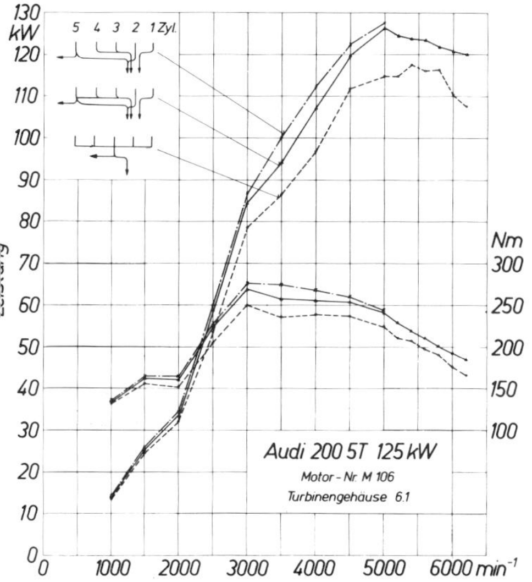

Die Form des Auspuffkrümmers beeinflußt den leistungs- und Drehmomentverlauf wesentlich.

kaum vergleichbar ist. Nicht ganz so schwierig wie beim hochbelasteten Otto-Turbomotor ist dieses Problem beim Turbo-Diesel, der wegen seines niedrigeren Abgas-Temperaturniveaus (maximal 800° C statt 1000° C) geringere Ansprüche an Material und Befestigung stellt.

Der Abgaskrümmer muß jedoch nicht nur hohe Temperaturen und alle damit zusammenhängenden Belastungen aushalten, er muß auch das nicht unbeträchtliche Gewicht des Abgas-Turboladers tragen, der in der Regel direkt an den Krümmer angeflanscht wird. Dies kann insbesondere bei schlecht ausgeglichenen Motoren mit freien Massenkräften (z. B. Reihenvierzylinder) zu Dauerfestigkeits-Problemen führen. Zusätzlich muß noch berücksichtigt werden, daß bei separatem Ladedruck-Regelventil (waste gate) der Krümmer vor der Turbine eine Verzweigung aufweist, die unter Umständen nicht unproblematisch ist.

Mindestens ebenso wichtig wie Haltbarkeit und Befestigung ist die thermodynamische Anpassung der Abgasanlagen beim Turbomotor. Dabei hat sich die häufig benutzte Stau-Aufladung – bei der die Abgasströme der einzelnen Zylinder erst gesammelt und aufgestaut werden, bevor sie in die Turbine eintreten – als eine einfach zu handhabende Lösung erwiesen. Die Turbine arbeitet dann nur mit dem Druck- und Temperaturgefälle der im Sammler gestauten Abgase. Eine optimale thermodynamische Anpassung ist jedoch die Stau-Aufladung nicht.

Moderne Turbomotoren benutzen daher die sogenannte Stoß-Aufladung (siehe auch Seite 54), bei der zusätzlich zu Druck und Temperatur noch die Geschwindigkeit der Abgase (kinetische Energie) ausgenutzt wird. Eine gute Stoß-Aufladung führt insbesondere bei niederen Drehzahlen zu einem spontaneren Ansprechen des Laders und somit zu rascherem Druckan-

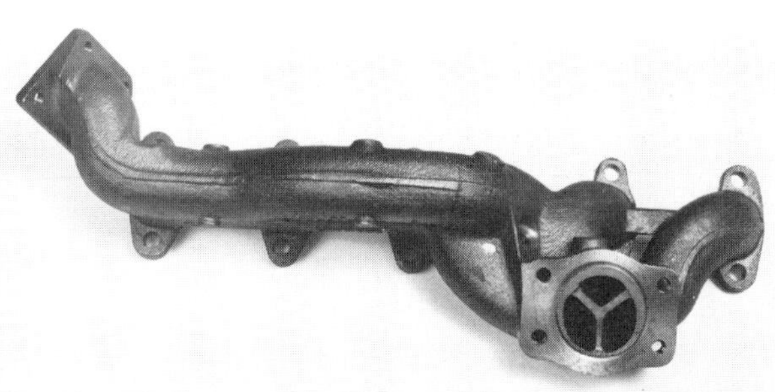

Die vorteilhafte Teilung der Abgasströme bis zum Turbineneintritt führte beim Audi 200 zum sogenannten Y-Krümmer.

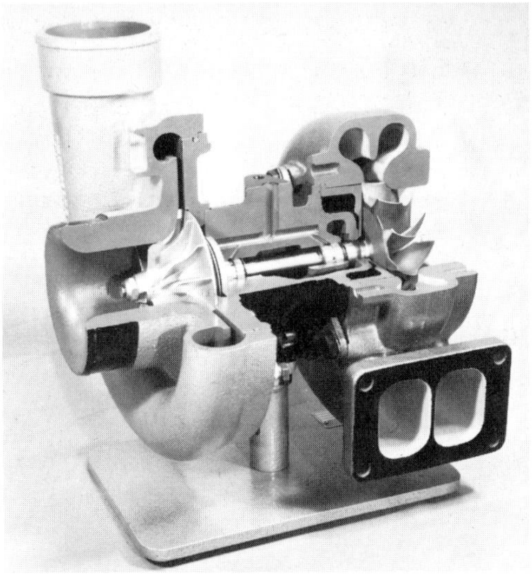

Zweiflutige Turbinengehäuse (KKK-Lader K 37) werden nur bei größeren Dieselmotoren eingesetzt oder in Sonderfällen (Rennmotoren).

stieg. Sie erfordert aber auch einen besonders hohen Aufwand in der Abgasführung. So müssen die Abgasströme korrespondierender Zylinder zusammengefaßt und dann getrennt bis vor den Turbineneintritt geführt werden (z. B. beim Vierzylinder 1 und 4 sowie 2 und 3), hinzu kommt, daß nun die Rohrlängen des Krümmers von wichtiger Bedeutung für die Abstimmung sind. Für eine optimale Stoßaufladung wäre es sogar vorteilhaft, die Abgasströme auch noch im Turbineneintritt des Laders selbst getrennt zu führen. Dies wird bei Lkw-Dieselmotoren in der Regel praktiziert, bei Pkw-Kleindieseln, vor allem aber bei aufgeladenen Ottomotoren ist dies nicht einfach.

Die hierzu notwendigen zwei- oder mehrflutigen Turbinengehäuse sind nicht nur teurer als einflutige, auch wären die im Einlaß vorhandenen Trennwände der thermischen Belastung nicht gewachsen. Hierzu ein Negativ-Beispiel in der Entwicklungsgeschichte der Turbomotoren: Der erste deutsche Serienturbo, der BMW 2002 turbo, hatte einen zweiflutigen Lader, der sich als besonders störanfällig erwies. Alle heutigen Turbomotoren arbeiten mit einflutigen Ladern, nur bei extremen Entwicklungen (z. B. BMW-Formel 1-Motor) werden gelegentlich zweiflutige Turbinengehäuse eingesetzt, da hier die Dauerhaltbarkeit keine große Rolle spielt.

Ein weiterer wichtiger Punkt bei der Gestaltung der Abgasführung ist die Lage des Ladedruck-Regelventils, jenes Bypasses, durch den bekanntlich ein Teil der Abgase um die Turbinen herumgeführt wird. Bei Dieselmotoren ist es in der Regel als Klappen- oder Hubventil im Turbolader integriert. Die thermische Beanspruchung ist hier nicht so groß, daß Funktionsprobleme befürchtet werden müssen. Bei aufgeladenen Ottomotoren, vor allem bei solchen höherer Literleistung, wird das Ladedruck-Regelventil meist ein ganzes Stück stromabwärts hinter der Turbine angeordnet, was den Vorteil hat, daß die Temperatur der Abgase hier schon etwas geringer ist, außerdem läßt es sich so in eine besser gekühlte Umgebung verlegen.

Abgaskrümmer des Renault 18 Turbo mit Turbolader und integriertem Ladedruck-Regelventil.

Ein oft nicht beachteter Punkt ist auch die Lage jenes Abzweiges im Krümmer vor der Turbine, der das Ladedruck-Regelventil mit Abgas versorgt. Er sollte auf jeden Fall so weit weg vom Turbineneintritt liegen, daß die störungsfreie Anströmung der Turbine gewährleistet ist, Versuche haben nämlich ergeben, daß eine solche Störung der Turbinenanströmung beispielsweise durch Öffnen des Ladedruck-Regelventils, zu einem höheren Staudruck vor der Turbine führt, was wiederum über einen höheren Ladedruck kompensiert werden muß. Die Folge ist ein insgesamt schlechterer Gesamtwirkungsgrad des Turboladers. Auch aus diesem Grund ist das separate Ladedruck-Regelventil bei Hochleistungs-Turbomotoren von Vorteil, denn ein integriertes Bypass-Ventil stört auf jeden Fall die Anströmung der Turbine.

Der weitere Verlauf der Abgasanlage (hinter der Turbine und dem Ladedruck-Regelventil) ist für die Leistung und den Wirkungsgrad des aufgeladenen Motors nur von geringer Bedeutung. Die Rohrlängen spielen, im Gegensatz zum Saugmotor, keine Rolle. Da die Turbine des Abgas-Turboladers jedoch vom Druckgefälle lebt, ist ein möglichst niedriger Gegendruck anzustreben. Dies erfordert eine möglichst strömungsgünstige Verlegung der Rohrleitungen mit wenigen Umlenkungen, möglichst widerstandsarme Schalldämpfer und als Folge dieser Überlegungen große Querschnitte. Am Beispiel verschiedener Audi-Fünfzylindermotoren wird

Separates Ladedruck-Regelventil beim Alpina B 7.

Großer Endrohrquerschnitt der Auspuffanlage beim Heuschmid-Saab.

deutlich, welchen Einfluß die Leistung und Aufladung auf den Rohrquerschnitt der Abgasanlage hat:

Audi 100 Saugmotor, 136 PS (100 kW):	Rohrdurchmesser 50 mm, Querschnittsfläche 1962 mm^2
Audi 200 Turbo, 170 PS (125 kW):	Rohrdurchmesser 60 mm, Querschnittsfläche 2826 mm^2
Audi Quattro, 200 PS (147 kW):	Rohrdurchmesser 70 mm, Querschnittsfläche 3846 mm^2

Eine aufwendige Schalldämpfung ist bei Turbomotoren ohnehin nicht notwendig. Der Grund ist hier die Schalldämpfung im Turbolader selbst, die durch den Druckabbau in der Turbine geschieht. Um die weitere Reduzierung des Schalls möglichst widerstandsarm zu gestalten, werden in der Regel voluminöse Absorptionsschalldämpfer benutzt. Sie haben einen deutlich geringeren Durchströmungswiderstand als Reflexionsschalldämpfer.

Die Zündanlage

Aufgeladene Motoren stellen weit höhere Ansprüche an die Zündanlage als herkömmliche Saugmotoren. Insbesondere haben sie einen größeren Bedarf an Zündzeitpunktverstellung, der die erheblich weiter gespannten Druck- und Temperaturbereiche berücksichtigt. Schließlich muß auch der Leistungsteil der Zündanlage dem etwas höheren Zündspannungsbedarf des Turbomotors Rechnung tragen. Doch letzteres ist das geringere Pro-

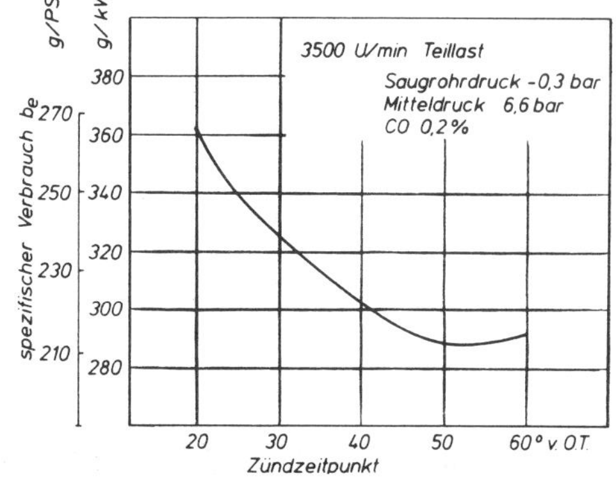

Der Einfluß des Zündzeitpunktes auf den Kraftstoffverbrauch bei Teillast ist beachtlich (Alpina B 7).

blem, denn moderne Transistor-Zündungen sind in diesem Punkt ausreichend leistungsfähig und können den Zündspannungsbedarf eines Turbomotors (ca. 20 bis 25 Kilovolt) ohne weiteres decken.
Weit schwieriger ist es da schon, die Zündzeitpunktverstellung den zusätzlichen Forderungen anzupassen, die ein Turbomotor stellt. Zum wirtschaftlichen Betrieb (Verbrauch) eines Turbomotors ist es nämlich unumgänglich, in allen Betriebsbereichen mit einem möglichst geringen Abstand zur Klopfgrenze zu fahren. Da diese wegen der höheren Zylindertemperaturen und Drücke niedriger liegt als beim Sauger, muß die Vorzündung in der Vollast in der Regel stark zurückgenommen werden. So laufen Turbomotoren mit 20° bis 30° Kurbelwinkel Vorzündung bei Höchstleistung (je nach Bauart), während Saugmotoren üblicherweise mit 30° bis 40° operieren. In der Teillast hingegen benötigen Turbomotoren wegen ihrer geringeren Verdichtung mehr Vorzündung (ca. 40° kW bis 50° kW), um Ansprechverhalten und Verbrauch zu verbessern.
Normale Zündverstell-Systeme, die mit Fliehkraft (drehzahlabhängig) und Unterdruck arbeiten, können diese Ansprüche nur sehr unvollkommen erfüllen. Hier ist es lediglich möglich, den Ladedruck als Steuergröße einzubringen. Damit wird über eine zusätzliche oder vorhandene Druckdose der üblichen Zündverstellinie bei zunehmendem Ladedruck eine Spätverstellung pneumatisch überlagert. Mit dieser Kompromiß-Lösung waren die meisten Turbomotoren der ersten Generation ausgerüstet (z. B. Saab Turbo, Porsche Turbo, Audi 200 T, BMW 745 i), sie bietet sich auch an, wenn ein Motor nachträglich zur Turboaufladung herangezogen wird (z. B. Schrick-Turbo für Golf GTI). Eine so einfach geregelte Zündung ist freilich immer auf den ungünstigsten Fahrzustand im Kennfeld ausgelegt (zum Beispiel Anhängebetrieb bergauf mit geringer Geschwindigkeit und hoher Last), bei dem der Zündzeitpunkt noch ausreichenden Abstand zur Klopfgrenze haben muß. Für die überwiegende Zahl der anderen Betriebszustände wird jedoch mit zu geringer Vorzündung gefahren und dadurch Leistung und Wirkungsgrad verschenkt.
Bei modernen Turbomotoren kommen daher zunehmend vollelektronische

Die elektronische Zündanlage des Renault 5 Turbo: Die ladedruckabhängige Verstellung erfolgt über eine Membran-Dose an der Zündbox.

Zündanlagen mit Kennfeldsteuerung zum Einsatz. Das heißt, für eine Vielzahl von Lastpunkten wird am Prüfstand im Motorkennfeld der jeweils verbrauchs- und leistungsoptimale Zündzeitpunkt ermittelt – bei entsprechend geringem Sicherheitsabstand zur Klopfgrenze – und im Zündcomputer gespeichert. Außerdem erlauben vollelektronische Zündanlagen die Berücksichtigung zusätzlicher Parameter, die über die üblichen Verstellparameter (Drehzahl und Last) hinausgehen. Es sind dies

- Ladedruck bzw. Saugrohrdruck (Last)
- Drehzahl
- Ladelufttemperatur
- Kühlmitteltemperatur

Neben der Optimierung des Zündzeitpunktes für alle denkbaren Betriebszustände, kann die Zündung mit Hilfe dieser Parameter noch weitere Aufgaben erfüllen. So zum Beispiel eine Überlastung des Motors bei zu hohen Ladelufttemperaturen vermeiden, wie beispielsweise beim Audi Quattro, wo bei zu hoher Ladelufttemperatur die Drehzahl automatisch auf 4000/min begrenzt wird. Auch zu hoher Ladedruck wird von der Zündung des Quattro drehzahlabhängig registriert, wobei dann jede zweite Zündung unterdrückt wird, um so den kritischen Betriebszustand möglichst rasch zu beenden. Schließlich können elektronische Zündanlagen noch mit einer Klopfregelung ausgestattet werden, die bei Selbstzündung des Gemischs automatisch den Zündzeitpunkt zurücknimmt.
Aber auch ohne Klopfregelung ist eine Minimierung des Sicherheitsabstandes zur Klopfgrenze gerade bei Turbomotoren sehr erstrebenswert. Jedes zusätzliche Grad Vorzündung ergibt neben einer Wirkungsgradverbesserung (Verbrauch) auch eine erhebliche Leistungssteigerung. Außerdem wird die Abgastemperatur geringer und das Ansprechverhalten spontaner. Schon aus diesem Grund kommen nur kontaktlose Zündsysteme für Turbomotoren zur Anwendung, weil diese die exakte Einhaltung einer bestimmten Vorzündung über eine lange Betriebsdauer des Motors garantieren. Übliche kontaktlose Transistorzündungen mit mechanischem Verteiler gestatten einen Sicherheitsabstand von minimal 6° kW zur Klopfgrenze. Noch besser sind in diesem Punkt vollelektronische Zündungen, die vom Schwungrad aus angesteuert werden. Die geringeren Toleranzen dieser Zündsysteme, insbesondere was die Schwankungen der Zündzeitpunkte der einzelnen Zylinder untereinander betrifft, gestattet ein noch engeres Heranrücken an die Klopfgrenze.
Turbomotoren stellen in der Regel auch höhere Ansprüche an die Zündkerzen. Die höhere thermische Belastung verlangt nach Zündkerzen mit höherem Wärmewert (ein bis zwei Stufen). Größere Elektrodenabstände

echnergesteuerte FT-Zündung

Batterie
Zündschloss
Rechner der AFT-Zündung
Impulsgeber
Schwungrad-Zahnkranz
Hochspannungs-Verteiler
Zündspule
Zündkerze
= Primärstrom

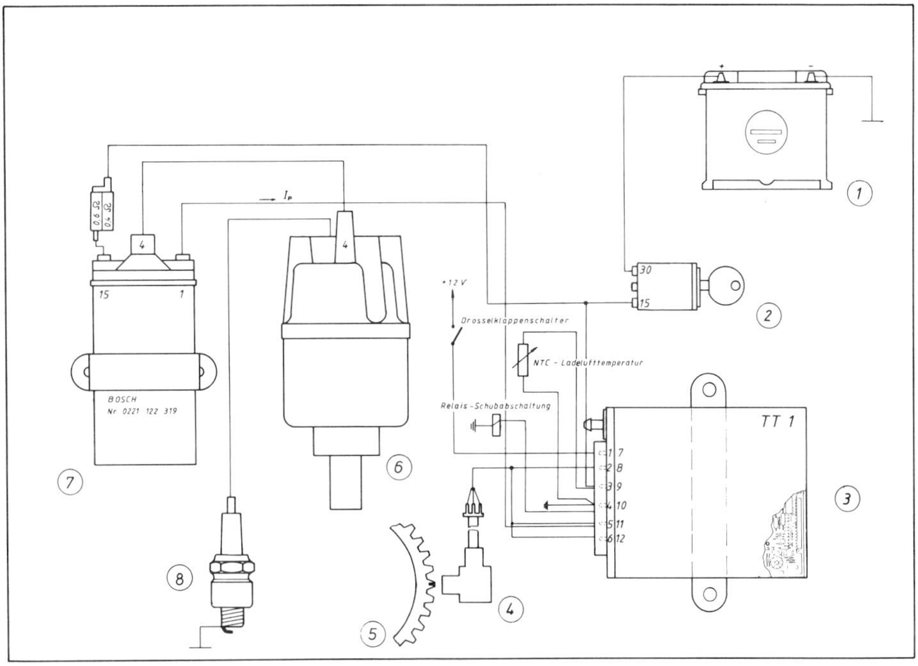

Schaltschema der rechnergesteuerten AFT-Zündung (Alpina).

(0,8 mm statt 0,7) berücksichtigen die durch hohen Druck und hohe Luftzahl (Lambda) eingeschränkte Zündwilligkeit des Gemischs. Die bei Turbomotoren erhöhten Belastungen der Zündkerzen lassen sich durch geeignete Elektrodenwahl (Edelmetall-Elektroden aus Platin, Silber oder Gold) gut kompensieren.

Die Klopfregelung

Aufgeladene Motoren sind durch Klopfen (auch Klingeln genannt) weltaus stärker gefährdet als frei saugende Motoren. Der Grund sind die wesentlich größeren Druck- und Temperaturbelastungen (und Schwankungen) und einige zusätzliche Faktoren, die Einfluß auf die Klopfempfindlichkeit des Motors haben. Neben den konstruktiv bedingten primären Einflußgrößen wie Verdichtungsverhältnis und Brennraumform, bestimmen eine Reihe von Betriebsparametern wie Ladedruck, Ladelufttemperatur, Luftverhältnis und der Abgasgegendruck die Klopfgrenze. Diese Parameter ändern sich im Betrieb ständig und sind außerdem voneinander abhängig. Sie bestimmen unmittelbar die jeweils maximal mögliche Vorzündung. Selbst in einer programmierbaren vollelektronischen Kennfeldzündung ist die Abstimmung all dieser Einflußgrößen sehr schwierig, so daß in jedem Fall ein ausreichender Sicherheitsabstand zur Klopfgrenze eingehalten werden muß. Dieser Sicherheitsabstand kostet speziell beim aufgeladenen

Hologramm eines BMW-Motors: Die muschelförmigen Linien zeigen Bereiche hoher Schwingungs-Intensität.

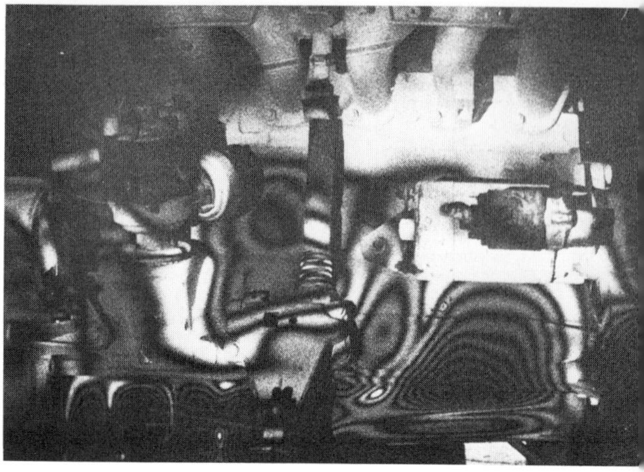

Motor Leistung und Verbrauch. Hier bietet allein eine Klopfregelung die Möglichkeit, mit dem Zündungskennfeld noch näher an die Klopfgrenze heranzugehen.
Die Klopfregelung macht sich bei klopfenden Verbrennungen auftretenden Druckschwingungen zunutze. Letztere verursachen Körperschallwellen am gesamten Motorblock, die zum Teil hörbar sind (Klingeln). Sie lassen sich durch Sensoren aus Piezoquarz (Knocksensor) abtasten, die an geeigneten Stellen am Motorblock befestigt werden. Die Klopfregelung ist freilich immer eine Reaktionsmaßnahme, das heißt, die Wirkung (Klopfen) muß eintreten, bevor ihre Ursache beseitigt werden kann. Eine vorbeugende Klopfregelung ist nicht möglich. Bei aufgeladenem Motor läßt sich Klopfen durch zwei Maßnahmen beseitigen. Entweder durch

- *weniger Vorzündung,* oder durch
- *geringeren Ladedruck.*

Beide Verfahren haben spezifische Vor- und Nachteile, die sich sicher im Laufe der Entwicklung (die Klopfregelung steht erst am Anfang) beseitigen oder reduzieren lassen.
Die bisher praktizierte Zündwinkelregelung hat den Nachteil des stationären Dauerklopfens (bei etwa 5 bis 10 Prozent der Zündung klopft der Motor) und dynamischer Zündwinkelfehler bei plötzlichem Lastwechsel. Eine wesentlich verbesserte Klopfregelung stellt VW im Forschungsauto 2000 vor. Bei der sogenannten *adaptiven Klopfregelung* wird das im Steuerrechner gespeicherte Zündwinkelkennfeld zwischen einer oberen und unteren Begrenzung entlang der Klopfgrenze des Motors individuell angepaßt. Diese Adaption ist langfristig wirksam und reagiert auf wesentliche Änderungen im Betriebszustand des Motors, wie zum Beispiel Neustart, Öltemperatur usw. Die adaptive Klopfregelung vermeidet zu häufiges Klopfen und gestattet dennoch einen Betrieb direkt unterhalb der Klopfgrenze.
Eine weitere Möglichkeit, zu häufiges Klopfen bei der Klopfregelung und

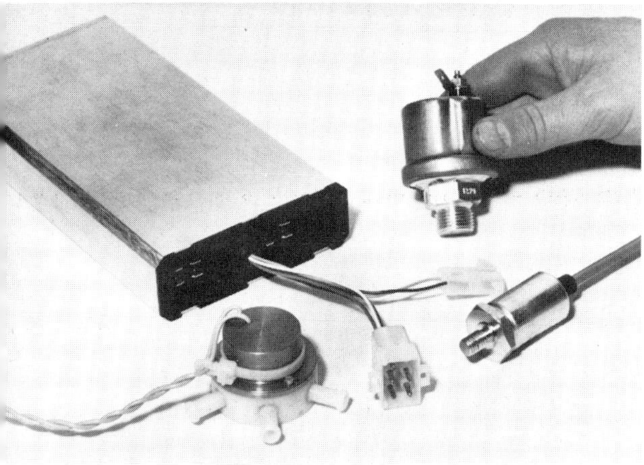

Die Bauteile einer Klopfregelung bestehen im wesentlichen aus elektronischem Steuergerät, Knocksensor und dem Magnetventil (Versuchsausführung Saab APC).

den Zündwinkel zu vermeiden besteht darin, die Zündung für den weitaus größten Teil der Lastzustände so auszulegen, daß keine klopfende Verbrennung auftritt. Die Klopfregelung spricht dann nur noch in Ausnahmefällen an, so bei sehr ungünstigen Betriebsbedingungen oder bei der Verwendung von schlechtem Kraftstoff mit zu niedriger Oktanzahl.

Als zweite Methode zur Vermeidung von Klopfen bietet sich beim aufgeladenen Motor wie erwähnt die Reduzierung des Ladedrucks an. Als Nachteil dieses Verfahrens gilt das relativ träge Ansprechen der Regelung, je nach Auslegung mehr oder weniger häufiges Klopfen und der erhöhte Bauaufwand. Denn während sich die Zündwinkelregelung leicht in eine vorhandene, vollelektronische Zündung integrieren läßt, erfordert die Ladedruckregelung zusätzliche elektronische Bauteile, welche die Signale des Klopfsensors verarbeiten und in zur Ladedruckregelung notwendigen Größen umwandeln. Auch die Beeinflussung des Ladedrucks über das Ladedruck-Regelventil erfordert zusätzlichen Bauaufwand.

Als erster Hersteller hat Saab 1982 eine Klopfregelung über den Ladedruck in Serie eingeführt. Kernstück des APC (Automatic Performance Control) genannten Systems ist auch hier ein am Motorblock befestigter Klopfsensor, dessen Impulse an eine Elektronik-Einheit weitergeleitet werden. Dieses Steuergerät verarbeitet außerdem noch Signale über den Lastzustand des Motors (Ladedruck und Drehzahl) und benutzt diese zusammen mit den Signalen des Klopfsensors zur Regelung eines

Lage des Klopfsensors beim Saab.

Magnetventils. Das Magnetventil sitzt in der Steuerleitung zum Ladedruck-Regelventil und ähnelt in der Funktion der Handregelung zur Beeinflussung des Ladedrucks. Es wird vom Steuerdruck (P_2) über eine kalibrierte Bohrung beaufschlagt, der auf die Druckseite der Regelmembran des Ladedruck-Regelventils weitergeleitet wird. Ist das Magnetventil geschlossen, so funktioniert das System wie eine normale P_2-Regelung. Dieser Zustand stellt die untere Ladedruckgrenze dar. Ist das Magnetventil geöffnet, wird der Steuerdruck über eine zusätzliche Leitung (P_1) abgesenkt und somit die Öffnung des Ventils erschwert. Als Folge davon steigt der Ladedruck an. Bei klopfendem Betrieb wird also das Magnetventil geschlossen. Beim Saab-Turbo geht der Regelbereich des Ladedrucks von 0,3 bis 0,85 bar.

Die Nachteile im Ansprechverhalten der Klopfregelung allein über den Ladedruck vermeidet ein kombiniertes System, das BMW für die dritte Version des Turbomotors im 745 i 1983 eingeführt hat. Hierbei erfassen zwei Klopfsensoren, die auf der Saugseite unterhalb der Zylinderkopfplanfläche am Kurbelgehäuse befestigt sind (jeweils einer Gruppe von drei Zylindern zugeordnet) die Klopfschwingungen. Die Signale der Klopfsensoren werden in einem Steuergerät, das Bestandteil der für die Zündung und Kraftstoffmenge zuständigen Bosch-Motronic ist, weiterverarbeitet. Je nach Klopfstärke und Häufigkeit werden zwei miteinander verknüpfte Regelkreise zur Verhinderung des Klopfens eingesetzt:

- Klopft der Motor selten oder nur leicht, wird nur die Zündung in Richtung spät verstellt;
- Bei starkem und häufigem Klopfen wird zusätzlich über ein Magnetventil (das außerdem der Ladedruckregelung dient) der Ladedruck reduziert.

Diese doppelte Klopfregelung hat den Vorteil, daß unter normalen Betriebsbedingungen – wenn überhaupt – nur die sehr rasch ansprechende Zündverstellung in Kraft tritt, die auch sehr schnell wieder in den Soll-

Das Magnetventil zur Beeinflussung des Ladedrucks beim neuen BMW 745 i ist gut zu erkennen.

zustand zurückkehrt. Der Einfluß auf die Leistung und das Drehmoment des Motors ist bei der Zündregelung nicht sehr groß. Wird hingegen starkes oder anhaltendes Klopfen registriert, wie es zum Beispiel beim Tanken von niederoktanigem Kraftstoff auftreten kann, so wird zusätzlich die Ladedruckabsenkung wirksam, um den Motor vor Klopfschäden zu schützen.

Die Gemischaufbereitung

Auch bei der Gemischaufbereitung stellen aufgeladene Motoren höhere Anforderungen als normale Saugmotoren. So ist ihr Verhältnis zwischen größter und kleinster Luft- bzw. Kraftstoffmenge wegen ihrer höheren Literleistung zum Teil sehr viel größer. Aber auch die Lage des Gemischbildners und der Drosselklappe (ob vor oder nach dem Verdichter) muß gründlich überlegt sein, da hiervon unter Umständen die Funktion und Wirksamkeit der Aufladung stark beeinflußt wird. In diesem Rahmen sollen daher einige grundsätzliche Überlegungen angestellt werden, welche für die Gemischaufbereitung von Turbomotoren von Bedeutung sind. Eine funktionierende Anpassung der jeweiligen Gemischbildner ist in der Regel das Ergebnis umfangreicher Fahr- und Prüfstandsversuche.

AUFGELADENE DIESELMOTOREN

Dieselmotoren mit Abgasturbolader machen hinsichtlich der Gemischaufbereitung die geringsten Probleme. Der Grund liegt auf der Hand: Der

Die auf der Diesel-Einspritzpumpe sitzende Membrandose steuert den Vollastanschlag und wird direkt vom ladedruck beaufschlagt.

Aufwand ist von Haus aus groß, der Kraftstoff wird mit hohem Überdruck durch eine mechanische Einspritzpumpe direkt in die Brennräume gefördert, eine Drosselklappe zur Regelung der Luftmenge existiert nicht. Da die Leistung des Dieselmotors über die Menge des eingespritzten Kraftstoffs geregelt wird, muß natürlich die Einspritzpumpe dem höheren Bedarf angepaßt werden. Dies geschieht in der Regel durch eine Druckdose, die den Vollastanschlag der Einspritzpumpe ladedruckabhängig steuert (Kürzel: LDA = Ladedruckabhängige Anpassung). Zusätzlich kann noch als weitere Einflußgröße der Atmosphärendruck eingebracht werden, um die Kraftstoffmenge in großen Höhen zu korrigieren und somit das dieseltypische Rußen zu vermeiden. In diesem Fall besteht die Regeleinrichtung aus einer Doppeldose (Kürzel: ALDA = Atmosphärische und Ladedruckabhängige Anpassung). Im Prinzip spielt es bei der Anpassung der Einspritzpumpe an den aufgeladenen Dieselmotor keine Rolle, ob eine Verteilerpumpe oder eine Reihenpumpe benutzt wird. Allerdings müssen die Einspritzpumpen von der Fördermenge her für den höheren Kraftstoffdurchsatz ausreichen, gleiches gilt für das Fördersystem (Kraftstoffpumpe) vom Tank zur Einspritzpumpe.

EINSPRITZUNG BEI AUFGELADENEN OTTOMOTOREN

Die Bedürfnisse aufgeladener Ottomotoren hinsichtlich Gemischaufbereitung und exakter Zumessung der den jeweiligen Betriebszuständen entsprechenden Kraftstoffmenge werden am besten von Einspritzsystemen erfüllt. Es sind derzeit verschiedene Systeme im Einsatz:

- mechanische Hochdruckeinspritzung (System Kugelfischer),
- mechanische Niederdruck-Einspritzung mit Luftmengenmessung (Bosch K-Jetronic),
- elektronische Niederdruck-Einspritzung mit Luftmengenmessung (Bosch-L-Jetronic bzw. LH-Jetronic) und
- zentrale Niederdruckeinspritzung mit Luftmengenmessung (Mitsubishi)

Vom Ladedruck beaufschlagte Regeldose auf der mechanischen Kugelfischer-Einspritzpumpe des Porsche 924 Carrera-Rennmotors.

Die mit hohem Druck (ca. 20 bis 40 bar) arbeitenden mechanischen Systeme (z. B. Kugelfischer) werden derzeit nur noch in Wettbewerbsmotoren verwendet. Serienmäßig war nur der erste deutsche Turbo-Personenwagen, der BMW 2002 Turbo, damit ausgerüstet. Die Steuerung der Kraftstoffmenge wird hier last- und drehzahlabhängig (oft auch nur lastabhängig) vorgenommen, wobei die ladedruckabhängige Mengenanpassung über eine Druckdose geschieht. Die Einspritzung des Kraftstoffs erfolgt in der Regel in die Saugrohre, das Druckgefälle zwischen Einspritzdruck und der unter Ladedruck stehenden Verbrennungsluft ist so hoch, daß keine besonderen Vorkehrungen nötig sind. Die Anordnung der Drosselklappe

Luftmengenmesser- oben L-Jetronic bzw. Motronic BMW 745 i, unten K-Jetronic Audi Quattro – sitzen in der Regel vor dem Verdichter und verursachen einen Druckverlust.

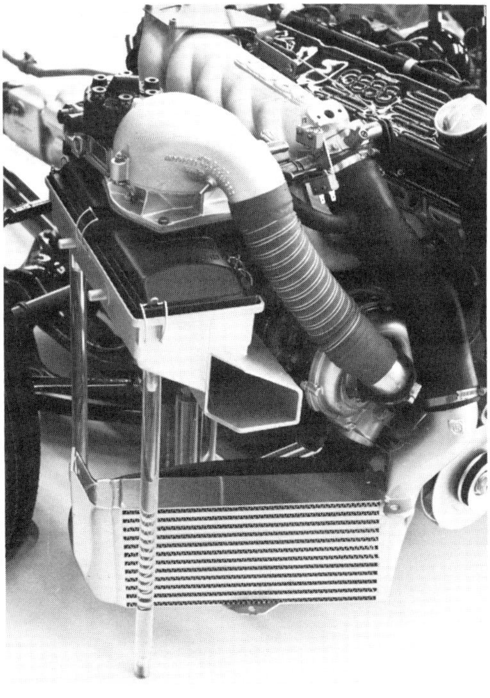

ist weitgehend frei, sie wird zweckmäßigerweise nach dem Verdichter angebracht und muß dann druckdicht (an den Wellen) ausgeführt sein.
Die heute üblichen Niederdruck-Einspritzsysteme und ihre Derivate sind gleichermaßen gut für aufgeladene Motoren geeignet, wobei es im Prinzip keine Rolle spielt, ob das System mechanisch (Bosch K-Jetronic) oder elektronisch (Bosch L-Jetronic) funktioniert. Wichtig ist bei beiden Systemen, daß die Zumessung der Kraftstoffmenge zur zugeführten Luftmenge exakt durch eine direkte *Luftmengenmessung* vorgenommen wird.
Die Luftmengenmesser arbeiten in beiden Fällen mechanisch entweder als runde Stauscheibe (K-Jetronic) oder als rechteckige Schwenkklappe (L-Jetronic). Sie setzen infolge ihres Funktionsprinzips der durchströmenden Verbrennungsluft einen nicht zu vernachlässigenden Widerstand entgegen, der zu einem Druckverlust (bis zu 3 Prozent) hinter dem Luftmengenmesser führt. Für den Verdichter ist es daher ungünstig, wenn der Luftmengenmesser davor angeordnet wird. Besser ist die Anordnung des Luftmengenmessers nach dem Verdichter, weil dadurch Wirkungsgrad und Ansprechverhalten verbessert werden.
Dennoch arbeiten nahezu alle Serien-Turbos mit Luftmengenmessung vor dem Verdichter (Ausnahme Alpina B 7), weil diese Anordnung besser zu beherrschen ist. Die Anpassung an den Turbomotor macht wegen der unter atmosphärischen Bedingungen arbeitenden Luftmengenmesser keine Probleme, oft können sogar die gleichen Bauteile (mit leichten Modifikationen) wie beim Basis-Saugmotor benutzt werden. Bei einer Anordnung hinter dem Verdichter, die bei gleichem Druckverlust eine geringere Verdichterleistung erfordern würde, muß zusätzlich die höhere Luftdichte korrigiert werden, was nicht ganz einfach ist. Dies kann entweder durch eine Druckdose mit Korrektur der Steuerdrücke oder über einen Raumnocken (bei mechanischen Anlagen) geschehen, oder durch Erfassung der Lufttemperatur und Änderung der Einspritzdauer bei elektronischen Anlagen.
Weniger Probleme wird in diesem Punkt die künftige Methode der *Luftmassenmessung* durch einen Hitzdrahtmesser aufwerfen. Einmal ist der Druckverlust in diesem System minimal, so daß die Anordnung keine nennenswerte Rolle spielt, zum anderen korrigiert das Meßsystem veränderliche Temperaturen und Dichte des Mediums auf Grund seines Funktionsprinzips selbsttätig.

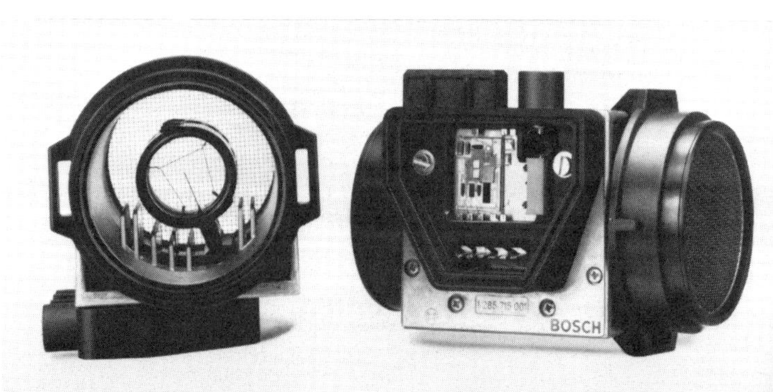

Hitzdraht-Luftmassenmesser (Bosch LH-Jetronic) können problemlos hinter dem Verdichter plaziert werden, da die höhere Luftdichte automatisch miterfaßt wird.

Die Zentral-Einspritzung des Mitsubishi Lancer ist auf der Druckseite des Verdichters angeordnet.

Die beschriebenen Einspritzsysteme arbeiten alle mit separater Einspritzung des Kraftstoffs in die Saugrohre. Die Drosselklappen werden dabei ausnahmslos hinter dem Verdichter plaziert. Die Anpassung der maximalen Einspritzmengen an die Höchstleistung des Motors muß sichergestellt sein. In einigen Fällen wird zusätzlich noch eine ladedruckabhängige Volllastanreicherung vorgenommen. Da der Gegendruck an den Einspritzdüsen um den jeweiligen Ladedruck höher ist als bei Saugmotoren, muß in der Regel auch der Kraftstoffsystemdruck erhöht werden, der üblicherweise von elektrischen Pumpen geliefert wird. Sie müssen auch für die nötige maximale Kraftstoffmenge ausgelegt sein, die naturgemäß höher ist als bei leistungsschwächeren Saugmotoren. Schwierigkeiten macht auch die sehr starke Hitzeentwicklung im direkten Umfeld von Turbomotoren. Die Kraftstoff führenden Leitungen und die Einspritzdüsen müssen daher möglichst gut gegen Wärme abgeschirmt sein, um Heißstartprobleme wegen Dampfblasenbildung zu vermeiden. In einigen Fällen ist sogar eine Zwangskühlung des Einspritzsystems mittels Gebläse notwendig (z. B. Düsenkühlung durch elektrische Gebläse bei Audi 200 und Quattro).

Gebläsekühlung für die Einspritzdüsen des Audi 200.

VERGASER BEI AUFGELADENEN OTTOMOTOREN

Vergaser sind auf Grund ihrer ungenaueren Mengenzumessung und der schlechteren Gemischverteilung weniger gut für Turbomotoren geeignet als getrennt geführte Einspritzsysteme. Sie werfen außerdem noch eine Reihe zusätzlicher Probleme auf, die zu berücksichtigen sind. Vergaser werden daher in der Regel bei Turbomotoren aus Kostengründen nur in den unteren Klassen eingesetzt (Ausnahme Bentley Mulsanne) oder bei Turbokits zum nachträglichen Umbau.

Bei Turbomotoren sind grundsätzlich zwei Vergaseranordnungen möglich: Als *Saugvergaser* (GvT = Gemischbildner vor Turbolader) und als *Druckvergaser* (GnT = Gemischbildner nach Turbolader). Beide Anordnungen gelten hinsichtlich des Fahrverhaltens und des Ansprechverhaltens in etwa als gleichwertig. Hinsichtlich der erzielbaren Leistung ist das Druckvergaser-System bevorzugt, da beim Saugvergaser kein Ladeluftkühler gefahren werden kann.

Komplizierte Luftführung beim Saugvergaser-Motor des Renault 5 Alpine Turbo. Sehr wichtig ist die Ansaugluftvorwärmung.

Beim *Saugvergaser-System* sitzt der Vergaser und damit die Drosselklappe vor dem Verdichter. Da das Kraftstoff-Luftgemisch den Verdichter passiert, wird es dort, wenn der Verdichter läuft, zusätzlich verwirbelt und durch die Verdichtungs-Wärme aufbereitet. Gleichzeitig führt der bei Verdunstung des Kraftstoffs entstehende Wärmeentzug dazu, daß sich das Gemisch nicht zu stark aufheizt. Dies ist ein gewisser Ersatz für einen Ladeluftkühler, der bei dieser Anordnung nicht anwendbar ist. Denn würde

man das bereits verdichtete und intensiv verwirbelte Gemisch nochmals abkühlen, käme es unvermeidlich zur Kondensation des Kraftstoffs. Der Saugvergaser ist also nur für Turbomotoren relativ geringer Literleitung und mit nicht allzu hohem Aufladegrad interessant. Die Anordnung ist einfach zu beherrschen, da der Vergaser unter atmosphärischen Bedingungen arbeitet. Aus diesem Grund muß auch der Vergaser dem größeren Volumenstrom entsprechend dimensioniert werden. Wegen der Kondensationsgefahr des Kraftstoffes (bei kalter Maschine zum Beispiel) sollte der gesamte Ansaugtrakt inklusive Turbolader mit möglichst kurzen Leitungen fallend zum Motor ausgeführt werden. Die Kürze der Saugwege führt allerdings wieder zu einem schlechten Heißstartverhalten, so daß auf eine gute Wärmeabschirmung des Turboladers zum Vergaser geachtet werden muß. Oft ist jedoch aus Platzgründen eine optimale Anordnung für den Saugvergaser nicht möglich, da ja Turbine und Verdichter eine Baueinheit bilden und so sehr hochgezogene Auspuffkrümmer notwendig wären. Eine intensive Ansaugluftvorwärmung ist daher unerläßlich, wenn Fahrfehler in der Warmlaufphase oder bei kalter Witterung vermieden werden sollen. Die Vorwärmung ist allerdings wieder nachteilig für Luftdichte und Ladedruck, so daß eine thermostatische Steuerung der Saugluft vorteilhaft erscheint. Da auf der Verdichterseite im Teillastgebiet und Schiebebetrieb zum Teil starker Unterdruck herrscht (Drosselklappe vor Verdichter), muß die Lagerung des Verdichters durch eine Gleitringdichtung gegen Absaugen des Laderschmieröls abgedichtet werden. Dies stellt nicht nur einen erhöhten Bauaufwand dar, sondern erhöht auch die Gleitreibung des Turbolader-Laufzeugs.
Beim *Druckvergaser-System* sind der Vergaser und die Drosselklappe hinter dem Verdichter angeordnet. Der Vergaser arbeitet dadurch im aufgeladenen Betrieb mit Überdruck. Er muß daher sorgfältig gegen Kraftstoff- und Gemischaustritt abgedichtet werden, was vor allen Dingen über eine längere Betriebsdauer Schwierigkeiten bereitet. Allerdings kann der Druckvergaser, da er mit verdichteter Luft gefüttert wird (geringerer Volumenstrom) relativ klein gehalten werden. In der Regel reicht die Vergaser-

Druckvergaser beim Bentley-Mulsanne Turbo: Die Abdichtung des Vergasers muß gewährleistet sein.

Beim Druckvergaser-System erfordert der Einsatz von Ladeluftkühlern eine thermostatische Steuerung, um Kondensation bei niederen Temperaturen zu vermeiden (Längerer & Reich, R 18 Turbo).

größe des leistungsschwächeren Basis-Saugmotors, wobei jedoch die Kraftstoffseite dem höheren Kraftstoffbedarf angepaßt werden muß (Düsensystem).
Angepaßt werden muß auch das Schwimmersystem. Da das Schwimmerniveau – das ja die Gemischzusammensetzung mitbestimmt – abhängig ist vom Druck in der Schwimmerkammer und vom Kraftstoffdruck (das Schwimmerkammerventil schließt bekanntlich gegen den Kraftstoffdruck), muß der Kraftstoffdruck in Abhängigkeit vom Ladedruck angehoben werden. Dies geschieht durch ein Druckregelventil (Differenzdruckventil), das in die Kraftstoffleitung gelegt wird und vom Ladedruck beaufschlagt wird. Auch muß beachtet werden, daß die Kraftstoffpumpe in der Lage sein muß, eine höhere Kraftstoffmenge unter höherem Druck zu fördern. Mechanische Pumpen arbeiten nur bis zu einem Ladedruck von 0,6 bar

Schwer abzudichtende Druckvergaser-Batterie beim Lotus Essex Turbo.

zufriedenstellend, bei höheren Ladedrücken sind elektrische Pumpen notwendig. Das ganze Druckvergaser-System neigt stark zur Vereisung. Wirksame Ansaugluftvorwärmungen (mit thermostatischer Steuerung) sind für störungsfreien Betrieb unerläßlich. Die Verwendung von Ladeluftkühlern ist möglich, doch muß auch hier eine thermostatische Steuerung vorgesehen sein, die den Kühler bei niederen Temperaturen außer Betrieb setzt (Beispiel Renault 18 Turbo).
Die Vorteile des Druckvergaser-Systems liegen vor allem darin, daß bei nachträglicher Aufladung eines Vergasermotors der vorhandene Vergaser, das Saugsystem und unter Umständen sogar der Abgaskrümmer beibehalten werden können. Die Nachteile liegen in der schwierigen Abdichtung des gesamten Systems, wobei vor allem der Vergaser mit seinen zahlreichen Dichtstellen, Schraubanschlüssen und Schlauchanschlüssen Probleme bereitet. So müssen beispielsweise auch die pneumatischen Leitungen zum Zündverteiler – sofern vorhanden – mit Rückschlagventilen ausgerüstet werden, um Gemischaustritt zur Verteilerdose zu verhindern.

Kraftstoffdruck-Regelventil beim Maserati Biturbo zur Anpassung des Kraftstoffdrucks an den Ladedruck.

Das Umluftventil

Um die Pumpgefahr des Verdichters beim plötzlichen Lastwechsel zu vermeiden, benötigen turbogeladene Ottomotoren in manchen Fällen eine besondere Vorrichtung. Beim sogenannten *Pumpen* reißt die Strömung auf der Verdichterseite ab. Dies führt zu unerwünschten Druckspitzen, die eine gefährliche zusätzliche Belastung für den Abgasturbolader darstellen, aber auch zu Schäden an den Luftmengenmessern der Einspritzanlagen

Das Diagramm zeigt den Verlauf des Verdichterdruckes und der Turbolader-Drehzahl nach einem Schaltvorgang, also beim plötzlichen Schließen und Öffnen der Drosselklappe. Starke Druckschwingungen treten bei der Anordnung ohne Umluftventil auf (Porsche 924 Turbo).

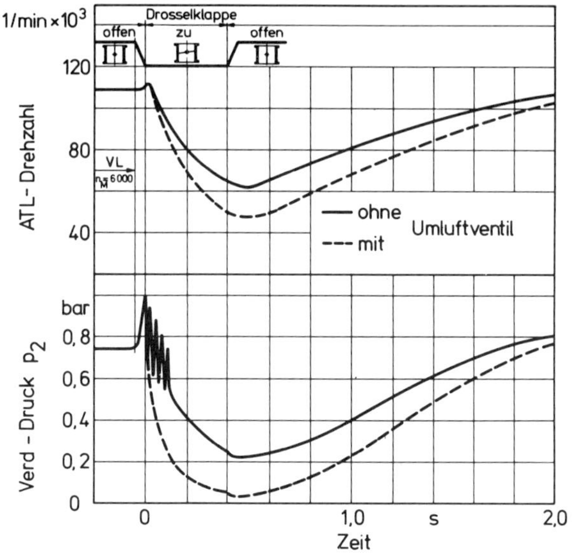

führen können. Das Pumpen kann dann auftreten, wenn bei hoher Turbolader-Drehzahl die Drosselklappe schlagartig geschlossen wird, also bei jedem Schaltvorgang oder bei anderen Lastwechseln. In diesem Fall läuft der Verdichter mit hoher Drehzahl weiter, wobei praktisch keine Fördermenge zur Verfügung steht. Dies kann in den instabilen Betriebsbereich des Verdichterkennfeldes führen und zu den bereits erwähnten Risiken.

Das Pumpen läßt sich verhindern, wenn zwischen Saug- und Druckleitung des Verdichters ein sogenanntes Umluftventil gelegt wird. Dies kann entweder außerhalb des Verdichters plaziert werden, oder, wie bei neueren Ausführungen, im Verdichtergehäuse integriert sein. Das Ventil selbst besteht beispielsweise aus einem federbelasteten Kolben, der in einer paßgenauen Bohrung die Umluftleitung normalerweise verschließt. Die Rückseite (federbelastete Seite) des Kolbens wird zudem von einer Steuerleitung beaufschlagt, die ihren Druck unmittelbar hinter der Drosselklappe abgreift. Wird die Drosselklappe geschlossen, zieht der dadurch gegen die Federkraft schlagartig entstehende hohe Unterdruck den Kolben zurück und gibt die Umluftleitung frei. Der Verdichter saugt jetzt nicht mehr aus einem Vakuum, sondern aus einer Ringleitung, in der die verbleibende Restmenge im Kreis herum gefördert wird. Die Verdichterdrehzahl sinkt dadurch schneller ab (siehe Diagramm) und das Pumpen wird vermieden.

Die Wasser-Einspritzung

Die zusätzliche Einspritzung von Wasser oder Wasser-Alkohol-Gemisch (bzw. Wasser-Methanol) ist eine seit langem bekannte Methode, um die Leistung von Verbrennungsmaschinen zu steigern oder thermische Pro-

Das Umluftventil kann in die Leitungsführung placiert oder im Turbolader (Foto) integriert werden.

bleme zu lindern. Insbesondere Flugmotoren (Turbinen- wie Kolbenmaschinen) bedienen sich dieses Hilfsmittels, um im Bedarfsfall kurzfristig höhere Leistung zu erzielen – beispielsweise zum Start in großen Höhen. Und schon im 2. Weltkrieg versuchten sich deutsche Kampfflieger in ihren Me 109 (Jagdflugzeuge von Messerschmidt) aus prekären Situationen zu retten, indem sie durch gezielte Wasser/Methanol-Einspritzung die Leistung ihres Fluggerätes vorübergehend von 1750 auf fast 2300 PS erhöhten.

Ähnlich machen es heute die Grand Prix-Fahrer. Seit 1982 wird bei Turbomotoren reines Wasser eingespritzt, um im Training oder im Rennen noch mehr Leistung zur Verfügung zu haben. Eine Wasser-Methanol-Mischung, die noch wirkungsvoller wäre, verbietet das Sportgesetz. Daß man erst so spät die leistungsfördernde Wirkung des Wassers bei Turbomotoren entdeckte, verwundert etwas, zumal schon einer der ersten Serienturbos, der Oldsmobile Jetfire, über eine Wasser-Einspritzung (mit leichter Alkohol-Beimischung) verfügte. Dort sollte sie allerdings in erster Linie die thermischen Probleme des aufgeladenen Motors eliminieren, was freilich nicht ganz gelang.

Vielleicht läßt sich der späte Einsatz der Wasser-Einspritzung damit erklären, daß diese Flüssigkeit bei allen konventionellen Überlegungen über die Verbrennung im Motor keine Rolle spielt. Wie sollte sie auch, denn schließlich ist Wasser kein Energieträger im eigentlichen Sinne, noch läßt sich sein Sauerstoffgehalt (chemische Formel Wasser = H_2O) abspalten und somit nutzbringend anwenden. Was also macht das Wasser im Brennraum des aufgeladenen Motors? Es macht das, was es bei fast allen anderen Verbrennungsmotoren – mit Ausnahme der luftgekühlten – außerhalb der Brennräume auch macht – es kühlt.

In der Tat ist der *zusätzliche Kühleffekt,* den die Verdampfungswärme des eingespritzten Wassers verursacht, der eigentliche Gag der Wassereinspritzung. Durch diese zusätzliche innere Kühlung wird die thermodynamische Barriere hochbelasteter Motoren, nämlich die Klopfgrenze, abgesenkt. Die geringere Klopfempfindlichkeit gestattet wiederum zwei bekannte leistungsfördernde Maßnahmen, die sich alternativ oder kumulativ anwenden lassen: Höheren Ladedruck oder mehr Vorzündung oder beides zusammen. Eine höhere Basis-Verdichtung ist theoretisch auch denkbar, wenn eine permanente Wassereinspritzung erfolgt. Auch ein besseres Ansprechen der Turbine in der Teillast ist wegen des höheren Massenstromes durch den zusätzlichen Wasserdampf erklärlich.
Wassereinspritzung kann also einmal zur Leistungssteigerung herangezogen werden, was bei Rennmotoren in erster Linie geschieht. Gleichzeitig kann sie die Standfestigkeit des Motors erhöhen. Zum anderen kann die Wassereinspritzung bei Serienmotoren dazu benutzt werden, den Kraftstoffverbrauch zu reduzieren. Eine solche Entwicklung ist zwar absehbar, aber noch nicht in Serie. Die Firma Saab lieferte für ihre Turbo-Modelle einen Kit. Auch in USA und England gibt es Kits zum nachträglichen Einbau einer Wassereinspritzung, deren Anwendung freilich nicht immer den erwünschten Erfolg bringt, zumal die Ansichten darüber, wieviel Wasser wo eingespritzt werden soll, selbst in einschlägigen Kreisen durchaus noch weit auseinander gehen. Dies ist auch kein Wunder, denn einmal gibt es mehrere Möglichkeiten, und zum anderen steht die Wassereinspritzung bei aufgeladenen Personenwagenmotoren erst am Anfang ihrer Entwicklung.
Die einfachste Methode, das Wasser dem Gemisch zuzuführen, ist die Einspritzung direkt vor dem Verdichter (Oldsmobile Jetfire). Im Verdichter wird die Luft bekanntlich stark erhitzt, so daß das zugeführte Wasser verdampft und gut vermischt wird. Ein Vorteil dieser Anordnung besteht

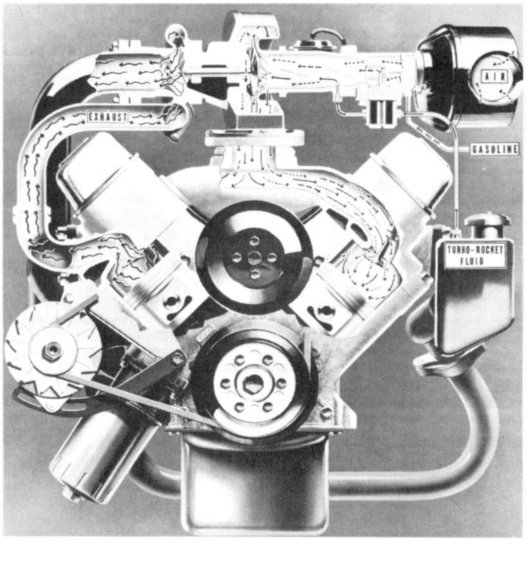

Schon einer der ersten Turbomotoren (Oldsmobile 1963 Jetfire) hatte eine zusätzliche Flüssigkeits-Einspritzung. Die »Turbo-Rocket Fluid« war ein Gemisch aus Wasser und Alkohol.

außerdem darin, daß das Wasser in nahezu atmosphärischen Bedingungen eingespritzt wird, so daß der Ladedruck – zum Beispiel in Form eines vom Ladedruck beaufschlagten Wasserbehälters – zur Förderung ausreicht. Ein Nachteil dieser Anordnung ist, daß kein Ladeluftkühler verwendet werden kann, da dort durch Kondensation das Wasser wieder abgeschieden würde. Diese Form der Wassereinspritzung bietet sich also nur für aufgeladene Motoren mit nicht zu hoher Literleistung an. Die Dosierung der Wassermenge erfolgt einfach über eine entsprechend kalibrierte Bohrung am Eintritt, deren Durchmesser im Versuch festgelegt werden muß und ein ladedruckabhängiges Ventil.
Bei aufgeladenen Hochleistungsmotoren muß das Wasser nach dem Ladeluftkühler eingebracht werden. Hierzu ist in jedem Fall der jeweilige Ladedruck zu überwinden. Dabei gibt es zwei Möglichkeiten, das Wasser in den Brennraum zu bringen. Einmal über separate Düsen unmittelbar vor den Einlaßventilen und eine separate Pumpe in den Einlaßtrakt, oder in Form einer Kraftstoff-Wasser-Emulsion. Im letzteren Fall wird das Wasser vor der Kraftstoff-Einspritzpumpe dem Benzin dosiert zugemischt und über die Kraftstoff-Einspritzdüsen in den Brennraum gefördert. Bei dieser Methode darf allerdings der Wasseranteil nicht zu hoch sein, um die Spritzmengen-Differenzen bei nicht permanenter Wasser-Einspritzung nicht zu groß werden zu lassen.
Wird das Wasser nach dem Ladeluftkühler eingebracht, so verdampft es in der Regel erst im Brennraum des Motors. Im Prinzip ist dies kein Nachteil, denn die Wärmebilanz ist bei beiden Methoden der Wassereinspritzung im Prinzip die gleiche.
Wie diese Wärmebilanz – also der Kühleffekt – letztendlich aussieht, hängt natürlich weitgehend von der zugeführten Wassermenge ab. Auch hier gehen die Ansichten sehr weit auseinander und reichen von 3 bis 300 Prozent, bezogen auf die Kraftstoffmenge. Fest steht freilich, daß zuviel Wasser die Leistung wiederum reduziert. Hinzu kommt, daß die mitzuführende Wassermenge gerade bei Rennfahrzeugen einen Gewichtsnachteil mit sich bringt, der eine bedeutende Rolle spielt, von den eingeschränkten Platzverhältnissen zur Unterbringung des Wassertanks gar nicht zu reden.
Obwohl exakte Werte nicht mitgeteilt werden, scheint eine leistungs- bzw. ladedruckabhängige Wasser-Einspritzung zwischen 5 und 15 Prozent – bezogen auf die Kraftstoffmenge – in der Formel 1 das Optimum darzustellen. Dieses Mischungsverhältnis ergibt noch ausreichend kleine Wassertanks (ca. 15 bis 30 Liter) und läßt die Förderung zusammen mit dem Kraftstoff im Prinzip zu. Das ganze System wiegt dann etwa 18 bis 35 kg, was noch vertretbar erscheint.

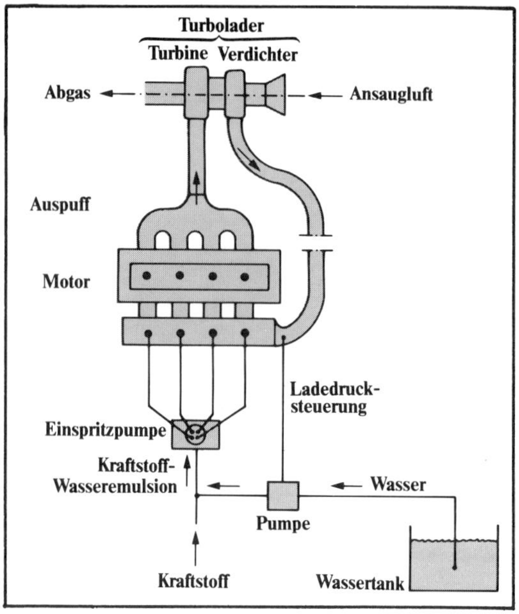

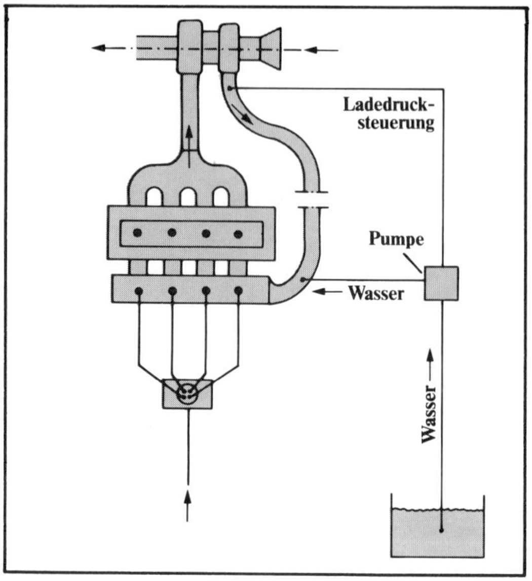

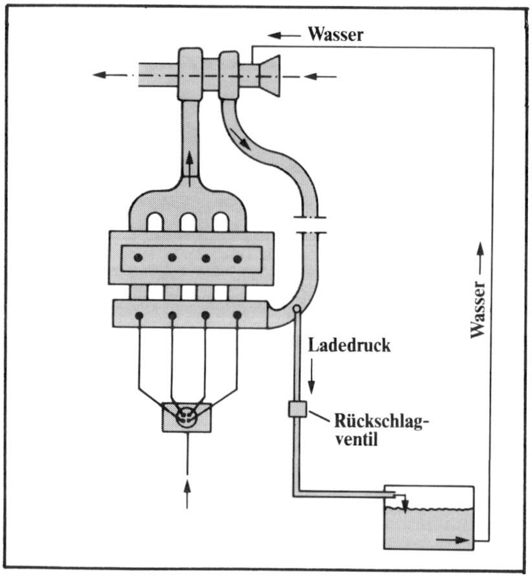

Verschiedene Möglichkeiten der Wassereinspritzung schematisch dargestellt: Wasserbeimischung zum Kraftstoff (oben links), Wassereinspritzung nach dem Verdichter (oben rechts), Wassereinspritzung vor dem Verdichter (unten).

Ebenso wie beim Mischungsverhältnis herrscht eine gewisse Unklarheit über die mögliche Leistungssteigerung durch Wasser-Einspritzung. Bei Formel 1-Motoren ist von ca. 5 bis 10 Prozent die Rede. Sie werden in der Regel durch erhöhten Ladedruck erzielt, wobei die untere Grenze eher für den Dauerbetrieb geeignet erscheint als die obere. Eine Möglichkeit zur Regulierung des Ladedrucks (per Handrad) sollte bei Wasser-Einspritzung, auch wenn sie permanent betrieben wird, gegeben sein.

Der Turbolader im Detail

WICHTIGE KONSTRUKTIONSMERKMALE MODERNER ABGAS-TURBOLADER

Niemand wird auf die Idee kommen, einen Abgas-Turbolader selbst bauen zu wollen. Dennoch erscheint es im Rahmen dieses Buches sinnvoll, auf einige wesentliche Konstruktionsmerkmale von Abgas-Turboladern einzugehen – einmal um die grundsätzlichen Kenntnisse über diese Strömungsmaschine zu vertiefen, zum anderen um Betriebsverhalten und Fehler im Betriebsverhalten (Laderschäden) leichter verständlich zu machen. Denn trotz seines relativ einfachen Funktionsprinzips ist der Abgas-Turbolader ein hochkompliziertes und äußerst präzises Aggregat, dessen Herstellung ein hohes Maß an Know-how in Konstruktion und Fertigung erfordert.

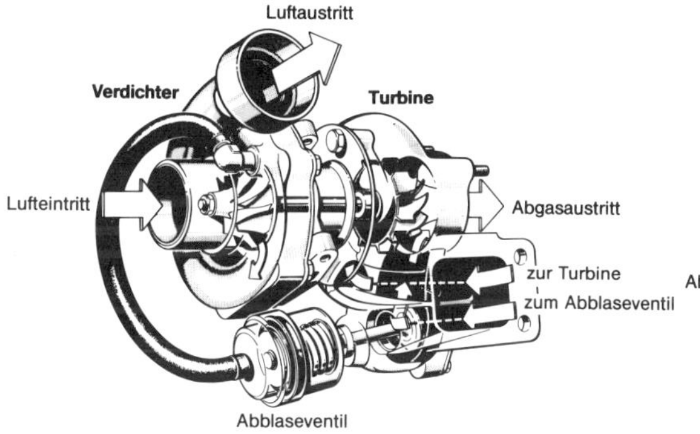

Luft- und Abgasführung im Turbolader mit integriertem Ladedruck-Regelventil.

Man darf in diesem Zusammenhang sicher sein, daß jene Turbolader-Hersteller die meiste Erfahrung haben und die fortschrittlichsten Lösungen präsentieren, die in enger Zusammenarbeit mit den Automobil-Produzenten Abgas-Turbolader für europäische Serienmotoren entwickeln und liefern. Denn nirgendwo sind die Anforderungen an Serienfahrzeuge höher als in Europa (speziell in Deutschland), und nirgendwo werden Qualitätskontrollen härter gehandhabt. Zwei Firmen haben sich auf diesem besonders schwierigen Terrain bisher durchgesetzt: Der Amerikanische Turbolader-Hersteller Garrett AiResearch und der deutsche Turbolader-Hersteller Kühnle, Kopp und Kausch (KKK). Letzterer ist vor allem auch bei Hochleistungs-Fahrzeugen vertreten (Porsche, Audi, BMW) und beflügelt auch die Renn-Motoren von BMW, Ferrari, Porsche und Renault. Aus diesem Grund soll moderne Turbolader-Technik auch am Beispiel von KKK-Geräten der für Personenwagen vorgesehenen Baureihe K erläutert werden.

GRUNDSÄTZLICHER AUFBAU

Abgas-Turbolader bestehen gewöhnlich aus vier Baugruppen: Dem Laufzeug, dem Lagergehäuse, dem Turbinengehäuse und dem Verdichtergehäuse. Die innere Gestaltung (Form) der Turbinen- und Verdichtergehäuse geschieht nach strömungstechnischen Gesichtspunkten, die hier nicht näher erläutert werden sollen. Gleiches gilt für die Formgebung und Beschaufelung der Laufräder von Abgasturbine und Verdichter. Zum bes-

Verdichterräder mit rückwärts gekrümmten Schaufeln (rechts im Bild) haben einen besseren Wirkungsgrad als solche mit radial endenden Schaufeln (links).

seren Verständnis sei aber noch einmal an die Energie-Umsetzung im Abgas-Turbolader erinnert: Die heißen Abgase treten *radial* in das Turbinengehäuse ein, werden dort im Turbinenrad unter Abgabe von Energie um 90 Grad umgelenkt und verlassen *axial* das Turbinengehäuse. Die an das Turbinenrad abgegebene Energie treibt das auf der gleichen Welle sitzende Verdichterrad an. Die zu verdichtende Luft strömt *axial* in das Verdichtergehäuse, wird unter Aufnahme von Energie (Druck- und Temperaturerhöhung) im Verdichterrad um 90 Grad umgelenkt und verläßt das Verdichtergehäuse *radial.* Entsprechend der Strömungsrichtung handelt es sich also bei üblichen Turboladern um eine Koppelung von einstufigen *Radial-Verdichtern* mit einstufigen *Zentripetal-Turbinen.* Auf Leiteinrichtungen wird bei Personenwagen-Turboladern (vorläufig noch) wegen des einfacheren Aufbaus und der geringeren Störanfälligkeit verzichtet, obwohl sich damit Ansprechverhalten und Wirkungsgrad verbessern ließen.

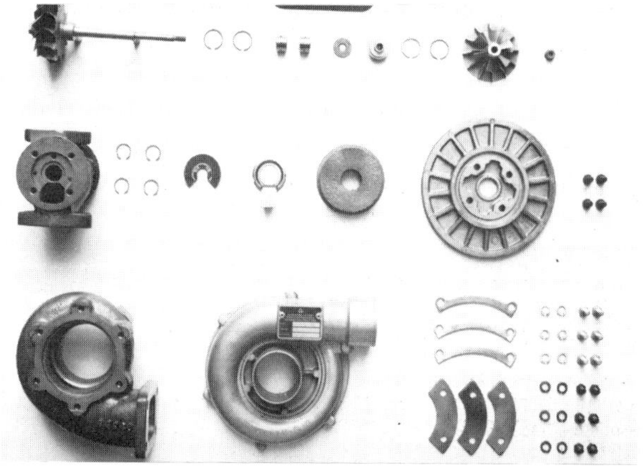

Einzelteile eines KKK Turboladers (K 26).

Moderne Turbolader besitzen Verdichterräder mit rückwärts gekrümmten Schaufeln, die den Wirkungsgrad verbessern und den Betriebsbereich erweitern (siehe Abb.).

DAS LAUFZEUG

Wesentliches Kennzeichen fast aller Strömungsmaschinen sind das kompakte Format und das geringe Gewicht je Leistungseinheit. Es resultiert aus der im Vergleich zu anderen Wärmekraftmaschinen wesentlich höheren Arbeitsdrehzahl. Der Abgas-Turbolader macht hier natürlich keine Ausnahme. Im Gegenteil: Je kleiner und leistungsfähiger er wurde, umso höher stieg sein Drehzahlniveau. Kleine Turbolader erreichen Höchstdreh-

Laufzeug eines KKK-Turboladers mit rückwärts gerkümmten Verdichter-Schaufeln.

zahlen von 150 000 min^{-1} und darüber, mittlere Einheiten lassen ihr Laufzeug immer noch mit über 100 000 Umdrehungen pro Minute rotieren. Bestimmt wird die maximale zulässige Betriebsdrehzahl in erster Linie von der Umfangsgeschwindigkeit am Turbinenrad, die 400 m/s (ca. 1500 km/h) nicht überschreiten sollte.
Angesichts derart hoher Drehzahlen wird verständlich, daß an die Fertigung und die Montage des Laufzeugs im Turbolader (Lagerung) höchste

Turbinenrad und Welle werden im Reinschweißverfahren verbunden.

Anforderungen zu stellen sind. So wird das aus einer hochwarmfesten Nickel-Legierung bestehende Turbinenrad im Feingußverfahren mit minimalen Toleranzen hergestellt. Die aus Vergütungsstahl bestehende Welle, deren gehärtete Lagerstellen feingeschliffen sind, wird mit dem Turbinenrad im Reibschweißverfahren verbunden. Dieses Verfahren ist nicht nur äußerst präzise, es ermöglicht auch dank der ringförmigen Verschweißung eine unbedingt vorteilhafte Drosselung des Wärmeflusses vom Turbinenrad zur Welle. Das miteinander fest verbundene Bauteil (Turbinenrad und Welle) wird als *Läufer* bezeichnet.
Ebenfalls im Feingußverfahren wird das Verdichterrad hergestellt, allerdings aus einer Aluminiumlegierung, da es ja wesentlich kühler läuft als die Turbine. Es wird zusammen mit der Dichtungsbuchse, den Lagerbunden und der Büchse auf der Welle mit einer Mutter verspannt. Der Läufer und das Verdichterrad werden einzeln, dynamisch, hochpräzise ausgewuchtet. Zur Turbinen- und Verdichterseite hin sind Kolbenringe angeordnet (siehe auch Schnittbild), die den Ölraum des Lagergehäuses gegen die Gasräume abdichten. Bei thermisch hochbelasteten Turboladern sind diese Kolbenringe aus einer eisenfreien Nickel-Legierung, um ihre Spannkraft auch bei höchsten Temperaturen über die Lebensdauer zu erhalten. Komplett montiert bezeichnet man Läufer und Verdichterrad als *Laufzeug.*

DAS LAGERGEHÄUSE

Die Lagerung des hochdrehenden Laufzeugs ist eines der Hauptprobleme thermisch hochbelasteter Turbolader. Sie erfolgt bei KKK-Ladern in einem aus Grauguß bestehenden Lagergehäuse mit Hilfe von zwei Gleitlagern. Die früher benutzte Lösung mit Wälzlagern (Kugellagern) war aufwendig und brachte nicht die heute geforderten Standzeiten. Allerdings ist die Gleitlagerung in Turboladern alles andere als eine einfache Sache. Im Lagergehäuse schwimmende Büchsen aus Bleibronze oder Kupfer-Zink-Bronze (für höhere Temperaturbelastungen) drehen sich mit etwa 20 bis 30 Prozent der Läuferdrehzahl. Der doppelte Schmierspalt und die dadurch bedingten beiden ringförmigen Ölfilme bilden ein Feder-Dämpfersystem, das den Dauerbetrieb des Läufers in seinen biegekritischen Drehzahlen erst ermöglicht. Axial ist das Laufzeug auf der kalten Seite (Verdichterseite) über ein Vielkeil-Flächenlager fixiert. Dieses Lager ist nicht sehr hoch beansprucht, da der Axialschub von Turbine und Verdichter entgegengesetzt wirken und sich fast aufheben. Die in Richtung Verdichter wirkende Restkomponente wird vom Axiallager aufgenommen. Die

Pos.	Teilbenennung
1	Lagergehäuse
2	Sicherungsring
3	Lagerbuchse
5	Läufer
6	Kolbenringe
8	Lagerbund
9	Buchse
10	Axiallagerscheibe
11	Dichtbuchse
13	Ölabweiser
17	Rückwand
18	Zylinderschraube
20	Verdichterrad
21	Wellenmutter
22	Verdichtergehäuse
23	Spannsegment-Verdichterseite Federring
24	Sechskantschraube
25	Turbinengehäuse
27	Sechskantschraube Sechskantmutter
28	Spannsegment-Turbinenseite Federring
29	Typenschild
30	Blindniet
31	Hitzeschild
34	O-Ring

BAUREIHE K 2

Turbinengehäuse einflutig

5326 011 3001

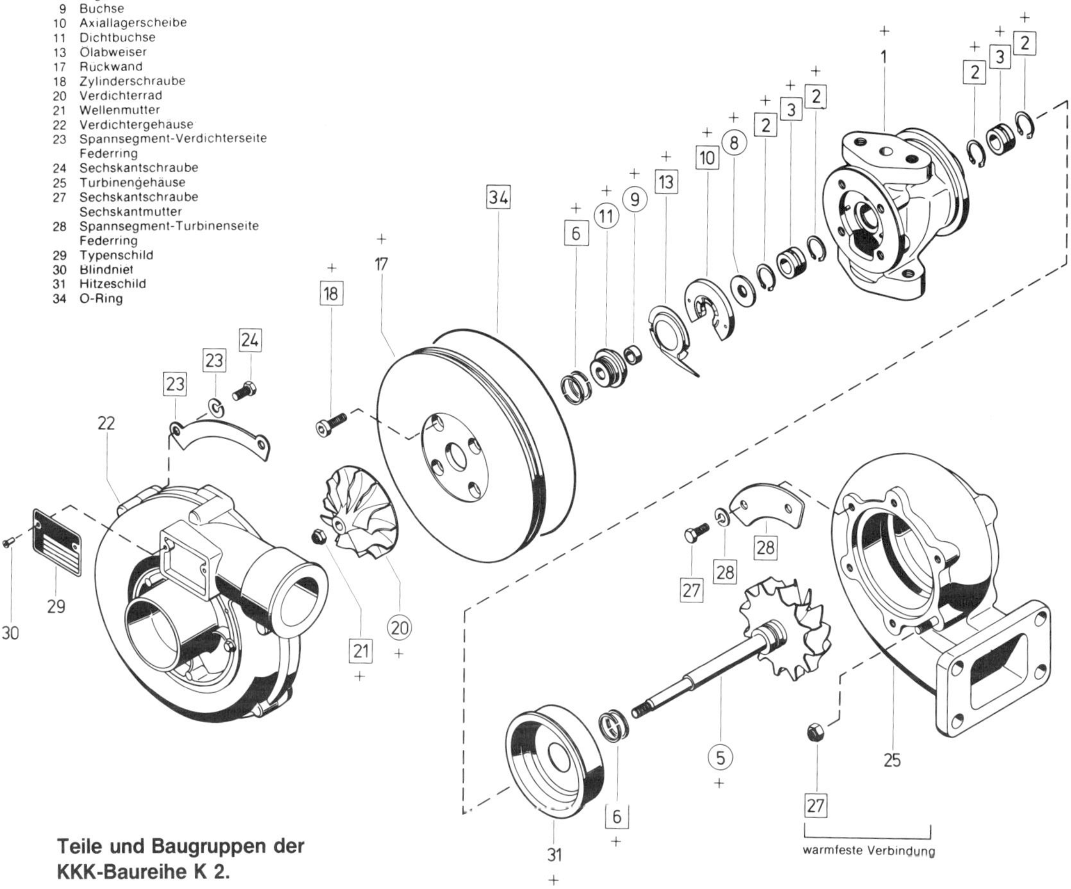

Teile und Baugruppen der KKK-Baureihe K 2.

Schmierung der Lager erfolgt über den Ölkreislauf des Motors. Das Lagergehäuse, das Laufzeug und die Lager bilden die sogenannte *Rumpfgruppe* des Abgas-Turboladers.

TURBINEN- UND VERDICHTERGEHÄUSE

An die Rumpfgruppe werden Turbinen- und Verdichtergehäuse mit Schraub-Klemmverbindungen befestigt. Sie erlauben die stufenlose Einstellung verschiedener Winkelstellungen zwischen Turbinen-Einlaßstutzen und Verdichter-Auslaßstutzen, was die jeweils motorspezifische notwendige Anordnung erleichtert. Die Dimensionierung des Turbinengehäuses

Öleintritt, Ölaustritt und Ölkanäle im Turbolader sind gut zu erkennen.

(Wandstärken) wird nicht von den im Betrieb auftretenden Belastungen bestimmt, sondern von der Berstsicherheit, die im Falle eines zerbrechenden Turbinenrades (infolge Fremdkörper-Einwirkung zum Beispiel) gewährleistet sein muß. Das Gehäuse selbst besteht aus hochfestem Kugelgraphitguß, der je nach der gewünschten Warmfestigkeit mehr oder weniger stark mit Nickel (bis zu 35 %) und anderen hochwertigen Materialien (Molybden, Chrom, Silizium) veredelt wird.
Das thermisch wesentlich geringer beanspruchte Verdichtergehäuse erfordert keinen so hohen Materialaufwand. Es besteht in der Regel aus einer Aluminium-Legierung, die je nach Stückzahl im Sandguß- oder Druckgußverfahren hergestellt wird. Gleiches gilt für die vom Gehäuse getrennte Verdichter-Rückwand.

DIE ÖLVERSORGUNG

Der Turbolader muß in erster Linie wegen der Schmierung der Gleitlager mit Öl versorgt werden. Andererseits fallen dem Öl auch Kühlaufgaben zu. Aus diesem Grund ist das Lagergehäuse mit einem Ölzulauf- und Ölablaufstutzen versehen, über die der Turbolader an den Ölkreislauf des Motors angeschlossen wird. Der Öldurchsatz durch einen Pkw-Turbolader bewegt sich je nach Größe zwischen 1 und 3 Liter pro Minute (siehe Diagramm). Der Ölzulauf wird zweckmäßigerweise direkt am Hauptölkanal abgezweigt, so daß der Turbolader als erster Verbraucher nach dem Start möglichst rasch mit Öldruck versorgt wird. Kanäle und gezielte Bohrungen verteilen das Öl zu den Lagern und zu den durch Spritzöl zu kühlenden

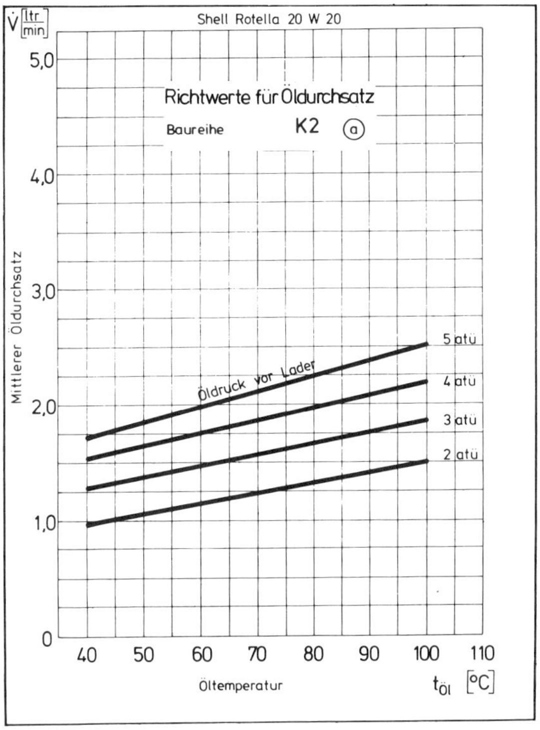

Im Diagramm sind Richtwerte für den Öldurchsatz beim KKK-Lader der K 2-Baureihe dargestellt. Die durchgesetzte Ölmenge ist abhängig von Temperatur und Druck.

Flächen. Wegen der sehr geringen Lagerspaltbreite (ca. 50 bis 120 μ*) darf keinerlei Schmutz im Öl sein. Ein Hauptstrom-Feinfilter ist also für Turbomotoren unerläßlich.

Ebenso wichtig ist die Verwendung hochwertigen Öls, das der Temperaturbelastung im Turbolader gewachsen ist. Im Betrieb beträgt die Ölaufheizung im Turbolader etwa 10 bis 20 Grad, so daß fast alle höher belastete Turbomotoren einen Ölkühler benutzen. Ein größeres Problem stellt freilich das sogenannte *Nachheizen* beim Abstellen des Motors nach hoher Belastung dar. Da die an den Motorölkreislauf gekoppelte Kühlung und Schmierung des Laders dann unterbrochen wird, heizen sich das Lagergehäuse, die Welle und die Lagerstellen infolge Stauwärme sehr stark auf. Durch lokal überhöhte Temperaturen kann sich das Öl zersetzen und an besonders exponierten Stellen (z. B. die turbinenseitige Lagerung) Ölkohle bilden. Letzteres führt zu raschem Verschleiß an den betroffenen Gleitflächen. Es ist also alles zu tun, um die Temperaturbelastung des Öls abzubauen, wozu motorseitige Maßnahmen, wie eine konsequente Ölkühlung ebenso zählen wie Maßnahmen der Wärmeentkoppelung am Turbolader selbst.

*) μ = 1/1000 mm

DIE WÄRME-ENTKOPPELUNG

Das im Vollast-Betrieb bei Otto-Motoren rotglühende Turbinengehäuse ist der größte Hitzespeicher des Turboladers. Es gilt also schon bei der Konstruktion darauf zu achten, den Wärmefluß von dort zum Lagergehäuse möglichst einzuschränken und zu behindern. Insbesondere die Entwicklung hochbelasteter Ottomotoren deutscher Hersteller hat hier zu interessanten konstruktiven Lösungen geführt, die bei KKK unter dem Sammelbegriff *wärmeentkoppelter Lader* Eingang in die Serie gefunden haben.
Die thermische Entkoppelung des Turbinengehäuses geschieht hier in erster Linie durch eine Minimierung der wärmeübertragenden Flächen. So ist das Turbinengehäuse am wärmeentkoppelten KKK-Turbolader nicht mehr am ganzen Umfang, sondern nur noch an drei schmalen Flächen mit dem Lagergehäuse zentriert verbunden. Um die dann immer noch übertragbare Wärme möglichst von den kritischen Lagerstellen fernzuhalten, wird auch die turbinenseitige Lagerung an die kalte Seite (Verdichterseite) des Turboladers angebunden. Dies geschieht gußtechnisch durch Hohlräume und Aussparungen, die den Weg für die Wärme möglichst lang, den Querschnitt für die Wärmeübertragung möglichst gering werden lassen.
Die von der Turbine direkt auf die Welle übertragene Wärmemenge wird, wie bereits erwähnt, durch das spezielle Reibschweißverfahren mit ringför-

Beim wärmeentkoppelten Lader sind die wärmeübertragenden Flächen minimiert, die turbinenseitigen Lagerung der Welle ist an der kühleren Verdichterseite angebunden. Ein Abschirmblech hinter dem Turbinenrad soll die Wärme fernhalten.

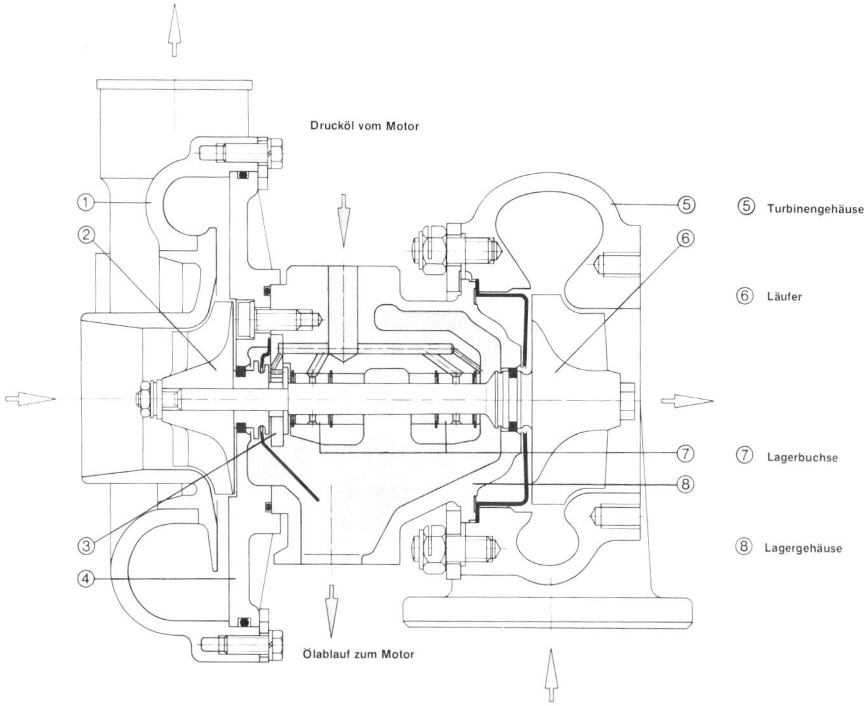

migem Materialverbund reduziert. Zusätzlich zu dieser Wärmedrossel wird noch ein Hitzeschild aus Stahlblech zwischen Turbine und Lagergehäuse geklemmt (siehe Schnittbild).
Natürlich sollte auch bei der Plazierung des Turboladers im Motorraum auf Kühlmöglichkeiten (Belüftung) geachtet werden. Einige Hersteller (z. B. BMW) haben eine elektrische Zwangskühlung vorgesehen, die sich nach dem Abstellen des Motors selbsttätig einschaltet und einige Minuten läuft, um die Stauwärme abzuleiten.

Das Ladedruck-Regelventil

Über die Funktion des Ladedruck-Regelventils (auch waste-gate oder Bypaß-Ventil genannt) wurde bereits an anderer Stelle berichtet (siehe Seite 65). Hier geht es um konstruktive Einzelheiten, die vor allem im Hinblick auf die Wärmebelastung und die Gewährleistung der Betriebssicherheit getroffen werden. Das Ladedruck-Regelventil (LRV) ist nahezu ebenso hohen thermischen Belastungen ausgesetzt wie das Turbinengehäuse. Aus diesem Grund wird auch das mit Kühlrippen versehene Gehäuse des LRV aus dem gleichen hochwertigen Material gefertigt.
Bei hochbelasteten Ottomotoren wird das Ladedruck-Regelventil (ebenso wie bei Wettbewerbsmotoren) aus thermischen Gründen separat vom Turbolader angeordnet. Die separate Anordnung (stromabwärts in Abgasrichtung) hat den Vorteil geringerer Abgaswärme und bietet zudem die Möglichkeit, das hochbeanspruchte Bauteil an einem besser gekühlten Ort im Motorraum zu plazieren. Ein weiterer Vorteil des separaten LRV ist die

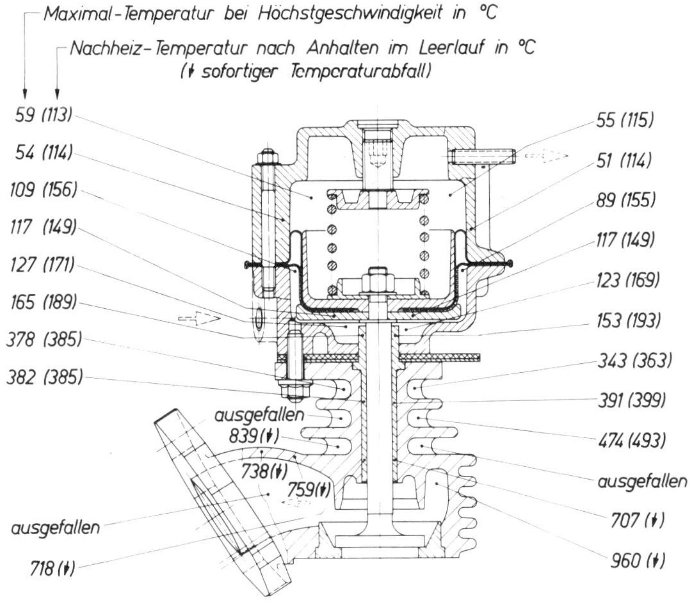

Gemessene Temperaturen bei einem Ladedruck-Regelventil (Audi): Die Nachheiz-Temperaturen sind deutlich höher als im Vollastbetrieb. Gleiches gilt für den Turbolader selbst.

Hochwertiges Material, Kühlrippen und Abschiermbleche schützen das Ladedruck-Regelventil vor Überhitzung.

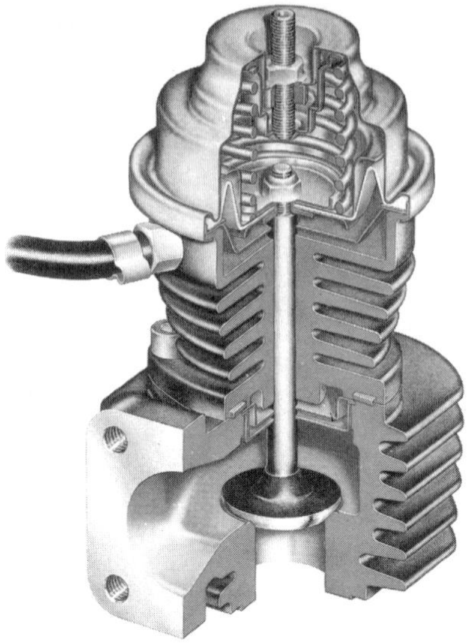

ungestörte Anströmung der Turbine. Das vom Turbolader getrennte Ladedruck-Regelventil wird häufig von den Fahrzeugherstellern nach spezifischen Anforderungen des jeweiligen Motors hergestellt. Es gibt daher eine ganze Reihe verschiedener Konstruktionen. Die in erster Linie mit Tuning befaßte Firma Franz Albert in Wörgl (Tirol) hat für ihre zahlreichen Turbo-Kits ein universell einsetzbares, wassergekühltes Ladedruck-Regelventil entwickelt. Es wird an den Kühlkreislauf des Motors angeschlossen und so weitgehend vor Überhitzung geschützt.
Aus Gründen der Vereinfachung streben die Hersteller jedoch das im Turbolader integrierte Regelventil an. Es wird grundsätzlich bei turbogeladenen Dieselmotoren eingesetzt, aber auch bei Otto-Turbomotoren, die thermisch nicht so hoch belastet sind (z. B. Saab Turbo). Hier gibt es zwei grundsätzlich verschiedene Konstruktionen. Das von Garrett AiResearch bevorzugte Klappenventil ist einfach und funktionssicher, hat sich aber wegen der nicht hundertprozentigen Gasdichtheit und wegen seiner Öffnungscharakteristik bei anspruchsvollen Herstellern nicht durchgesetzt. Hier dominiert die Hubventil-Lösung, die von KKK ausschließlich, von Garrett in Sonderfällen angewendet wird.
Dabei ist die KKK-Lösung vorteilhaft, bei der das Ventil von der Membran angehoben wird. Der Steuerdruck (kalt) liegt in diesem Fall am oberen Ende des Ventilschafts an, der Abgasdruck (heiß) am unteren Ende. Das Druckgefälle führt demnach zu einem Leckstrom in der Ventilführung von kalt in Richtung heiß, was auch für die Lebensdauer der Membran, die außerdem noch durch ein Schutzschild abgeschirmt ist, von Vorteil ist (siehe Schnittbild). Bei Garrett ist die Anordnung umgekehrt; das Ventil wird nicht angehoben, sondern aufgedrückt, der Leckstrom läuft von der Abgasseite (heiß) zum oberen Ventilschaft und erwärmt diesen zusätzlich.

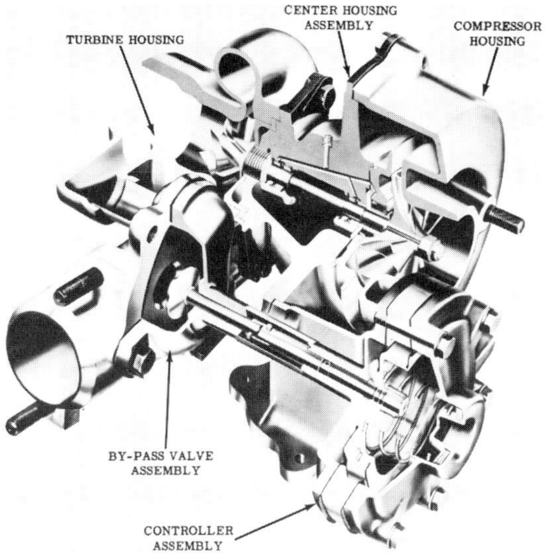

Schon der Turbolader des ersten aufgeladenen Personenwagenmotors (Chevrolet Corvair) hatte ein integriertes Ladedruck-Regelventil.

Auch bei separater Anordnung müssen bei hochbelasteten Motoren Ventilschaft und Ventilführung aus hochwertigem Material bestehen. Welche Temperaturen am Ladedruck-Regelventil im Betrieb und nach dem Abstellen des Motors (Nachheizen) auftreten können, zeigen Messungen, die Audi an einem 200 Turbo vorgenommen hat (siehe Abbildung S. 133).

Worauf im Betrieb zu achten ist

Wie die Turbolader-Hersteller immer wieder versichern, sollen ihre Produkte mindestens ebenso lange halten, wie der Motor selbst, an dem sie für erhöhte Leistung sorgen. Diese Lebensdauer-Zuversicht wurde vor allem in den Anfangszeiten der Turbo-Entwicklung durch zahlreiche, vorzeitige Laderausfälle in Frage gestellt. Analysen der defekten Turbolader ergaben jedoch, daß die meisten Schadensursachen bei sachgerechter Behandlung vermeidbar gewesen wären. Laut KKK werden 90 Prozent aller Turboladerschäden durch folgende Ursachen hervorgerufen:

- Eindringende Fremdkörper auf der Turbinen- oder Verdichterseite
- Schmutzpartikel im Schmieröl
- Mangelhafte Ölversorgung (Öldruck/Filteranlage)
- Zu hohe Abgastemperaturen infolge falsch eingestellter Zündanlagen oder Gemischbildner

In der Tat läßt sich ein großer Teil dieser Störquellen durch sorgfältigen Umgang mit einem Turbomotor vermeiden. Dabei benötigt der Turbolader selbst keine besondere Pflege oder Wartung, es ist aber unbedingt not-

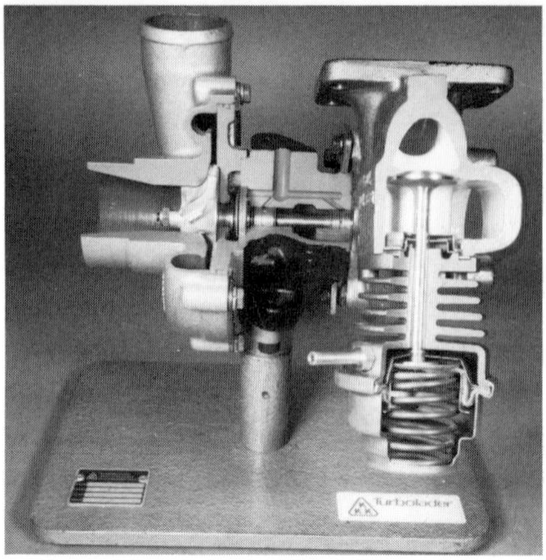

Moderner Turbolader mit Ladedruck-Regelventil im Turbinengehäuse (KKK K 26).

wendig, die motorseitig vorgeschriebenen Wartungsintervalle korrekt einzuhalten. Für die Arbeitsbedingungen des Turboladers wirkt sich besonders positiv aus, wenn die folgenden Wartungspunkte penibel beachtet werden:

- Motorölwechsel
- Ölfilterwechsel
- Kontrolle des Öldrucks
- Reinigung der Luftfilteranlage (Luftfilterwechsel)
- Kontrolle des Zündzeitpunktes

Bei allen Wartungsarbeiten muß peinlich darauf geachtet werden, daß keine Fremdkörper (z. B. über das Luftfiltersystem) in den Turbolader eindringen können.

Aber auch durch vernünftigen Fahrbetrieb läßt sich die Lebensdauer des Turboladers positiv beeinflussen, wobei keine Einschränkungen hinsichtlich der Leistungsausbeute verlangt werden. So hat sich als vorteilhaft erwiesen,

- den Motor nach dem Anlassen nur gering zu belasten, bis die Schmierung des Turboladers sichergestellt ist, und
- nach dem Vollastbetrieb den Motor nicht sofort abzustellen, sondern mit geringer Last oder im Leerlauf weiter zu betreiben.

Letzteres reduziert den Wärmestau und verhindert die Bildung von Ölkohle. Als Öl sollten ohnehin nur Produkte höchster Qualitätsstufe (für Otto-Motoren gemäß API-Klassifikation SF) gewählt werden, die von den Motorherstellern freigegeben sind oder anderweitig empfohlen werden. Spezielle Öle für Turbo-Diesel sind im Angebot, da hier die oberste Qualitätsstufe (API:CD) oft nicht ausreicht.

Treten trotz aller Vorsichtsmaßnahmen Schäden auf, so äußern diese sich (von Zerstörungsschäden durch Fremdkörper abgesehen) in der Regel durch mehr oder weniger starken Ölrauch (Blaurauch) aus dem Auspuff. Er ist ein Indiz für Ölundichtigkeit innerhalb des Laders. Doch bevor der Lader gewechselt wird, sollten auch andere Störquellen am Motor selbst untersucht werden, die unter Umständen die gleiche Auswirkung haben.

Der Turbo im Rennsport

DER MOTORSPORT ALS WEGBEREITER EINER TECHNOLOGIE

Die Karriere des Turboladers im Rennsport paßt zur Charakteristik, die einem Turbomotor nachgesagt wird: Zunächst passierte lange nichts, und anschließend kam der große Bumms.

Daß lange nichts geschah, lag nicht zuletzt an einem Umstand, den die Motorsport-Regelmacher dem Turbomotor ladehemmend mit auf den Weg gegeben hatten: Egal in welcher Renn-Kategorie ein aufgeladenes Aggregat auch auftauchte, es mußte stets ein Handicap gegenüber der Saugmotor-Konkurrenz ertragen. Die einzige Ausnahme dieser Regel war die kanadisch-amerikanische Sportwagen-Meisterschaft (CanAm),, wo Turbo-Triebwerke zunächst ohne Hemmschuh rennen durften. Die erste Folge: Turbo-Rennwagen von Porsche gewannen Anfang der siebziger Jahre, was es in der CanAm zu gewinnen gab. Die Folge zwei: Ein neues Reglement limitierte die Tankkapazität, die mittlerweile über 1200 PS starken Porsche-Ungetüme waren damit out of race, weil sie weit mehr Sprit konsumierten als die Saugmotor-Rivalen.

Um CanAm-ähnlichen Auswüchsen vorzubeugen, stellte man dem Turbolader in der Formel 1 schon von vorneherein ein Bein: Ein Turbo-Aggregat muß mit der Hälfte des Hubraums von Saugmotoren (Handicapfaktor 2,0) auskommen, also 1,5 Liter statt drei Liter. Daß der Handicapfaktor den Turbo-Siegeszug dennoch nicht stoppen konnte, weiß man heute. Damals, bei Abfassung des Reglements, hätte man es niemals für möglich gehalten, daß ein solcher Hubraum-Winzling einmal in der Lage sein könnte, rund 700 PS zu produzieren. In sämtlichen anderen Rennklassen wurde der Turbo mit dem milderen Handicapfaktor 1,4 belegt, ein Turbo-Rennmobil in der Zweiliter-Klasse durfte also beispielsweise nur 1427 Kubikzentimeter haben. Für die Formel 2 und die Formel 3 wurden Turbolader grundsätzlich verboten.

Erster Einsatz des Turbo im Motorsport: Offenhauser-Motor für Indianapolis.

Chronik der Turbomotoren im Motorsport

1966	Erster Turbo-Einsatz in Indianapolis beim 500 Meilen-Rennen
1969	Einsätze von BMW mit dem Typ 2002 in der Tourenwagen-Europameisterschaft
1972/73	Porsche-Siegeszug mit dem 917-Turbo bei der CanAm-Meisterschaft in Amerika
1976	Siegesserie von Porsche 934 in der Deutschen Rennsportmeisterschaft, Porsche 935 und Porsche 936 in der Marken- und Sportwagen-Weltmeisterschaft.
1977	Erster Turbo-Einsatz in der Formel 1, Renault beim GP England. Erster Turbo-Sieg in der Zweiliter-Division der Deutschen Rennsportmeisterschaft mit Schnitzer-BMW 1.4. Erster Deutscher Rennsportmeister mit Turbo-Auto.
1979	Erster Turbo-Sieg in der Formel 1, Renault beim GP Frankreich
1981	Erster Turbo-Sieg in der Rallye-Weltmeisterschaft. Renault 5 Turbo bei der Rallye Monte Carlo.
1982	Erste Rallye-Weltmeisterschaft für ein Turbo-Auto, Audi Quattro.

Es begann Mitte der sechziger Jahre, als sich der stets experimentierfreudige amerikanische Rennsport auf die Idee mit der Aufladung besann: Vierzylinder Reihenmotoren, die Monopostos bei Oval-Rennen (wie Indianapolis) antrieben, wurden von der Firma Drake-Offenhauser mit Turboladern bestückt. Der Vierzylinder war von der Bauweise her fast so alt wie die Idee der Aufladung. Und folglich vertrugen sich Aggregate und Lader auch prompt gut miteinander. Der Drake Offy-Motor verfügt über einen Vierventil-Zylinderkopf mit zwei obenliegenden Nockenwellen.

Der Offy-Motor ist dennoch ein Motorsport-Methusalem: Schon 1930 wurde die Kompressor-Version des Vierzylinders in Indianapolis eingesetzt, 1934 gewann das Aggregat erstmals mit der Bezeichnung »Drake-Offenhauser« das berühmteste Oval-Rennen, bis 1976 sammelte der simple Vierzylinder-Reihenmotor 31 Indianapolis-Siege. 1979 stellte die Firma Drake-Offenhauser in Kalifornien die Produktion des Indy-Triebwerks ein, aber noch Jahre später gingen Teams mit den bewährten Aggregaten an den Start der 500 Meilen-Schlacht.

820 PS hatte der Turbo-Offy-Motor mittlerweile erreicht, bei einem Hubraum von 2605 Kubikzentimetern betrug die Verdichtung 8,1 : 1, die Boh-

rung 111, der Hub 67,3 Millimeter. Die Offy-Techniker erkannten außerdem, daß nur die abgasseitige Regelung Chancen zum Überleben im Rennsport hatte. Rund zwanzig Jahre vor den Siegeszügen der Turbomotoren in der Formel 1 entschieden sich die Amerikaner deshalb für das einzig richtige Prinzip der Ladedruck-Regelung. Während andere Turbo-Lösungen eine einlaßseitige Begrenzung des Ladedrucks propagiert hatten, bei der bereits verdichtete Luft abgeblasen wurde, regelte Drake den Ladedruck über ein Bypaß-Ventil (waste gate) auf der Abgasseite.
Beim Einsatzgebiet Oval-Rennen kam der Turbo-Aufladung allerdings ein positiver Begleit-Umstand zustatten: Der vorgeschriebene Treibstoff war ein Alkohol-Gemisch und hatte wesentlich bessere Kühleigenschaften für den Motor parat als der bei Rennen hierzulande vorgeschriebene handelsübliche Kraftstoff.
Die mutigen Amis in den Cockpits der turbo-befeuerten Indy-Autos praktizierten ihre rasante Fortbewegung außerdem auf besondere Art und Weise: Sie fuhren im Oval prinzipiell immer mit Vollgas, hatten also stets maximalen Ladedruck und damit auch maximale Leistungsausbeute zur Verfügung. In den Ecken wurde mit dem linken Fuß zaghaft auf die Bremse gestiegen, um die Geschwindigkeit etwas zu drosseln – der rechte Fuß blieb derweil ungerührt auf dem Gaspedal.
Weit anspruchsvoller sollte die Aufgabenstellung für einen Turbomotor auf europäischen und amerikanischen Straßen-Rennkursen sein – wie sich Jahre später herausstellte. Weil einerseits mit Super-Benzin gefahren werden mußte, ergaben sich sehr rasch Kühlungsprobleme für aufgeladene Aggregate. Weil andererseits aus engen Kurven herausbeschleunigt werden mußte, galt es dringend Abhilfe bei der turbo-typischen Verzögerung

Erster Einsatz eines Turbomotors im europäischen Rennsport: BMW 2002 Renntourenwagen.

im instationären Betriebszustand (Beschleunigungsphase) zu schaffen. Aufgaben, die in den kommenden Jahren die Stuttgarter Firma Porsche in musterhafter Manier löste.
Nicht gelöst hatte diese Aufgabe BMW in München: Ein 2002 mit Turbolader war im Rennbetrieb, vor allem wegen seiner Anfälligkeit, eher ein Flop. Er glänzte mit großer Motor-Leistung (280 PS) und schnellen Zeiten, gab aber meist schon nach wenigen Renn-Runden den Geist auf. BMW verwarf das Projekt deshalb wieder, griff aber die Turbo-Idee 1973 noch einmal auf, diesmal für ein Straßen-Auto. Aber der 2002 turbo mit 170 PS Leistung schlug seinem Vorgänger von der Rennpiste nach und war sehr störanfällig. Das Übel des 2002 turbo waren geplatzte Turbinen-Gehäuse, defekte Auspuffkrümmer und schadhafte Befestigungen. Heute weiß man, daß zweiflutige Turbinen-Gehäuse so hohen Temperaturen nicht im Dauerbetrieb gewachsen sind und daß BMW den Lader zu nah am Motor plaziert hatte, was eine zu hohe Temperaturbelastung brachte.

PORSCHE VERHILFT DEM TURBO ZUM DURCHBRUCH

Schon vor der erfolglosen Münchner Turbo-Phase im Tourenwagen-Sport war in Stuttgart der Weg zum richtigen Turbo-Dreh gefunden worden. Das Haus Porsche hatte beschlossen, einen Angriff auf die hartumkämpfte amerikanische Sportwagen-Meisterschaft namens CanAm vorzubereiten. Die Porsche-Techniker wußten, daß in dem Übersee-Sportwagen-Cham-

Stärkstes Kraftpaket aller Zeiten: Porsche 917 Rennmotor mit zwölf Zylindern und 1200 PS.

pionat die Bewerber mit Leistung und Hubraum nicht geizten und mit Achtliter-Motoren und 750 PS aufeinander losgingen. Also entschieden sich die Schwaben, dem schon sehr kräftig ausgefallenen Fünfliter-Zwölfzylinder-Motor des Porsche 917, der bei sämtlichen Langstrecken-Schlachten der Welt geglänzt hatte, eine zusätzliche Leistungskur zu spendieren.

Mit zuviel Erfolg, wie sich zwei Jahre nach dem Beschluß herausstellen sollte: Porsche hatte auf Anhieb zweimal das CanAm-Championat gewonnen und saß auf einem 1200 PS leistenden Zwölfzylinder-Aggregat mit 5,4 Litern Hubraum, das fortan kein Einsatzgebiet mehr hatte. Nach zwei dominierenden Rennjahren nämlich sperrten die Amis Porsche aus, für CanAm-Renner der Zukunft wurden – ganz elegant – einfach kleinere Tanks vorgeschrieben. Damit war Porsche in Amerika out, der 1200 PS-Turbo nach zwei Jubeljahren nur noch gut für die Mottenkiste.

Die Leistung von weit über 1000 PS wurde realisiert, indem der als Fünfliter-Sauger rund 550 PS leistende Zwölfzylinder mit zwei Turboladern (einer pro Zylinderreihe) bestückt wurde. Ganz im Gegensatz zur heutigen Renn-Turbo-Praxis bauten die Porsche-Motoren-Männer damals die beiden von der Firma Eberspächer gefertigten Turbolader möglichst weit weg vom Motor. Man hatte Angst, die über 1000 Grad heißen Auspuffgase könnten die Turbinenräder in ihrer Arbeit stören.

Den Porsche-Technikern war von vornherein klar, daß nur die abgasseitige Regelung des Ladedrucks für ihr Rennprojekt in Betracht kam. Gedanklich hatte man in Stuttgart bereits die Regelung mit dem »waste gate« parat, als die amerikanische Firma Garrett AiResearch diese Lösung fertig präsentierte. Nicht benötigter Ladedruck, im Falle des Porsche 917 alles über 1,3 bar, wurde über ein Ventil an einem Seitenrohr neben die Lader ins Freie geblasen. Dem Einbau des waste gate war bei Porsche ein Versuch mit Klappen im Auspuff vorausgegangen, welche die Steuerung des Drucks übernehmen sollte. Bowdenzüge führten von den Druckrohren auf den Einlaßseiten zu den Klappen im Auspuff. Aber dort war es für die zuverlässige Funktion der Züge viel zu heiß, die Klappen-Idee klappte deshalb nicht.

Beim ersten CanAm-Rennen 1972 belegte Porsche nach einem Boxenstop Platz zwei – man hätte leicht gewinnen können. Das überraschte die Stuttgarter Rennstrategen sehr, denn das erste CanAm-Jahr sollte eigentlich nur eine Saison zur Erfahrungssammlung werden. Nach Art des Hauses sammelte Porsche aber so sorgfältig Erfahrungen, daß George Follmer im 917 Turbo am Jahresende den Meistertitel gewann. Noch fürchterlicher wurde es für die amerikanische Konkurrenz im Jahr darauf – bis zu sechs Turbo-Porsche, großteils in privater Hand – überschwemmten den

Der CanAm-Porsche fuhr schon in der ersten Saison die Konkurrenz in Grund und Boden.

CanAm-Markt und fuhren alles in Grund und Boden. Mit dem mittlerweile auf 5,4 Liter vergrößerten Aggregat standen Pilot Mark Donohue 1200 PS zur Verfügung. Die Amis spürten ein Porsche-Syndrom, beim letzten Rennen der Saison, im kalifornischen Riverside, wurden deshalb die neuen Regeln für 1974 verkündet. So abgefaßt, daß die deutschen Störenfriede – ob sie wollten oder nicht – dorthin zurück mußten, woher sie unaufgefordert gekommen waren. Die CanAm war bei Porsche damit out, der Turbolader dafür aber in.

Weil man schon vor dem CanAm-Projekt einmal kurzzeitig der Idee nachgehangen war, einen Straßen-911 mit Turbolader zu versehen und diese Aufgabe als unrealisierbar verworfen hatte, erinnerten sich die Stuttgarter jetzt an diese Projekt. 1973 wurde der 911 turbo als Prototyp präsentiert, ein Automobil, das damals vor allem Vorstandschef Dr. Ernst Fuhrmann mit allem Nachdruck gefordert hatte. Fuhrmanns Hintergedanke: 400 solcher Straßen-Turbo mit der Bezeichnung 930 sollten als Basis für die Homologation in der Gruppe 4 dienen. Mehr Turbo-Elfer waren ursprünglich gar nicht geplant. Wie auch in anderen Fällen entschied der Porsche-Kunde anders: Der stärkste Serien-Porsche fand soviel Gefallen, daß ihm alsbald eine noch stärkere Version mit 3,3 statt 3-Liter Motor folgte. Dem Straßen-turbo entsprangen zwei Varianten für den Rennsport. Der Porsche 934, bei dem mit gegenüber der Serie nur unwesentlich verändertem

Ursprüngliche Anordnung von Turbo und Ladeluftkühler beim Porsche 934.

Fahrwerk im Heck über 500 PS ihr Werk verrichten, ein höllischer Cocktail, wie sich jeder vorstellen kann, der einmal einen Straßen-turbo gesteuert hat. Erfolgreich war der 934 aber dennoch, kein Porsche-Gegner konnte 1976 mit einem besseren Automobil aufwarten.
Ab 1977 gab es für Porsche-Kunden dann jenes prächtige Renngefährt zu kaufen, mit dem das Werk bereits 1976 die Markenweltmeisterschaft gewonnen hatte: den Typ 935. Anfangs knapp 600 PS stark, brachte das Werk das Gruppe 5 (Spezial-Produktionswagen)-Auto mittels zweier wassergekühlter Vierventil-Zylinderköpfe 1979 auf rund 850 PS. In Kundenhand wurde dieses hochkomplizierte Aggregat nie gegeben. Zuvor schon hatte Porsche diverse Varianten des bewährten Zweiventil-Sechszylinder-Boxermotors gebaut.
All diese Kraftwerke, in punkto Leistungsausbeute und Zuverlässigkeit der Konkurrenz stets einen Schritt voraus, entspringen dem Sechszylinder-Boxermotor, wie er seit 1965 in der 911-Baureihe verwendet wird. Die Rennmotorenpalette mit diesem Ursprung reicht von 1,4 Liter, der in einer Version sogar mit wassergekühltem Vierventil-Kopf ausgerüstet wurde, bis zum 3,2 Liter großen Vierventiler. Dazwischen gab es den Hubraum von 2,1 Liter. Mit diesem Aggregat wurde Porsche 1976 Sportwagen-Weltmeister und gewann 1976 und 1977 die 24 Stunden von Le Mans. Der 2,8 Liter wurde in der Deutschen Rennsportmeisterschaft eingesetzt, er gewann den Titel zweimal (1977 Rolf Stommelen, 1979 Klaus Ludwig), wahlweise kam in diesem Championat auch eine Dreiliter-Variante zum Zuge.
Die Porsche-Erfolgswelle in der Deutschen Rennsportmeisterschaft rollte auch weiter, als der 935 nach Beschluß eines neuen Reglements ohne Chancen war. Bob Wollek gewann 1982 den Titel auf einem 936, der 1979 konstruiert worden war und von einem 2,1 Liter Sechszylinder-Boxer mit Vierventil-Köpfen angetrieben wurde.
Mit der Entwicklung des Vierventilkopfes für den luftgekühlten Motor sahen die Porsche-Tüftler die Möglichkeiten des Aggregates immer noch

Erfolgreichster Porsche-Rennwagen aller Zeiten: Typ 935.

Porsche Turbomotoren auf Basis des 911-Sechszylinder-Boxers (Typen 934, 935, Gr. 4, Gr. 5, IMSA)						
Typ	Baujahr	Hubraum cm³	Leistung/Drehzahl PS (kW) / U/min	Ladedruck bar	Verdicht.	Bemerkungen
Carrera Turbo	1974	2142	450/8000	1,2	6,5:1	2 Ventile ohne LLK
Carrera Turbo	1974	2142	510/8000	1,35	6,5:1	2 Ventile LLK
Gr. 4	1976	2994	485/7000	1,35	6,5:1	2 Ventile
Gr. 5	1976	2856	590/8000	1,4	6,5:1	2 Ventile
Gr. 5	1977	2856	630/8000	1,5	6,5:1	2 Ventile
Gr. 5 Baby	1977	1425	390/8200	1,4	6,5:1	2 Ventile
Gr. 5	1978	3211	750/8200	1,3	7,0:1	4 Ventile
IMSA	1979	3120	680/7800	1,4	6,5:1	2 Ventile 1 ATL
Gr. 5	1980	3164	720/8000	1,45	7,0:1	2 Ventile 2 ATL
Gr. 5	1981	3164	720/8000	1,45	7,0:1	2 Ventile 2 ATL
Gr. 5	1982	3164	720/8000	1,45	7,0:1	2 Ventile 2 ATL
IMSA	1983	3164	695/7000	1,4	7,0:1	2 Ventile 1 ATL

nicht ausgereizt: Man startete ein Projekt für Indianapolis und wollte damit auf jene Piste, die einst die Anregung zum Einsatz von Turboladern auf der Rennstrecke gegeben hatte. Aber wieder einmal stolperte Porsche über die Reglements ihrer amerikanischen Rennfreunde: Als der 2,65 Liter große Motor im Entwicklungszentrum Weissach fertig war und Musterwerte auf der Motorbremse realisierte, änderten die Indy-Männer das Reglement. Der erlaubte Ladedruck für Indy-Motoren wurde um fast ein Drittel gesenkt, damit war die Stuttgarter Kreation gestorben.

Die nimmermüden Rennmänner von Porsche hatten aber den nächsten Joker bereits in Vorbereitung: 1982 wurde eine neue Marken-Weltmeisterschaft ausgeschrieben, für Rennwagen der sogenannten Gruppe C – späte Nachfolge der glorreichen Ära hartumkämpfter Sportwagenrennen, wo Porsche gegen Ferrari, Alfa Romeo, Matra etc. gerannt war. Nach etlichen Umkonstruktionen fand der für Indy entwickelte Motor im Porsche 956 (Gruppe C) Platz.

Vieles hatte sich in acht Jahren seit dem Ur-Turbo des Hauses von 1974 geändert. Die Auflistung auf Seite 147 zeigt, welchen Fortschritt die Rennturbo-Technik genommen hatte. Der Sechszylinder im 956 hatte jetzt:

- *Ladeluftkühler* mit zwei Stufen, eine arbeitete mit dem Kühlwasserkreislauf für die wassergekühlten Köpfe und senkt die Temperatur der verdichteten Ansaugluft von rund 180 Grad auf etwa 100 Grad ab. Der zweite Teil des Kühlers arbeitet mit Luft-Durchsatz, er kühlt die Luft, bevor sie in den Sammler und von dort in die Brennräume gelangt auf zirka 30 Grad ab. Früher hatte ein Rennturbo von Porsche lange Zeit mit Ladelufttemperaturen zwischen 70 und 80 Grad operiert, was den Wirkungsgrad verschlechterte, die Leistung minderte und den Verbrauch steigerte.
- *Zwei kleindimensionierter Lader* der Firma KKK, die so nahe wie möglich an der Auslaßseite des Motors angebracht wurden, um auch die kinetische Energie, die sich beim Ausstoßen der Abgase aus dem Motor ergibt, aufnehmen zu können. Die Stoß-Aufladung beschleunigt das Schaufelrad im Lader zusätzlich, sorgt also für ein rascheres Ansprechen der Turbine und eine optimalere Aufladung.
- *Wassergekühlte Vierventil-Zylinderköpfe,* die den Gaswechsel zügiger besorgen, die Brennräume besser kühlen, eine bessere Fahr-Charakteristik garantieren und – bei Bedarf – auch leistungssteigernd genutzt werden können.

Wegen einer kurzfristigen Reglement-Änderung kam der Porsche-Indy-Motor nicht zum Einsatz.

Rund 630 PS realisierte Porsche mit diesem Motor. Pro 100 Rennkilometer lag sein Verbrauch unter 50 Liter. Frühere Kreationen von Porsche hatten für die gleiche Distanz über 80 Liter verbraucht. Das Aggregat lief von Anbeginn an wie ein Uhrwerk. Bei der offiziellen Rennpremiere in Le Mans 1982 kamen drei 956 nach 24 Stunden auf den Plätzen eins, zwei und drei ein, 1983 siegte Porsche wieder in Le Mans. Zehn Jahre nachdem

der Basis-Motor, der die Dreifach-Sieger antrieb, geboren worden war. Porsche kann, was Rennturbos anbelangt, aber nicht nur aus der Vergangenheit schöpfen, sondern auch für die Zukunft bauen. Das britische McLaren-Team gab 1981 beim Entwicklungszentrum in Weissach die Konstruktion eines Motors in Auftrag, der in der Lage sein sollte, in der Formel 1 zu dominieren. Porsche nahm den Auftrag an. Vorstandschef Peter W. Schutz bezifferte die Summe, die für Konstruktion und Bau berechnet wurde, mit 15 Millionen Mark.
Ende 1982 erlebte der 1,5 Liter-Sechszylinder, der unter Leitung von Hans Mezger (der auch schon konstruktiv die CanAm-Riesen betreut hatte) entstand, erste Prüfstandläufe, Anfang 1983 folgten erste Testfahrten mit McLaren-Pilot Niki Lauda.
An technischen Finessen packten die Weissacher Motoren-Spezialisten alles, was bekannt und bewährt war, in ihr neues Aggregat. Der erste speziell für die Formel 1 konstruierte Turbomotor der Renngeschichte wurde darüber hinaus auch noch so gestylt, daß er optimal in einen »wing car« mit seinen seitlichen Abtriebsflächen paßte – nur gerade die wurden für die Saison 1983 verboten.
Porsches Turbomotor für die Formel 1 hat sechs Zylinder in V-Anordnung im bislang vollkommen unüblichen Winkel von 80 Grad. Die Bohrung beträgt 82 Millimeter, der Hub 47,3 Millimeter. Das Triebwerk ist in der Lage, über 11 000 min^{-1} zu drehen und entwickelt dank Wassereinspritzung über 700 PS Leistung. Mit einer Verdichtung von über 7 : 1 liegt Porsche höher als die Formel 1-Konkurrenten, man lädt im Rennbetrieb mit rund 2,0 bar auf. Der Motor ist aus einer Leichtmetall-Legierung gefertigt und wiegt mit sämtlichen Neben-Aggregaten weniger als 150 Kilogramm.

Auf Anhieb war der neue Gruppe C-Porsche, der Typ 956, erfolgreichster Teilnehmer seiner Kategorie.

Porsche Turbomotoren auf Basis des 911-Sechszylinder-Boxers (Typen 936 und 956 sowie Indy)						
Typ	Baujahr	Hubraum cm^3	Leistung/Drehzahl PS (kW) / U/min	Ladedruck bar	Verdicht.	Bemerkungen
936	1976	2142	520/8000	1,4	6,5:1	2 Ventile
936	1977	2142	540/8000	1,3	6,5:1	2 Ventile
936	1978	2142	600/8500	1,3	7,0:1	4 Ventile
936	1979	2142	600/8500	1,3	7,0:1	4 Ventile
Indy*	1980	2649	630/9000	1,03 = 60 $ins_{Merc.}$	9,0:1	Methanol 1 ATL, ohne LLK elektr. Einspr.
936	1981	2649	635/8000	1,3	6,8:1	4 Ventile
956	1982	2649	630/8000	1,2	7,2:1	4 Ventile
956	1983	2649	630/8000	1,2	7,5:1	4 Ventile

TURBOS IM RENN-TOURENWAGEN

In der Situation, einen nagelneuen Turbo-Rennmotor konstruieren zu können, war vor Porsche kein anderer Hersteller. Pionierarbeit haben aber neben Porsche auch andere Turbo-Spezialisten geleistet – und nicht nur Werksmannschaften mit großem Budget.
Ein entschlossener Verfechter der Turbo-Idee war der 1978 bei einem Auto-Unfall umgekommene Josef Schnitzer aus Freilassing. Schnitzer schwor schon 1973 auf seinen aufgeladenen Motor – einen Vierzylinder mit Vierventilkopf und zwei obenliegenden Nockenwellen. Das Aggregat hatte Schnitzer zwei Jahre zuvor vom Serien-Motor der damaligen 2002-Baureihe abgeleitet und mit einem eigenen Vierventil-Zylinderkopf versehen. 1974 wurde das Schnitzer-Turbo-Aggregat in einem Toj-Sportwagen eingebaut, Harald Ertl unternahm erste Testfahrten. 330 PS soll dieser Motor aus nur 1,4 Liter Hubraum geschöpft haben. Ein Wert, den damals kein Mensch für realistisch hielt.

Seit 1983 mischt Porsche auch in der Formel 1 mit: Der im Auftrag von TAG (Techniques d'Avant Garde) entwickelte Formel 1 Motor kam erstmals im McLaren Niki Laudas zum Einsatz.

Die Schnitzer-Variante krankte an schlechtem Ansprechverhalten und verwunderte die Tester auch ab und an mit mysteriösen Explosionen, bei denen sich wichtige Motorenteile den Weg ins Freie schlugen. Josef Schnitzer wurde deshalb zunächst nicht ernst genommen, blieb aber seiner Idee fanatisch treu und konstruierte weiter. 1977 überraschte er die Deutsche Rennsportmeisterschaft mit einem ausgereifteren 1,4 Liter-Aggregat, das aus Reglementsgründen in dieser Rennserie nicht größer sein durfte. Immerhin: Zwei Rennen gewann ein Schnitzer 2002 turbo in jenem Jahr.
Wie weitreichend die Schnitzer-Idee war, kann erst heute beurteilt werden – der eigenwillige Tuner baute im Prinzip zehn Jahre vor dem ersten Formel 1-Sieg eines BMW-Werksmotors ein in seinen Grundzügen ähnliches Aggregat in eigener Regie. Schnitzers unerwartete Erfolge blieben nicht ohne Resonanz – die Konkurrenz war hellwach und stellte rasch fest, daß der Turbo in der Rennsportmeisterschaft für künftige Siege ins Pflichtprogramm gehörte. Die Ford-Mannschaft von Erich Zakowski startete deshalb eilends ein Turbo-Entwicklungsprogramm. Die Hauptaufgabe dabei wurden erledigt vom Remscheider Rennmotor-Spezialisten Dr. Schrick. Binnen eines halben Jahres entstand ein vielversprechender Vierzylinder-Turbo auf der Basis des sogenannten Ford-Kent Motorblocks. Verleugnen konnte der 1,4 Liter allerdings nicht, daß sich in ihm und um ihn allerlei Schnitzer-Lehren versammelten. Die Ford-Rivalen hatten abgekupfert, so gut es eben ging.
Wie der Schnitzer-Vorfahre erhielt das Zakspeed-Aggregat einen großbauenden Ladeluftkühler, der an der Wagenfront installiert wurde. Auch die Ford-Männer bauten auf KKK-Lader, installiert wurde das neue Turbo-Aggregat zunächst in einem Escort und später in einen ultra-flachen Capri.

Auch im Tourenwagensport waren die Turbos nicht mehr zu schlagen: Turbomotor mit Ladeluftkühlung im Ford Zakspeed Capri.

Die ersten Turbo-Motoren in der Deutschen Rennsportmeisterschaft						
	BMW-Schnitzer	**Porsche 2,8**	**Porsche 1,4**	**Toyota-Schnitzer**	**Zakspeed-Ford**	**Lancia**
Zylinderzahl/ Bauform	4 Reihe	6 Boxer	6 Boxer	4 Reihe	4 Reihe	4 Reihe
Hubraum[3]	1426	2853	1425	2090	1427	1425
Bohrung× Hub	80×71	92×70,4	71×60	90×82	80×71	82×67,5
Leistung PS/min^{-1}	380/9500	700/8000	370/8000	560/8800	380/9000	440/8800
Verdichtung	7,0:1	6,3:1	6,5:1	6,1:1	6,2:1	6,3:1
Benzin-Einspritzung	Bosch-Kugelfischer	dto.	dto.	dto.	dto.	dto.
Lader	1 KKK	1 KKK	1 KKK	1 KKK	1 KKK	1 KKK
max. Ladedruck	1,3 bar	1,4 bar	1,55 bar	1,4 bar	1,3 bar	1,5 bar
Baujahr	1977	1976	1977	1977	1978	1980

Rund 450 PS mobilisierte der Hubraum-Winzling damals, dank intensiver Weiterentwicklung realisierte die Zakspeed-Truppe in den Folgejahren wahre Traum-Werte: Eine 1426 cm^3-Version brachte es 1981, als Klaus Ludwig im Zakspeed-Capri Deutscher Rennsportmeister wurde, auf standfeste 580 PS, eine 1750 cm^3-Version entfaltete im gleichen Jahr gar 650 PS.
Vor den großen Zakspeed-Erfolgen in der Rennsportmeisterschaft hatte dort aber schon einer anderen Marke die Turbo-Stunde geschlagen: Hans Heyer gewann das Championat 1980 mit einem italienischen Lancia Beta Montecarlo Turbo. Der 1,4 Liter-Vierzylinder, in der Mitte des flachen Gruppe 5-Renners installiert, war ebenfalls nichts als ein Nachkomme der Schnitzer-Saga: Ein 480 PS starker Reihenmotor mit zwei obenliegenden Nockenwellen und vier Ventilen pro Zylinder, mit einem KKK-Lader und großem Ladeluftkühler bestückt. Lancia gelang es, diese Motoren so standfest zu machen, daß selbst Langstrecken-Rennen mit Erfolg bestritten werden konnten. Gleich zweimal hintereinander, 1980 und 1981 gewannen die Italiener das Langstrecken-Weltchampionat.
Auch BMW hatte schon seinen Beitrag für die Rennsportmeisterschaft geliefert, bevor sich das Werk 1980 entschloß, den Formel 1-Feldzug anzutreten. Ermutigt worden waren die Münchner durch erfolgreiche PS-Suche von Motoren-Konstrukteur Paul Rosche: 1979 bestückte er einen BMW des Freiburger Rennstalls GS mit dem 1,4 Liter großen Vorläufer des aktuellen Grand Prix-Triebwerks. Und schon damals hatte der aufgeladene Münchner Vierzylinder Kraft im Überfluß.

Erst diese Vorübung ermutigte BMW, die Formel 1-Idee ins Auge zu fassen. Der damalige Rennleiter Jochen Neerpasch schlug vor, gemeinsam mit Niki Lauda und dem englischen McLaren-Team in die Formel 1 zu ziehen. Der BMW-Vorstand lehnte ab. Dann wechselte Neerpasch zu Talbot nach Paris und fädelte einen Deal ein, der vorsah, den BMW Formel 1-Turbo an die Franzosen zu verkaufen. Der BMW-Vorstand aber lehnte wieder kurz vor Vertragsabschluß ab: BMW zog statt dessen gemeinsam mit Brabham selbst ins Formel 1-Feld.
Umfassende Entwicklungsarbeiten wurden an dem 1,5 Liter Vierzylinder in der Folge erledigt. Das Aggregat erhielt eine Einspritzanlage, mit elektronischem Steuerteil, während die eigentliche Einspritzung mechanisch erfolgt. Abhängig von Ladedruck, Ladelufttemperatur, Drosselklappenstellung und Drehzahl wird dem Grand Prix-Triebwerk in jedem Betriebszustand die ideale Gemischmenge verabreicht. Verschiedene elektronische Programme für verschiedene Rennstrecken wurden gemeinsam mit der Firma Bosch ausgearbeitet.
Die Turbo-Maßstäbe in der Formel 1 hatte aber längst zuvor eine andere Marke aufgezeichnet, nämlich Renault. Seit 1977 werken die nimmermüden Franzosen unentwegt an ihrer Turbo-Idee. Wenn eine Wertung für Pioniergeist in der Formel 1 zu vergeben gewesen wäre, niemand außer Renault hätte sie verdient. Mit einem unförmigen Einbaum traten die Franzosen 1977 beim englischen Grand Prix erstmals auf der Formel 1-Bühne an. Genau zwei Jahre später, beim französischen Grand Prix 1979 in Dijon, siegte der total französische Wagen mit einem französischen Fahrer: Jean-Pierre Jabouille gewann, bis Ende 1982 folgten neun weitere Renault-Siege. Das Renault-Ziel, der Gewinn der Weltmeisterschaft, das bereits für 1981 fest von der Regie eingeplant worden war, wurde indes immer noch nicht erreicht. Die Franzosen bauten ihren Formel 1-Turbo auf ein Triebwerk auf, das bereits zweimal die Formel 2-Europameisterschaft gewonnen hatte. Der Zweiliter-Sechszylinder-Motor wurde auf 1,5 Liter verkleinert, das Bohrung/Hub-Verhältnis entsprach 2 : 1, was sich für Renault als besonders vorteilhaft herausstellt.

Als erster startete Renault mit einem Turbomotor in der Formel 1.

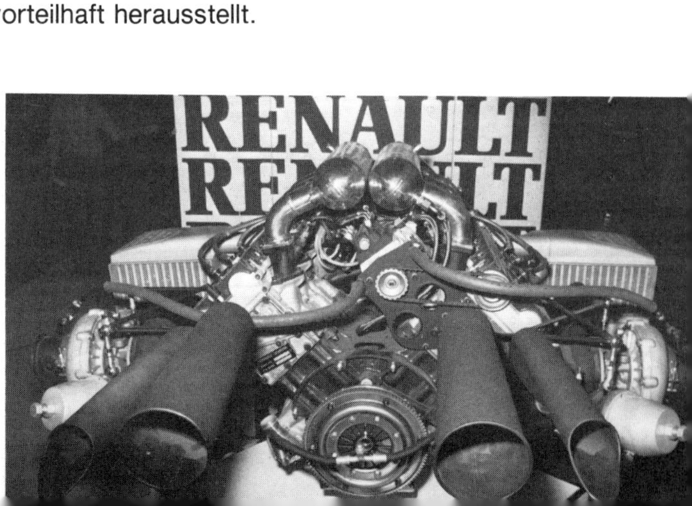

Turbomotoren in der Formel 1

	Alfa Romeo	BMW	Ferrari	Hart	Honda	Renault	TAG Turbo P 01 (Porsche)
Zylinderzahl Bauform	8 V 90°	4 Reihe	6 V 120°	4 Reihe	6 V 80°	6 V 90°	6 V 80°
Hubraum ccm	1496	1499	1496	1494	1498	1498	1498
Bohrung×Hub (mm)	74×43,5	89,2×60,0	81,0×48,4	88,0×61,5	–	86,0×43,0	82×47,3
Leistung bei 1/min*)	441 kW/600 PS/ 11 200 U/min	441 kW/600 PS/ 9500 U/min	441 kW/600 PS/ 11 000 U/min	580 PS/ 10 000 U/min	ca. 478 kW/ ca. 650 PS/ 11 000 U/min	441 kW/600 PS/ 10 500 U/min	478 kW/650 PS/ 11 000 U/min
Hub/Bohrung	0,59	0,67	,59	0,7	–	0,5	0,576
Kolbengeschwindigkeit m/s	16,2	19,0	17,7	26,5	–	15,0	17,3
Verdichtung	7:1	6,7:1	6,5:1	7:1	–	7:1	7:1
Benzineinspritzung	–	Kugelfischer	Lucas-Ferrari	Lucas	Honda PGMFI	Kugelfischer	Kugelfischer oder Bosch-Elektronik
Lader	2 KKK	1 KKK	2 KKK	1 Garrett	2 KKK	2 KKK	2 KKK
Ladedruck (Überdruck in bar)	1,8	ca. 1,8	1,7	1,85	1,9	1,75	1,9
Motorgewicht	175 kg	165 kg	177 kg	135 kg	ca. 155 kg	180 kg	145 kg
Literleistung	400 PS/L	400 PS/L	400 PS/L	386 PS/L	433 PS/L	400 PS/L	433 PS/L
Ventilwinkel	25°	40°	38°	40°	–	22°	30°
1. Einsatz	1983	1982	1981	1981	1983	1977	1983

*) Die maximale Leistung ist ladedruckabhängig und somit variabel

Trotz Vierzylinder konkurrenzfähig: BMW Turbomotor für die Formel 1.

Während zunächst mit einem zentralen Garrett-Lader gearbeitet wurde, spendierten die Franzosen ihrem Aggregat schon nach kurzer Zeit zwei KKK-Lader – je einen pro Zylinderreihe. Wie auch bei Porsche praktiziert, wanderten die beiden Turbos im Lauf der Entwicklungszeit immer näher an den Motor heran. Besonderes Augenmerk schenkten die Renault-Motorenmänner um Chefingenieur Bernard Dudot dem Ansprechverhalten und der Leistungsentfaltung im Teillastbereich.
Mit der Zeit gelang es, den Sechszylinder so abzustimmen, daß der Renault-Formel 1 alsbald zur Start-Rakete der Formel 1 wurde. Den Fahrern gelang es oft, sich innerhalb von wenigen Metern in der Startphase aus der zweiten Reihe an die Front zu katapultieren. Alles hatte man mittlerweile einem Turbo zugetraut – nur das nicht. Auch auf den Stadt-Kursen, ehedem stets als »Anti-Turbo-Strecken« apostrophiert, erteilte Renault eine Turbo-Lektion: In Monaco und Detroit, den engsten Rennpisten der Welt, war kein Auto schneller als der französische National-Bomber.
Obwohl es den Franzosen gelungen war, mit Hilfe der Zweistufen-Ladeluftkühler (Wasser von der Motorkühlung und anschließend Luft) die verdichtete Luft von über 200 Grad auf einen Wert abzukühlen, der nurmehr zehn Grad über der Außentemperatur lag, gelang der absolute Durchbruch noch nicht. Dennoch: Kein anderer Formel 1 führte mehr Rennen an als der Renault. Zum Verhängnis war den Franzosen wohl geworden, daß ihre Rennwagen ein bißchen zu kompliziert ausgefallen waren und deshalb stets die Möglichkeit geboten war, daß ein winziges Detail nicht störungsfrei arbeitete.

Der Ferrari Turbo gilt als das Formel 1-Aggregat mit der höchsten Leistung.

Ein Schattendasein gegenüber dem Renault-Motor fristete das englische Aggregat des Tuners Brian Hart, installiert im britischen Toleman-Turbo. Dem Reihen-Vierzylinder fehlte es stets an der Kraft; über ein Jahr verging, bevor er sich 1981 erstmals qualifizieren konnte. Im Gegensatz zum BMW-Vierzylinder ist der Hart-Motor aus einem Stück gegossen, es gibt keinen demontierbaren Zylinderkopf, was Dichtungsprobleme erspart. Hart verwendet als einziger Formel-Turbo-Streiter einen amerikanischen Garrett-Lader. Der Reihenmotor von der Insel besitzt einen wassergekühlten Ladeluftkühler mit eigenem Wasser-Kreislauf – ebenfalls eine Einzigartigkeit in der Formel 1. Inzwischen scheint jedoch der Kräftemangel des Hart-Turbos beseitigt.
Durch andere Wasserspiele ins Gerede kam dagegen Ferrari, der Hersteller des bis dato besten Formel 1-Aggregates: Von Ferrari wurde berichtet, daß ins Verbrennungsgemisch Wasser eingespritzt werde, was die Dichte des Gemischs vergrößert, dieses abkühlt und so erlaubt, vorübergehend mit höherem Ladedruck zu fahren. Besonders bei Trainingssitzungen vermochten die roten Ferrarri mit schieren Leistungs-Explosionen zu glänzen. Insider munkelten, Ferrari stünden kurzzeitig über 700 PS zur Verfügung. Ein Wert, der aber von turbo-bewanderten Spezialisten nicht für realistisch gehalten wurde.
Sicherlich ist der Ferrari-Sechszylinder, in einem Winkel von 120 Grad gebaut, der raffinierteste Formel 1-Motor. Die Italienischen Motorenbauer spülten ihr aufgeladenes Triebwerk einfach verkehrt herum durch. Das heißt, der Auspuff liegt oben, das Gemisch gelangt von unten in die Brennräume. Zwei KKK-Lader – genau dieselben wie sie Renault verwendet – liegen zentral im V des Motors. Sie kommen deshalb mit nur einem waste gate aus – eine Einzigartigkeit im Turbomotoren-Bau. Eine weitere geniale Ferrari-Eigenheit: Die linke Auspuffseite treibt die Turbine, welche die rechte Motorenseite mit Druck versorgt, an und umgekehrt. Im Gegensatz zu Renault baut Ferrari auf einen Ladeluftkühler mit reiner Luftkühlung.
Der Siegeszug aufgeladener Motoren war auch außerhalb der Formel 1 seit Ende der siebziger Jahre nicht mehr zu stoppen. Im amerikanischen Geschwindigkeits-Mekka Indianapolis gewann seit Mitte der sechziger Jahre kein normal beatmetes Aggregat mehr ein Rennen. Zuletzt wurden

Einziger Formel 1-Turbomotor mit acht Zylindern: Alfa Romeo.

sämtliche Hochgeschwindigkeitsschlachten eine Beute aufgeladener Ford Cosworth-Motoren. Triebwerke, wie sie als Sauger in der Formel 1 verwendet werden. 2,65 Liter Hubraum genügen, um mit einem Lader bestückt, Leistungen um die 800 PS zu realisieren. Der Lader kommt von Garrett, Kühlungsprobleme wie in der Formel 1 gibt es nicht in dem Ausmaß, weil als Treibstoff ein Alkohol-Gemisch, das optimale Innenkühlung garantiert, verwendet wird.

DER TURBO IM RALLYE-SPORT

Auch abseits der breiten Rennpisten hatte sich der Turbolader schon durchgesetzt: Eingeführt wurde die Turbo-Idee im Rallye-Sport durch die schwedische Firma Saab. Salonfähig machte den Kraftakt der Schwede Stig Blomqvist: Er gewann in einem Saab 99 Turbo 1979 den heimischen WM-Lauf – und sorgte für den ersten Turbo-Sieg in der Geschichte der Rallye-Weltmeisterschaft. Ende 1981 haben die Schweden aus Trollhättan ihre 270 PS starke Limousine aus dem Sport zurückgezogen. Was Privatier Ola Strömberg allerdings nicht hinderte, in einer 220 PS starken Gruppe A-Variante des 99 Turbo auch 1982 das schwedische Rallye-Championat zu gewinnen. Saab stieg nicht aus, weil das aufgeladene Vierzylinder-Aggregat zu wenig Leistung abgab, sondern weil die behäbige, frontgetriebene Limousine nicht mehr in das Rallye-Weltbild paßte. Wer heute im Trend liegen will, der braucht eine Gruppe B-Spezialkonstruktion.
Renault setzte bereits 1978 auf den kleinen R5, den die Franzosen so nachhaltig umgekrempelt haben, daß von der Serien-Version fast nichts mehr übrig blieb. Im Bug sitzt nur noch das Ersatzrad, in der Fahrzeugmitte aber hat nun der Motor seinen Platz gefunden. Der 1,4 Liter große Zweiliter-Vierzylinder bekam einen Garrett-Abgasturbolader angeschraubt und gibt seine Leistung von serienmäßig 160 PS nun an die Hinterräder ab. 280 PS mobilisierte der kleine Hinterlader im Rallye-Einsatz, genug, um den 900 kg schweren Winzling zum Sieger zu machen: Jean Ragnotti

Saab Turbomotor für den Rallyesport.

Neuentwicklung für den Rallye-Einsatz: Peugeot 205 Turbomotor mit 16 Ventilen und 320 PS.

gewann im Renault 5 Turbo die Rallye Monte Carlo 1981 und die Tour de Corse 1982. 1983 wurde weiter aufgerüstet: Die Franzosen realisierten ein Kampfgewicht von 850 Kilogramm und entlockten dem kleinen Mittelmotor 300 PS.

Eine Ausbeute, die der deutschen Turbo-Konkurrenz von Audi längst ein mitleidiges Lächeln abrang: »Wir sind die ersten, die bei der Rallye Monte Carlo mit 400 PS über den Turini fahren«, hatten die Rallye-Markenweltmeister von 1982 prophezeit. Wenige Monate später konnte man ihrem aufgeladenen Fünfzylinder-Motor durch Handregelung kurzfristig diese Leistung entlocken. Das Problem des Audi-Treibsatzes war nicht die Leistung, sondern sein Hubraum von 2144 cm^3. In den Gruppe B-Statuten sind Hubraum und Fahrzeug-Gewicht gekoppelt. Mit dem Turbofaktor 1,4 multipliziert, liegt der Quattro in der Hubraum-Klasse über drei Liter und muß deshalb mit einem Gewicht von 1100 kg antreten. Grund genug, die Bohrungen des Fünfzylinders etwas zu verkleinern. In der Hubraum-Klasse über 2,5 Liter darf der allradgetriebene Quatro nun 960 Kilogramm wiegen.

Die Basis für Peugeots Rallyeprojekt bildet der kleine Peugeot 205, von dem für den Rallye-Einsatz allerdings gerade noch die Außenmaße blieben. Und die sind genau 67,9 Zentimeter kürzer als beim Quattro. Was sich zwischen den Achsen abspielt, hat mit dem Serien-205 nichts mehr gemein: Der Motor rückte aus dem Bug in die Fahrzeugmitte und der Antrieb erfolgt nun auf alle vier Räder. Der quer zur Fahrtrichtung eingebaute Reihenvierzylinder wurde ursprünglich als Dieselmotor für den Talbot Horizon oder den Peugeot 305 konzipiert. Für den Rallye-Streß bekam der Leichtmetall-Block einen Vierventil-Zylinderkopf aufgeschraubt. Mit Hilfe eines KKK-Abgasturboladers entwickelt das 1,775 Liter-Motörchen bei 1,7 bar Ladedruck eine Leistung von 320 PS.

Tuning mit Turbo

LEISTUNGSSTEIGERUNG DURCH TURBOLADER AN VORHANDENEN MOTOREN

Zu den Hauptzielen des Tunings zählt nach wie vor die nachträgliche Leistungssteigerung von vorhandenen Motoren. Dieses Ziel kann auf verschiedenen Wegen erreicht werden – der Turbolader ist jedoch zweifellos eine der interessantesten Möglichkeiten. Denn durch keine andere Maßnahme läßt sich die Literleistung wirksamer erhöhen als durch Aufladung. Kein Wunder also, daß es schon seit Jahren, vor allem in USA und England, ein großes Angebot an Turbo-Kits für alle möglichen Motoren gibt – nur in Deutschland nicht, wo die Abgas-Turbo-Aufladung bei Serienautomobilen den höchsten Entwicklungsstand hat.
Woran liegt das? Ein wichtiger Grund sind die Zulassungsbestimmungen, die hierzulande sehr streng gehandhabt werden. Jede nachträgliche Motoränderung muß die gültigen Bestimmungen hinsichtlich Abgasemission, Geräuschemission und andere behördliche Auflagen erfüllen. Abgesehen von den technischen Problemen, die daraus resultieren, ist auch der Instanzenweg bis zum Musterbericht des TÜV oder gar zur ABE (Allgemeinen Betriebserlaubnis) des Kraftfahrt-Bundesamtes (KBA) alles andere als einfach, von den Kosten gar nicht zu reden.
Ein anderer, ganz wesentlicher Grund für die geringe Verbreitung von Turbo-Kits ist in der Tatsache zu suchen, daß in der Bundesrepublik Deutschland die Motoren offensichtlich am höchsten belastet werden. Autobahnen ohne Geschwindigkeitsbegrenzung ermöglichen langanhal-

Schon in den sechziger Jahren gab es im Ausland Turbo-Kits zur Leistungssteigerung. Im Bild ein Käfermotor mit Turbo-Satz von Rajay aus Kalifornien.

tende Dauervollast, und einer solchen Belastung sind die meisten mit Turbo-Kits getunten Motoren nicht gewachsen. Nachlässigkeiten bei Konstruktion und Konzeption treten dann sehr rasch in Form gravierender Motorschäden zutage.
Dennoch gibt es auch hier Firmen, die sich fachkundig und erfolgreich mit Abgasturbo-Aufladung befassen. So hat die Firma Alpina auf BMW-Basis technologisch sehr hochwertige Turbo-Aggregate entwickelt, und auch der Umbausatz von Dr. Schrick für den VW Golf GTI entspricht den hohen Anforderungen, die man hierzulande an diese Form der Leistungssteigerung stellen muß.

GRUNDSÄTZLICHES ZUM TURBO-TUNING

Turbo-Tuning kann auf zwei Arten geschehen. Einmal wird ein vorhandener Saugmotor aufgeladen, das heißt nachträglich zum Turbomotor umfunktioniert. Die andere, wesentlich einfachere Form des Turbo-Tunings besteht darin, vorhandene Turbomotoren in der Leistung zu steigern.
Speziell das erste Verfahren, also die nachträgliche Aufladung von Saugmotoren, stellt erhebliche Anforderungen an das Fachwissen und das technische Know-how der Tuner. Denn abgesehen von der nicht immer einfachen Auswahl und Anpassung des Turboladers müssen alle übrigen Teile, die zur Adaption notwendig sind, neu entwickelt oder modifiziert werden. Dabei wird im Prinzip der Bauaufwand umso größer, je höher die angestrebte Leistungssteigerung ist. Im unmittelbaren Umfeld des Motors sind die folgenden Bauteile von Änderungen betroffen oder müssen gänzlich neu konzipiert werden:

- Auspuffanlage
- Einlaßtrakt (Saugsystem)
- Gemischaufbereitung
- Kraftübertragung (Kupplung)
- Kühlsystem
- Ölkühlung
- Zündanlage
- Zündkerzen

Oft muß auch der Motor selbst, der ja für die Aufladung ursprünglich nicht konzipiert war, den veränderten Belastungen angepaßt werden. Hierzu zählt in erster Linie die Absenkung des serienmäßigen Verdichtungsverhältnisses, die entweder durch andere Kolben, durch höhere Zylinderkopf-

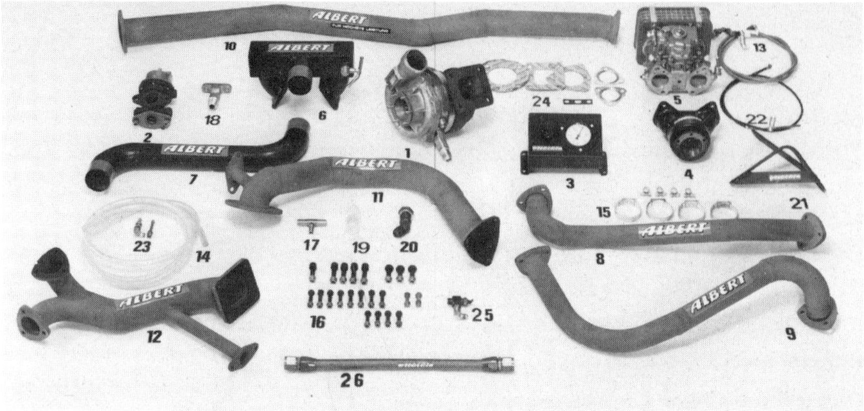

Turbo-Tuning ist nicht einfach: Zahlreiche Teile müssen neu entwickelt oder angepaßt werden. Im Foto der Turbo-Bausatz für den Range Rover von Albert.

dichtung oder durch Vergrößerung des Brennraumes im Zylinderkopf selbst geschehen kann. Weitergehende Maßnahmen, wie zum Beispiel eine Spritzölkühlung der Kolbenunterseite oder die Verstärkung besonders hochbelasteter Triebwerksteile (z. B. Kolbenbolzen) sind zwar vorteilhaft, werden jedoch wegen des erhöhten Bauaufwandes meist nicht praktiziert. Oft wird sogar die Reduzierung der Verdichtung vermieden, um den nachträglichen Änderungsaufwand in Grenzen zu halten. In diesem Fall müssen dann andere Maßnahmen, wie z. B. entsprechende Zündungs- und Ladedruckregelung, dem hohen Verdichtungsverhältnis angepaßt werden.

Als Folge der Leistungssteigerung durch Turboaufladung, die ja meist prozentual sehr hoch ausfällt, sind natürlich wesentlich gestiegene Fahrleistungen zu erwarten. Je nach Leistungsklasse, in der sich das Fahrzeug als Sauger bewegt, sind mehr oder weniger umfangreiche Änderungen an Fahrwerk, Bremsen und in der Kraftübertragung (Übersetzungsverhältnisse, Hinterachskühlung) notwendig. Auch dies gilt es zu berücksichtigen, wenn Saugmotoren nachträglich in leistungsstarke Turbomotoren verwandelt werden.

Weit weniger aufwendig ist dagegen die nachträgliche Leistungssteigerung von serienmäßigen Turbo-Automobilen. Hier läßt sich relativ einfach über eine Erhöhung des Ladedrucks – entweder durch Änderung der Federspannung im Ladedruckregelventil oder mittels Handregelung über ein Differenzdruckventil (siehe Seite 75) – die Leistung steigern. Als Faustformel für die dabei erzielbare Leistungssteigerung kann gelten, daß eine Erhöhung des Ladedrucks um 0,1 bar ein Leistungsplus von etwa zehn Prozent ergibt. Allerdings muß auch hier mit Bedacht vorgegangen werden. Ohne zusätzliche Änderungen ist eine Ladedruckerhöhung um mehr als 0,1 bar nicht zu empfehlen, da sonst Klopfen oder andere Überlastungen eine Gefahr für den Motor darstellen. Der Ladedruck läßt sich jedoch

Ursprüngliche Anordnung von Turbolader und Ladedruck-Regelventil beim Schrick Turbo-Kit für den VW Golf.

dann um bis zu 0,2 bar steigern, wenn – sofern noch nicht vorhanden – nachträglich ein Ladeluftkühler installiert wird oder die vorhandene Ladeluftkühlung wesentlich verbessert wird. Zusätzliche Eingriffe oder Modifikationen am Motor oder am Fahrzeug selbst sind bei Turbomodellen meist entbehrlich.
Die folgenden Beispiele ausgeführten Turbo-Tunings geben Aufschluß über Aufwand, Umfang und Erfolg der jeweiligen Maßnahmen. Sie besitzen in der Regel die Voraussetzungen für den problemlosen Betrieb im Straßenverkehr, wozu natürlich auch die entsprechenden Gutachten zählen. Hierauf ist beim Erwerb besonders zu achten, wenn sie in der Bundesrepublik Deutschland betrieben werden sollen.

TURBO-KITS FÜR DEN VW GOLF

Die in der Tuning-Branche renommierte Firma Dr. Schrick hat schon vor einigen Jahren mit der Entwicklung der Turboaufladung des 1,6 Liter-VW-Einspritzmotors begonnen. Inzwischen wurden zahlreiche Erfahrungen gewonnen, und es steht derzeit ein ausgereifter Turbo-Kit zur Verfügung, in dem alle zum Umbau benötigten Teile vorhanden sind. Obwohl Dr. Schrick eine sehr exakte Einbauanleitung mitliefert und der Umbau theoretisch innerhalb eines Tages möglich ist, sei privaten Bastlern von dieser Möglichkeit abgeraten. Denn der Umbau erfordert nicht nur eine gut ausgerüstete Werkstatt und präzises handwerkliches Können, sondern auch entsprechende Erfahrung. Vorteilhafter ist es sicher, den bereits umgebauten Turbomotor komplett von Tuningfirmen zu beziehen (z. B. Sorgler, Schmidt-Tuning, Stock usw.).
Von der Technik her ist das Schrick-Turbokonzept besonders aufwendig und interessant. Natürlich benutzt Dr. Schrick einen sehr kleinen Lader mit rückwärts gekrümmten Schaufeln, der bereits bei niederer Drehzahl und

geringem Durchsatz anspricht. Das Besondere am Schrick-Turbomotor (1,6 Liter) ist jedoch, daß das ursprüngliche Verdichtungsverhältnis beibehalten wird. Ein so hohes Verdichtungsverhältnis ist bei Turbomotoren normalerweise nicht üblich. Die Vorteile dieser Maßnahme liegen freilich auf der Hand:

- Der Motor muß nicht zerlegt werden.
- Der gute Wirkungsgrad des Serienmotors bleibt erhalten.
- Keine Leistungs- und Drehmoment-Einbußen, solange noch kein Ladedruck aufgebaut ist.

Um diese Vorteile ohne Beeinträchtigung der Standfestigkeit nutzen zu können, waren besondere konstruktive Maßnahmen nötig. So benutzt Dr. Schrick eine spezielle Ladedruckregelung, wobei das waste gate durch einen Mischdruck aus p_2 und p_4 betätigt wird. Diese Mischdruck-Regelung erlaubt einen besonders günstigen Ladedruckverlauf, der bei knapp über 3000 min^{-1} bereits sein Maximum von 0,65 bar erreicht und dann auf 0,4 bar abfällt (siehe Diagramm auf S. 72). Dadurch werden eine Überbelastung des Motors bei hoher Drehzahl und auch das gefürchtete Hochgeschwindigkeitsklopen vermieden.

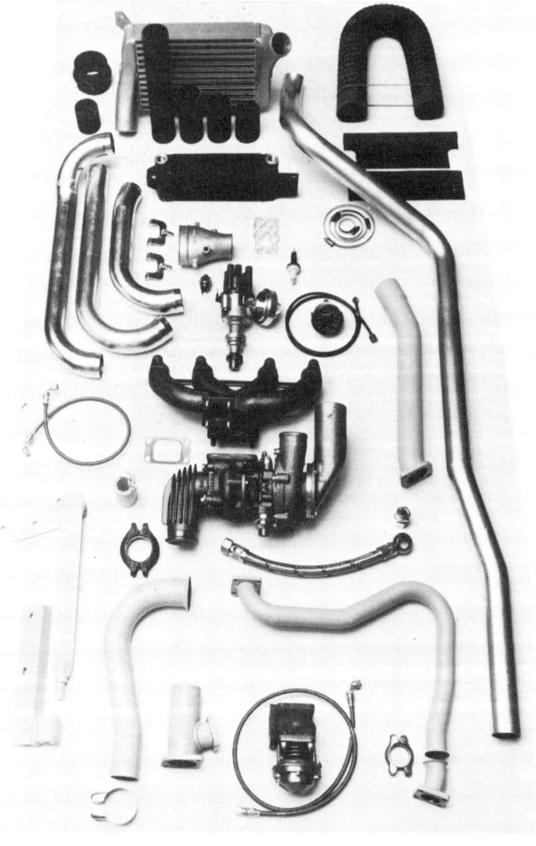

Umbausatz des Schrick-Turbo-Kits für den Golf 1,6.

Dem gleichen Zweck dient ein modifizierter Zündverteiler, der den Zündzeitpunkt über eine Spätdose ladedruckabhängig um maximal 10 Grad zurücknimmt. Dies bedeutet, daß bei vollem Ladedruck mit um 10 Grad reduzierter Vorzündung gefahren wird (also etwa mit 22 bis 25 Grad bei Höchstleistung). Alle anderen Funktionen der Zündzeitpunktregelung, wie Fliehkraft-Frühverstellung und Unterdruck-Frühverstellung für die Teillast bleiben erhalten.
Schließlich verwendet Schrick einen Ladeluftkühler, der einmal die thermische Belastung des Motors reduziert und zum anderen eine hohe Leistungsausbeute bei relativ geringem Ladedruck ermöglicht.
Das Ergebnis der Schrick-Turbokur kann sich freilich sehen lassen. Schon bei geringer Drehzahl findet durch frühzeitigen Ladedruckaufbau eine wesentliche Drehmomentanhebung statt. Das maximale Drehmoment des Schrick-Turbomotors beträgt 205 Nm und wird schon bei 3200/min bei einem Ladedruck von 0,65 bar erreicht (Serienmotor: 140 Nm bei 5000/min). Die Höchstleistung des Schrick-Turbomotors wird mit 143 PS (105 kW) bei 6200/min angegeben und ergibt sich auf Grund der früheren Freigabe des Volkswagenwerkes von 200 km/h Höchstgeschwindigkeit. Im Bedarfsfall lassen sich auch höhere Leistungswerte realisieren. Für so viel Drehmoment ist natürlich eine verstärkte Kupplung erforderlich. Außerdem empfiehlt Schrick eine kontaktlose Transistor-Zündanlage (seit 1981 serienmäßig), Zündkerzen mit höherem Wärmewert sind zwingend notwendig (Bosch W 280 S 2 S). Wie hoch der Aufwand für einen Turbo-Umbau kommt, geht aus der folgenden Teile-Liste des Schrick-Turbo-Kits hervor:

1. Spezialguß-Abgaskrümmer
2. Abgasturbolader
3. Ladedruckregelventil mit Steuerleitung
4. Spezialguß-Abgaskrümmer nach dem Lader
5. Abgas-Bypaßleitung (zweiteilig) mit Befestigungsteilen zum Ladedruckregelventil
6. Komplette Abgasleitung bis zum Nachschalldämpfer mit Befestigungsteilen und Einmündung für Bypaßleitung
7. Drehmomentabstützung für hintere Getriebe-Motoraufhängung
8. Alu-Krümmer für Verdichtereingang
9. Saugschlauch für die Verbindung Luftmengenmesser – Verdichtereingang
10. Ladeluftkühler, einschließlich Abschirmung
11. Druckrohre mit Schlauchverbindungen und Befestigungsteilen vom Ladeluftkühler zum Drosselklappenteil, einschließlich Übergangsstutzen mit Befestigungsteilen

12. Zündverteiler mit Kennlinien
13. Rückschlagventil für die Steuerung der Zündung-Spätverstellung
14. Sicherheitsdruckschalter (schaltet die Kraftstoffpumpe bei zu hohem Ladedruck aus)
15. Öldruckleitung zum Lader mit Anschlüssen
16. Asbesttuch zur Abschirmung der Kraftstoffleitung
17. Ladedruckinstrument mit Druckmeßleitung und Anschlußteilen
18. Größerer Ölkühler (Ausführung zur Montage vor dem Wasserkühler) mit Hohlschrauben und Befestigungsteilen
19. Ringnippel und Preßhülsen für vorhandene Ölleitungen
20. Dichtung für Warmlaufregler
21. Diverse Befestigungs- und Kleinteile

Mit Einführung des 1,8 Liter-Motors im Golf GTI (1982) mußte auch der Schrick Turbo-Kit für diesen Motor modifiziert werden. Die sehr hohe Serienverdichtung des neuen GTI-Motors (10 : 1) konnte nicht mehr beibehalten werden. Sie wurde durch Ausarbeiten der Brennräume auf den immer noch relativ hohen Wert von 9,4 : 1 abgesenkt. Diese Maßnahme macht beim 1,8 Liter Motor insofern keine großen Schwierigkeiten, als der Zylinderkopf über Brennräume verfügt. Beim 1,6 Liter-Motor, der einen planen Heron-Zylinderkopf aufweist, ist ein Absenken des Verdichtungsverhältnisses nur mit anderen Kolben möglich.

Da der Zylinderkopf zum Zwecke der Nacharbeit ohnehin demontiert werden muß, werden nun auch die Gaskanäle überarbeitet und die Anschlüsse zum Einlaß- und Auslaßkrümmer kantenfrei angepaßt. Der 1,8 L GTI-Turbo mit 160 PS ergänzt den 1,6 GTI mit 143 PS. Im Gegensatz zu früher liefert Schrick bei dem 1,8 L-Motor nicht mehr Bausätze, sonder komplette Motoren.

Zum Lieferumfang des neuen Turbo-Motors gehört:

1. Nachgearbeiteter Zylinderkopf
2. Spezial-Abgaskrümmer
3. Garret-Lader mit integriertem Bypassventil (T 03)
4. kompl. Auspuffanlage einschl. Schalldämpfer
5. Ladeluftkühler einschl. Abschirmung
6. AFT-Kennfeldzündung mit Abtastung des
7. Anlasserzahnkranzes
8. Größere K-Jetronic
9. Druckabhängige Warmlaufregler
10. Wirksamerer Ölkühler
11. Sicherheitsdruckschalter (wirkt auf Kraftstoffpumpe)
12. Ladedruck-Meßinstrument mit Leitung
13. »Power«-»Economy«-Schalteinrichtung

Neuer 1,8 Liter-Motor des Golf mit Schrick Turboaufladung.

14. Kraftstoffabschaltung im Schiebebetrieb

Die wichtigsten technischen Daten lauten:

max. Leistung:	118 kW (160 PS) bei 6000 U/min.
max. Drehmoment:	235 Nm bei 3000–3200 U/min.
Verdichtungsverhältnis:	9,4:1
Ladedruck:	0,6 bar bei 3000 U/min.
	0,4 bar bei 6000 U/min.

Im Gegensatz zum 1,6 l-Turbo verwendet Schrick beim 1,8 l-Turbo nicht mehr Fliehgewichte und Druckdosen zur Steuerung des Zündzeitpunkts, sondern eine von AFT für den Turbomotor speziell programmierte Kennfeldzündung, die vom Anlasser-Zahnkranz der Schwungscheibe gesteuert wird. Diese neue moderne Zündung optimiert den Zündzeitpunkt in Abhängigkeit von Drehzahl, Druck im Saugrohr und Ladelufttemperatur; sie hält während des ganzen Motorlebens die einmal einprogrammierten Zündwinkel mit größter Genauigkeit wartungsfrei ein.
Neben der Berechnung des in jedem Betriebspunkt optimalen Zündzeitpunkts kann der Zünd-Computer noch mehr: er hat eine Einrichtung zur Leerlaufstabilisierung, er begrenzt die Drehzahl nach oben hin und er liefert ein Signal für die Abschaltung der Kraftstoff-Einspritzung im Schiebebetrieb.
Ebenfalls abweichend vom 1,6 Liter-Modell ist im Cockpit des 1,8 l-Turbo ein Schalter mit den Schaltstellungen »Economy« und »Power« eingebaut. Während in Stellung »Power« die vollen 160 PS zur Verfügung stehen, wird in der Stellung »Economy« der Ladedruck begrenzt und die K-Jetronic auf äußerst sparsamen Kraftstoffverbrauch gebracht.

Zwei Turbolader speisen die sechs Weber Doppelvergaser des Lamborghini Countach Turbo mit vorverdichteter Luft. Der Turbo-Kit stammt von Albert.

Den Golf GTI bringen die 160 PS auf eine Höchstgeschwindigkeit von rund 210 km/h, die dann statthaft sind, wenn hinten nachträglich Scheibenbremsen eingebaut werden. Beim GTI-Nachfolger, der aerodynamisch günstiger ist (C_w = 0,35), reicht die Leistung für knapp 220 km/h aus. Scheibenbremsen sind bei diesem Modell vorne und hinten serienmäßig.

Außer dem Turbo-Kit von Dr. Schrick, den zahlreiche Tuningfirmen benutzen, gibt es noch andere Turbo-Entwicklungen. So die Schweizer Firma Rinspeed AG in Küsnacht, die ein Turbo-Konzept auf der Basis eines amerikanischen Rotomaster-Turboladers anbietet. Mit reduzierter Verdichtung und ohne Ladeluftkühler erreicht der Rinspeed-Motor 135 PS mit einem maximalen Ladedruck von 0,5 bar. Er spricht wegen seiner anderen Auslegung und Regelung deutlich träger an als der Schrick-Motor und hat ein wesentlich geringeres Drehmoment. Bei Rinspeed kommen ausschließlich Zylinderköpfe mit Brennraum zum Einsatz, in Verbindung mit den serienmäßigen Kolben des Vergasermotors. Die Brennräume werden nachgearbeitet, so daß sich ein Verdichtungsverhältnis von 8,0 : 1 ergibt. Ebenfalls abweichend vom Schrick-Konzept ist die Ladedruck-Regelung. Auch hier findet eine Bypaßregelung auf der Auslaßseite mittels waste gate statt, als Steuerdruck wird jedoch p_2 benutzt, so daß sich bei Erreichen des maximalen Ladedrucks (je nach Auslegung 0,5 bis 0,6 bar) eine ziemlich konstant verlaufende Kennlinie ergibt. Obwohl motorseitig etwas mehr getan werden muß (Zylinderkopf-Demontage usw.) ist der Bauaufwand des Rinspeed-Turbomotors vor allem wegen der fehlenden Ladeluftkühlung geringer als beim Schrick-Motor. Dies schlägt sich auch im Preis nieder.

Einen höheren Aufwand als Schrick und Rinspeed treibt die Kemptener Firma Abt mit ihrem Turbomotor. Zwar finden wesentliche Bauteile des Schrick-Umbausatzes Verwendung, doch weicht der Motor im inneren Aufbau erheblich vom Schrick-Konzept ab. So benutzt Abt (bei der 1,6 Liter-Basis) einen größeren Hubraum (1715 cm^3), der durch die Verwendung einer Kurbelwelle mit 86,4 mm Hub zustande kommt. Größere Ventile (40 mm Einlaß, 35 mm Auslaß) und eine Nockenwelle mit unsymmetrischen Steuerwinkeln (Einlaß 288 Grad, Auslaß 276 Grad) sowie die Verwendung des Zylinderkopfes mit Brennraum (Verdichtungsverhältnis 8,2 : 1) sind die wesentlichen Unterschiede. Eine geänderte Ladedruckregelung mit einem speziellen Bypaßventil ist der wichtigste äußere Unterschied zum Schrick-Turbokonzept, von dem im übrigen die Ladeluftkühlung und der KKK-Turbolader übernommen wurden.

Albert Turboanlage für den Ferrari 308 mit wassergekühltem Regelventil.

In der Endleistung ist der Abt-Turbo der Stärkste. Bei einem maximalen Ladedruck von 0,7 bar werden 162 PS (119 kW) bei 5600/min abgegeben und schon bei 3300/min steht ein maximales Drehmoment von 210 Nm zur Verfügung. Auf Wunsch stattet die Firma Abt das Turboaggregat mit einer Handregelung aus, so daß der maximale Ladedruck vom Fahrer mit einem Handventil (sogenanntes Dampfrad) reguliert werden kann.
In der folgenden Tabelle sind die wichtigsten Kenndaten der verschiedenen Turbomotoren und die daraus resultierenden Fahrleistungen – bezogen auf den Golf – ersichtlich.

Turbo-Motoren: Technische Daten und Fahrleistungen

Basis: Golf GTI 1,6		Schrick (1,6 L)	Max Moritz (Rinspeed)	Abt	Schrick (1,8 L)
Hubraum	cm^3	1588	1588	1715	1781
Leistung	PS/min	143/6200	135/6100	162/5600	160/6000
Drehmoment	Nm/min	205/3300	166/5500	210/3300	235/3000
Verdichtungsverhältnis		9,5:1	8,0:1	8,2:1	9,4:1
Turbolader		KKK	Rotomaster	KKK	Garrett
max. Ladedruck	bar	0,65	0,5	0,7	0,6
Ladeluftkühler		ja	nein	ja	ja
Beschleunigung					
0 bis 100 km/h	s	7,5	8,0	6,5	6,9
0 bis 140 km/h	s	13,3	15,2	11,8	12,5
0 bis 180 km/h	s	28,0	34,5	25,0	25,5
1 km mit st. Start	s	28,2	29,2	27,5	27,8
Höchstgeschwindigkeit	km/h	202	195	205	ca. 220*

*Basis neuer Golf GTI

DER TURBOMOTOR VON ALPINA

Die in der Branche renommierte Firma Alpina, die auf den Bau leistungsgesteigerter BMW-Fahrzeuge spezialisiert ist, hat auf der Basis von BMW-Sechszylinder-Reihenmotoren Turboaggregate entwickelt. Der Mo-

tor hat inzwischen mehrere Entwicklungsstufen durchlaufen (B 7, B 7 S, B 7/1) und ist ein sehr gutes Beispiel für konsequente und konstruktiv aufwendige Leistungssteigerung durch Abgasturbo-Aufladung. In dem Alpina-Turbomotor wurden hochwertige Technologien, wie rechnergesteuerte Zündanlage, Resonanz-Saugrohr und Ladeluftkühlung bereits zu einem Zeitpunkt eingesetzt, als diese Systeme bei Serienturbos noch nicht üblich waren und zum Teil heute noch nicht praktiziert werden. Ebenso konsequent bietet Alpina die Turbomotoren nur zusammen mit kompletten Fahrzeugen an. Die B 7-Motoren sind vorgesehen für die Fünfer- und Sechser-Reihe von BMW.
Die erste Version des Alpina-Turbomotors mit der Bezeichnung B 7 basiert auf dem Dreiliter-Sechszylindermotor von BMW (Bohrung × Hub: 89,0 × 80 mm). Am Triebwerk selbst wurden neue Kolben für die auf 7,2 : 1 reduzierte Verdichtung vorgesehen. Versuche mit Nockenwellen ergaben, daß sie Serienausführung mit 272 Grad Öffnungswinkel auch für den aufgeladenen Motor die besten Ergebnisse brachte. Als Abgasturbolader wurde ein KKK-Lader der Baugruppe K 27 gewählt, mit einem separaten Ladedruck-Regelventil. Ein Ladeluftkühler senkt die Ladelufttemperatur um durchschnittlich 50° C. Damit unterscheidet sich der Alpina-Turbomotor inzwischen nicht mehr von anderen fortschrittlichen Konstruktionen. Seine Besonderheiten liegen in anderen Bereichen.
Als Gemischaufbereitung benutzte Alpina beispielsweise (bei B 7 und B 7 S) eine luftmengenmessende, mechanische Einspritzanlage von Pierburg (Pierburg DL). Das Besondere daran ist die Anordnung des Luftmengenmessers *nach* dem Verdichter. Dies bringt nicht nur Vorteile durch kürzere Schlauchleitungen, sondern verbessert auch das Ansprechverhalten des Motors, weil die Turbine frei ansaugen kann und so schneller hochläuft. Die Korrektur der unterschiedlichen Luftdichte muß bei dieser Anordnung vorgesehen werden und geschieht durch einen Raumnocken, der die Einspritzmenge zusätzlich ladedruckabhängig regelt.
Als weitere Besonderheit kann die bei Alpina erstmals eingesetzte, voll digitale, rechnergesteuerte, verteilerlose Zündanlage gelten (System Dr. Hartig). Mit diesem Zündsystem lassen sich die spezifischen Bedürfnisse der Zündwinkelverstellung von Turbomotoren durch ein programmiertes Kennfeld optimal berücksichtigen, auch erlaubt das sehr enge Toleranzband hinsichtlich der Einhaltung des korrekten Zündzeitpunktes für die einzelnen Zylinder ein häheres Herangehen an die Klopfgrenze. Zusätzlich wird der Zündzeitpunkt über einen Temperaturfühler geregelt, der die Ladelufttemperatur mißt und die Vorzündung entsprechend korrigiert.
Ein sehr wesentliches Konstruktionsmerkmal des Alpina-Turbomotors ist die kombinierte Aufladung (siehe auch Seite 34). Ein speziell ausgebildetes

Auch Kleinmotoren werden mit Turbo getunt: Dreizylinder-Daihatsu-Motor mit Turbo-Kit der Schweizer Firma Maxessoieres. Leistung je nach Ladedruck zwischen 62 und 90 PS.

Resonanzansaugsystem sorgt vor allem im unteren Drehzahlbereich, wo Hochleistungs-Turbomotoren üblicherweise nur schwache Drehmomentwerte aufweisen können, für eine Verbesserung des Drehmoment- und Leistungsverlaufes. So wurde durch die kombinierte Aufladung der Ladedruck unter 2000 min^{-1} um 23 Prozent erhöht und das Ansprechverhalten verbessert.

Die Leistungswerte des B 7-Motors sind demensprechend beeindruckend. Bei einem Ladedruck von 0,85 bar werden 300 PS (220 kW) bei 6000 min^{-1} erzielt, und selbst bei der von Hand über ein Regelventil (»Dampfrad«) einstellbaren unteren Ladedruckgrenze von 0,55 bar stehen noch rund 250 PS (184 kW) zur Verfügung.

Noch mehr Power offeriert der weiterentwickelte B 7 S-Turbomotor. Bei gleicher Grundkonzeption unterscheidet sich der B 7 S vor allem durch seine Motor-Basis. Als Grundmotor dient hier nämlich der 3,5 Liter BMW-Motor (Bezeichnung M 90, Bohrung × Hub: 93,4 × 84,0 mm). Sein um fast 20 Prozent größerer Hubraum bringt natürlich auch höhere Drehmoment- und Leistungswerte. Der B 7 S leistet mit einem Basis-Verdichtungsverhältnis von 7,5 : 1 und einem Ladedruck von 0,9 bar 330 PS (243 kW) bei 5800 min^{-1} und stellt ein maximales Drehmoment von 500 Nm (51 mkp) schon bei 2500 min^{-1} zur Verfügung.

So viel Leistung schien den Alpina-Leuten für die aerodynamisch verbesserten 5er und 6-er-Nachfolger nicht notwendig, zumal die neuen Modelle auch im Gewicht günstiger liegen. Der neue B 7-Motor, mit der Bezeichnung B 7/1 leistet darum wieder 300 PS (220 kW) – genau wie der alte B 7. Trotzdem unterscheidet er sich ganz wesentlich von seinen Vorgängern. Wiederum kommt ein anderer Grundmotor zum Einsatz. Dieses Mal ist es der neue 3,5 Liter-Motor von BMW (Block-Bezeichnung 3034, Bohrung × Hub: 92,0 × 86,0 mm), als Basisverdichtung wurde 8 : 1 gewählt. So konnte die Höchstleistung bereits mit einem Ladedruck von 0,7 bar erreicht werden. Letztere ist wiederum von Hand im Bereich von 0,4 bar (untere Ladedruckgrenze) bis 0,7 bar regelbar. Als Gemischaufbereitung wird beim B 7/1 wegen der Einstellung der Pierburg-Einspritzung die Bosch Motronic verwendet, die allerdings auf die Bedürfnisse des Turbomotors abgestimmt werden muß. In der Motronic wird frelich nicht nur die Einspritzmenge bestimmt, sondern auch der Zündzeitpunkt. Als Luftmengenmesser dient der des BMW 745 i. Er ist vor dem Verdichter installiert.

Alpina Turbomotoren: Daten und Leistungen

Motortyp		B 7	B 7 S	B 7/1
Hubraum	cm^3	2998	3453	3430
Bohrung × Hub	mm	89,0 × 80,0	93,4 × 84,0	92,0 × 86,0
Leistung	kW/PS/min^{-1}	220/300/6000	243/330/5800	220/300/6000
Drehmoment	Nm/min^{-1}	460/2500	500/2500	470/2400
Verdichtung		7,3:1	7,5:1	8:1
Turbolader	KKK	K 27	K 27	K 27
Turbinengröße[1)]	cm^3	13	16	16
Ladedruck	bar	0,85	0,9	0,7
Ladeluftkühler		ja	ja	ja
Nockenwelle		272°	264°	264°
Spez. Leistung	PS/Liter	100,06	95,56	87,46

[1)] Halsquerschnitt

TURBO MAY-ANLAGE FÜR FORD-MOTOREN

Der von dem Schweizer Ingenieur Michael May entwickelte Turbo-Kit für die V 6-Motoren von Ford ist schon seit vielen Jahren auf dem Markt. Es war die erste befriedigend funktionierende Abgasturbo-Aufladung für Personenwagenmotoren. May trug dadurch wesentlich dazu bei, die Turboentwicklung zu beschleunigen. Die Anlage ist allerdings immer noch auf dem ursprünglichen, nicht sehr hohen Entwicklungsstand.

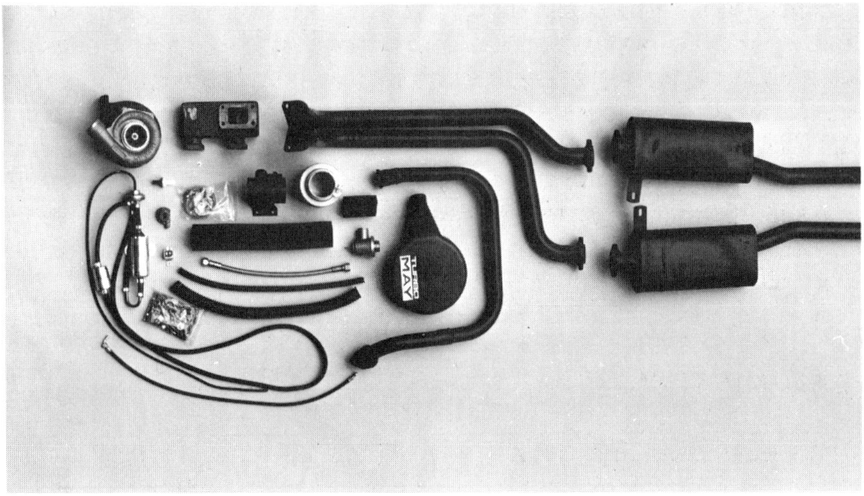

Bekanntester Turbo-Kit seit Jahren: der Umbausatz von Turbo-May für den Ford V-Sechszylinder. Im Bild die neueste Version für den Ford Sierra.

Als Basismotor fungiert der Ford Sechszylinder (V-Winkel 60°) mit einem Hubraum von 2294 cm^3. Er ist auf Grund seiner kompakten Bauweise und Konstruktion (Grauguß-Block und Zylinderkopf) gut zur Aufladung geeignet. Im unaufgeladenen Zustand ist dieser Motor spezifisch nicht sehr hoch belastet (114 PS bei 5300 min^{-1}). Dieser Motor wird im Granada, Taunus, Capri und Sierra verbaut. Als aufgeladenes Aggregat ist er besonders im windschlüpfigen Sierra reizvoll, wo er sehr hohe Fahrleistungen mobilisiert. Die Turbo-May-Anlage wird von dem Stuttgarter Ford Großhändler Schwabengarage geliefert. Ein fast identisches System wird auch von Ford Motorsport vertrieben.
Für die Aufladung wird der Basismotor kaum verändert. Das Verdichtungsverhältnis von 9,2 : 1 wird beibehalten. Als Abgasturbolader kommt ein Garrett AiResearch Typ T 04 zum Einsatz. Da der Turbomotor nicht mit einem abgasseitigen waste gate arbeitet, sondern mit einem einlaßseitig

angeordneten Abblaseventil, muß die gesamte Abgasmenge durch die Turbine. Aus diesem Grund ist eine ziemlich große Turbine notwendig, was im Ansprechverhalten und im unteren Drehzahlbereich von Nachteil ist.
Als weiterer, thermodynamischer Nachteil dieser Regelung gilt das Abblasen von vorverdichteter Luft, die das Ventil nach Erreichen des maximalen Ladedrucks in das Saugsystem entweichen läßt. Die Turbo May-Anlage arbeitet mit einem Druckvergasersystem. Der serienmäßige Doppelvergaser wird beibehalten, muß aber abgedichtet werden. Eine elektrische Kraftstoff-Förderpumpe sorgt für erhöhten Durchsatz und den notwendigen Förderdruck. Der Druck in der Kraftstoffzufuhrleitung muß nämlich dem Druck in der Schwimmkammer – also analog zum Ladedruck – angepaßt werden. Dies geschieht über ein zwischen Kraftstoffpumpe und den Vergaser installiertes Regelventil, das vom Ladedruck beaufschlagt ist.
Die Leistung des 2,3 Liter Ford-Motors steigt bei Aufladung mit 0,5 bar auf beachtliche 180 PS (132 kW) bei 5500 min^{-1}. Das maximale Drehmoment ist mit 238 Nm allerdings erst bei 4600 min^{-1} verfügbar. Die serienmäßige Zündung wird beibehalten, aber auf einen wesentlich geringeren Vorzündungswert (ca. 25 Grad) zurückgenommen.

TURBO-KITS VON ALBERT

Österreichs bekanntester Motortuner, Franz Albert aus Wörgl/Tirol, hat neben seinem umfassenden Nockenwellenprogramm Turbo-Kits für eine ganze Reihe von Fahrzeugen entwickelt. Die zur nachträglichen Turboaufladung bestimmten Umbausätze können entweder als solche bei Albert bezogen, oder als Komplettmotoren in Auftrag gegeben werden. Außer den modellspezifisch entwickelten Turbo-Kits rüstet Albert auf Wunsch jedes Auto mit Turbolader aus, wobei Sonderanfertigungen natürlich je nach Aufwand entsprechend teuer kommen. In der Bundesrepublik Deutschland sind die Albert Turbomotoren in der Regel nicht zugelassen. Bemühungen hierzu sind im Gange und zeigen bereits erste Früchte: Der von Albert mit Turboaufladung versehene Ferrari 308 GTB/GTS wird hierzulande zugelassen, der Vertrieb erfolgt ausschließlich über die Firma König/München. Gleiches wird für den Ferrari 512 BBi angestrebt.
Die Albert Turbo-Kits haben bis auf wenige Ausnahmen weitgehend gemeinsame Konstruktionsmerkmale. So verwendet Albert ausschließlich Abgasturbolader des amerikanischen Herstellers Rajay, die in vier verschiedenen Größen lieferbar sind. Außerdem hat sich Albert vernünftigerweise zur abgasseitigen Ladedruckregelung über ein waste gate entschlossen, und hierzu ein eigenes Ladedruck-Regelventil entwickelt. Letz-

Motor des Suzuki SJ mit Albert Turbo-Kit.

teres wird separat vom Turbolader installiert und ist – als technische Besonderheit – wassergekühlt. Über zwei Schlauchanschlüsse wird es mit dem Kühlkreislauf des Motors verbunden und auf diese Weise vor Überhitzung geschützt. Als weitere Besonderheit findet man keine Membran im Albert-Regelventil, sondern einen Kolben. Beaufschlagt wird jener vom Ladedruck, so daß sich eine reine p_2-Regelung ergibt.

Albert arbeitet, so weit es sich um Ottomotoren handelt, fast ausschließlich mit Saugvergaser-Systemen (Ausnahme Lamborghini Countach, der über Druckvergaser verfügt), so daß sich eine Anpassung des Kraftstoffdrucks an den Ladedruck erübrigt. In der Regel werden die serienmäßigen Zündanlagen beibehalten und auf die Bedürfnisse des jeweiligen Turbomotors abgestimmt. Hierzu genügt es oft, den Verstellmechanismus im Zündverteiler zu blockieren und mit konstanter Vorzündung (ca. 26 bis 29 Grad) zu fahren. Alternativ ist auch eine Begrenzung des Regelbereiches möglich. Bei den aufgeladenen Dieselmotoren paßt Albert die Einspritzpumpe der jeweiligen Leistungssteigerung an.

Das Verdichtungsverhältnis der Motoren wird dann beibehalten, wenn es serienmäßig nicht wesentlich über 8 : 1 liegt. Ansonsten reduziert Albert

Albert Turbo-Kits						
Fahrzeug	Hubraum cm^3	Leistung PS/min	Drehmom. Nm/min	Verdicht.	Turbo-lader	Lade-druck bar
Ferrari 308 GTB/GTS	2920	305/6500	–*)	8,2:1	1	0,75
Ferrari BB 512	4943	600/6800	–	7,0:1	2	0,8
Lada Niva (Taiga)	1569	108/5700	145/4000	8,2:1	1	0,5
Lamborghini Countach	3929	540/6500	–	8,8:1	2	0,6
Mazda 626	1970	140/4600	270/2800	8,2:1	1	0,42
Range Rover	3528	210/4400	385/3800	8,0:1	1	0,5
Subaru 1800	1791	105/5300	170/3600	8,7:1	1	0,45
Suzuki SJ 410	973	75/–	–	8,2:1	1	0,45
Toyota 1600	1588	130/–	–	8,2:1	1	0,42
Mercedes 240 D/GD	2399	100/4400	–	21:1	1	0,42
Mercedes 300 D/GD	2998	125/4400	–	21:1	1	0,42

*) keine Angaben

Albert bietet auch Turbo-Kits für Mercedes Diesel (Vier- und Fünfzylinder) an.

die Basisverdichtung durch Dekompressionsplatten (Stärke von 1 bis 2 mm) zwischen Zylinderkopf und Block, wobei zwei Kopfdichtungen notwendig sind. In Sonderfällen kommen auch spezielle Kolben zum Einbau oder es werden die Brennräume im Zylinderkopf ausgearbeitet (Subaru 1800).

TURBO-TUNING VON HEUSCHMID

Die Firma Heuschmid im Allgäu hat sich auf die Leistungssteigerung der Saab-Turbomodelle spezialisiert. Dabei stellt der vorhandene Saab-Turbomotor, der leistungsmäßig nicht allzusehr ausgereizt ist, eine dankbare Ausgangsbasis für nachträgliche Tuning-Maßnahmen dar. Als wichtigster Eingriff darf hier der Einbau eines voluminösen Ladeluft-Kühlers gelten, der die Ladeluft-Temperatur von ca. 150 Grad C beim Serienmodell um etwa 70 Grad auf 80 Grad absenkt. Weiterhin verwendet Heuschmid eine geänderte Auspuffanlage mit reinem Absorptions-Schalldämpfer, die den Abgasgegendruck von 33 mm WS (Millimeter Wassersäule) auf 12 mm WS absenkt.

Der reduzierte Gegendruck und die Ladeluftkühlung führen zu einem wesentlich besseren Aufladegrad. Als zusätzliche Maßnahme setzt Heuschmid die beim Saab APC-Motor serienmäßige Rücknahme des Zündzeitpunktes (7 Grad ab 0,3 bar) außer Funktion. Die größere Vorzündung ist wegen der Ladeluftkühlung ohne Risiko möglich, sie bringt Leistungs- und Verbrauchsvorteile. Eine weitere Reduzierung des Kraftstoffverbrauchs erreicht Heuschmid durch Ausschaltung der serienmäßigen Kraftstoffanreicherung. Aus Sicherheitsgründen wird nämlich beim Serienmotor kontinuierlich mit dem Ladedruck der Steuerdruck der Bosch K-Jetronic abgesenkt (von 3,8 auf 2,4 bar). Dies führt zu einer Erhöhung der Kraftstoffmenge bis zu 10 Prozent. Das fettere Gemisch soll für eine stärkere Innenkühlung sorgen – eine Sicherheitsmaßnahme, die auf Kosten des Verbrauchs geht.

Als weitere leistungssteigernde Maßnahme nennt Heuschmid die Demontage und sorgfältige Neumontage des gesamten Triebwerkes. Offensichtlich wird der im Werk automatisch montierte Saab-Motor so unsensibel verschraubt, daß ungleichmäßige Anzugsmomente und Verzug unter Umständen zu erheblichen Leistungseinbußen infolge höherer Reibung führen. Bis zu 15 PS sollen allein auf diesem Wege gewonnen werden. Die Zahl erscheint glaubhaft, wenn man die Leistungsdaten des Heuschmid-Saabs betrachtet: 180 PS (131 kW) statt serienmäßig 145 PS werden bei 5000 min^{-1} und nahezu unverändertem Ladedruck (0,55 bar) realisiert. Damit ist der Saab 900 von Heuschmid ein sehr flottes Auto, das mühelos die 200 km/h-Grenze durcheilt, bei keineswegs höherem Verbrauch als der Serien-Turbo.

Typologie der Turbos

WELCHE TURBO-PERSONENWAGEN BISHER GEBAUT WURDEN

Noch vor wenigen Jahren hätte man sich dieses Kapitel sparen können. Es gab nur einen einzigen Serien-Personenwagen mit Turboaufladung, den Porsche 911 Turbo nämlich – und dessen Serie war nicht sehr groß. Der Porsche Turbo wird immer noch gebaut und die Entwicklung, die er mit ausgelöst hat, verläuft so stürmisch, daß im Durchschnitt der letzten Jahre jeweils rund zwanzig neue Turbo-Modelle auf den Markt kamen. Insbesondere in Japan scheinen viele Automobilhersteller bestrebt zu sein, jede Modellreihe mit einer Turboversion zu krönen. Nicht immer freilich weisen jene Fabrikate die fortschrittlichste Turbo-Technik auf, welche die meisten Turbo-Modelle im Programm haben.
Nicht berücksichtigt wurden in dieser Typologie die zahlreichen Prototypen und Kleinstserien, sowie Fahrzeuge, die ausschließlich zu Sportzwekken homologiert wurden. Auch besondere Länderspezifikationen konnten nicht immer erfaßt werden.
Viele der in dieser Typologie aufgeführten Turbo-Personenwagen sind in Deutschland oder Europa nicht oder noch nicht lieferbar. Dies ist mit ein Grund, warum nicht alle Daten nach europäischen Normen (z. B. DIN-Verbrauch nach ECE) vorhanden waren. Aber auch sonst war es nicht immer möglich, die Daten für jedes Modell vollständig zu erfahren. Manche Hersteller betrieben Geheimniskrämerei, bei anderen versickerten Anfragen in der Bürokratie.
Der guten Überrsichtlichkeit wegen und auch aus Platzgründen mußten in den Tabellen Kürzel oder Abkürzungen benutzt werden. So weit sie nicht ohnehin zum üblichen technischen Sprachgebrauch zählen, ist ihre Bedeutung im folgenden erklärt:

1. Bauart:
R = Reihenmotor, V = Motor mit V-förmig angeordneten Zylindern.
2. Ventilsteuerung:
ohv = overhead valves = untenliegende Nockenwelle
ohc = overhead camshaft = obenliegende Nockenwelle
3. Zündung:
SZ = normale Spulenzündung; HKZ = Hochspannungs-Kondensator-Zündung kontaktlos; TSZ = Transistor-Zündung kontaktlos; VEZ = vollekeltronische Zündung mit Kennfeldsteuerung, mit oder ohne Zündverteiler.
4. Gesamtübersetzung:
Produkt aus Achsantriebsübersetzung und Übersetzung im obersten Gang oder Overdrive.
5. Geschwindigkeit pro 1000/min^{-1}:
Fahrzeuggeschwindigkeit pro 1000 Motorumdrehungen im obersten Gang.
6. DIN-Verbrauch: Kraftstoffverbrauch nach DIN 70 030:
Bis 1979 bei 3/4 Höchstgeschwindigkeit (max. 110 km/h) plus 10 %.
Ab 1979 drei Werte: bei 90 km/h; bei 120 km/h; im Stadtzyklus.
Weitere Akürzungen:
VP = Verteiler-Einspritzpumpe für Dieselmotoren
RP = Reihen-Einspritzpumpe für Dieselmotoren
OD = Overdrive
w.w. wahlweise

Alfa Romeo Alfetta TD
(1979)

Viertürige Limousine mit aufgeladenem Dieselmotor des italienischen Herstellers V.M. Besonderheit: hintenliegendes Fünfganggetriebe und De Dion-Achse.
Seit 1983 Motor mit 2,4 Liter Hubraum. Nur dieses Modell wird in Deutschland angeboten.

Fahrzeug-Typ		Alfa Romeo Alfetta 2,4 TD (1983)	Alfa Romeo Alfetta TD (1979)
Motor		Diesel	Diesel
Zylinderzahl/Bauart/Einbau[1)]		4/R/längs	4/R/längs
Hubraum	cm^3	2393	1995
Bohrung × Hub	mm	92/90	88×82
Leistung	kW (PS) bei 1/min	68 (93)/4200	61 (82)/4300
Spezifische Leistung	kW/L (PS/L)	28,4 (38,9)	30,3 (41,1)
Drehmoment	Nm bei 1/min	186/2400	162/2300
Verdichtungsverhältnis		23:1	22:1
Ventilsteuerung[2)]		ohv/Stirnräder	ohv/Stirnräder
Gemischaufbereitung		Einspritzung (VP-Bosch)	Einspritzung (VP-Bosch)
Turbolader		KKK	KKK
Maximaler Ladedruck	bar	0,9	0,9
Ladedruckregelung		waste gate	waste gate
Ladeluftkühler		nein	ohne
Ölinhalt	L	6,1	6,1
Ölkühler		ja	ja
Zündung		–	–
Klopfregelung		–	–
Antrieb		Hinterrad	Hinterrad
Getriebe		5-Gang	5-Gang
Gesamtübersetzung[4)]		2,98:1	3,198:1
Geschwindigkeit pro 1000/min[5)]	km/h	38,1	35,3
Reifengröße		165-14 (w.w. 185/70-14)	165-14
Leergewicht	kg	1270	1270
Höchstgeschwindigkeit	km/h	165	158
Beschleunigung 0–100 km/h	s	15,0	16,5
DIN-Verbrauch[6)]	L/100 km	6,0/7,8/9,0	6,2/8,0/9,5
Kraftstofftank	L	49	49

Audi 200 5 T
(1979 bis 1983)

Viertürige Limousine auf der Basis des Audi 100 mit luxuriöser Ausstattung, größeren Rädern (15 Zoll Durchmesser) und Scheibenbremsen hinten. Frontantrieb. In USA als Audi 5000 mit reduzierter Leistung (97 kW/132 PS) angeboten.

Fahrzeug-Typ		Audi 200 5 T (1979)
Motor		Otto
Zylinderzahl/Bauart/Einbau[1)]		5/R/längs
Hubraum	cm^3	2144
Bohrung × Hub	mm	79,5×86,4
Leistung	kW (PS) bei 1/min	125 (170)/5300
Spezifische Leistung	kW/L (PS/L)	58,5 (79,3)
Drehmoment	Nm bei 1/min	265/3300
Verdichtungsverhältnis		7:1
Ventilsteuerung[2)]		ohc/Zahnriemen
Gemischaufbereitung		Einspritzung (Bosch K-Jetronik)
Turbolader		KKK (K 26)
Maximaler Ladedruck	bar	0,82
Ladedruckregelung		waste gate (p_3)
Ladeluftkühler		nein
Ölinhalt	L	5
Ölkühler		ja
Zündung[3)]		TSZ
Klopfregelung		nein
Antrieb		Vorderrad
Getriebe		5-Gang (w.w. Automatik)
Gesamtübersetzung[4)]		2,67:1
Geschwindigkeit pro 1000/min[5)]	km/h	34,9
Reifengröße		205/60 HR 15
Leergewicht	kg	1260
Höchstgeschwindigkeit	km/h	202
Beschleunigung 0–100 km/h	s	8,6
DIN-Verbrauch[6)]	L/100 km	7,7/10,3/15,4
Kraftstofftank	L	75

Audi 5000 Turbodiesel
(1980 bis 1983)

Für die USA konzipiertes Modell auf der Basis des Audi 100 mit Fünfzylinder Turbodieselmotor.
In Deutschland und anderen europäischen Ländern nicht lieferbar.

Fahrzeug-Typ		Audi 5000 Turbodiesel (1980)
Motor		Diesel
Zylinderzahl/Bauart/Einbau[1)]		5/R/längs
Hubraum	cm^3	1986
Bohrung × Hub	mm	76,5×86,4
Leistung	kW (PS) bei 1/min	64 (87)/4500
Spezifische Leistung	kW/L (PS/L)	32,2 (43,8)
Drehmoment	Nm bei 1/min	172/2750
Verdichtungsverhältnis		23:1
Ventilsteuerung[2)]		ohc/Zahnriemen
Gemischaufbereitung		Einspritzung (VP – Bosch)
Turbolader		Garrett
Maximaler Ladedruck	bar	0,7
Ladedruckregelung		waste gate (p_2)
Ladeluftkühler		nein
Ölinhalt	L	5,0
Ölkühler		ja
Zündung		–
Klopfregelung		–
Antrieb		Vorderrad
Getriebe		Automatik (3-Gang)
Gesamtübersetzung[4)]		3,088:1
Geschwindigkeit pro 1000/min[5)]	km/h	36,9
Reifengröße		165-14 (w.w. 185/70-14)
Leergewicht	kg	1230
Höchstgeschwindigkeit	km/h	160
Beschleunigung 0–100 km/h	s	14
DIN-Verbrauch[6)]	L/100 km	6,7/9,2/9,9
Kraftstofftank	L	60

Audi Quattro
(1980)

Viersitziges Sportcoupé mit hoher Leistung. Besonderheit: permanenter Allradantrieb mit zuschaltbaren Differentialsperren.

Fahrzeug-Typ		Audi Quattro (1980)
Motor		Otto
Zylinderzahl/Bauart/Einbau[1)]		5/R/längs
Hubraum	cm^3	2144
Bohrung × Hub	mm	79,5×86,4
Leistung	kW (PS) bei 1/min	147 (200)/5500
Spezifische Leistung	kW/L (PS/L)	68,6 (93,3)
Drehmoment	Nm bei 1/min	285/3500
Verdichtungsverhältnis		7,0:1
Ventilsteuerung[2)]		ohc/Zahnriemen
Gemischaufbereitung		Einspritzung (Bosch K-Jetronik)
Turbolader		KKK (K 26)
Maximaler Ladedruck	bar	0,85
Ladedruckregelung		waste gate (p_3)
Ladeluftkühler		ja
Ölinhalt	L	4,5
Ölkühler		ja
Zündung[3)]		VEZ (Hitachi)
Klopfregelung		nein
Antrieb		Vierrad
Getriebe		5-Gang
Gesamtübersetzung[4)]		3,02:1
Geschwindigkeit pro 1000/min[5)]	km/h	37,2
Reifengröße		205/60-15
Leergewicht	kg	1300
Höchstgeschwindigkeit	km/h	222
Beschleunigung 0–100 km/h	s	7,1
DIN-Verbrauch[6)]	L/100 km	7,9/10,4/15,4
Kraftstofftank	L	92

Audi 80 Turbodiesel
(1982)

Zwei- und viertürige Mittelklasse-Limousine mit Frontantrieb. In verschiedenen Ausstattungsvarianten lieferbar.

Fahrzeug-Typ		Audi 80 Turbo-Diesel (1982)
Motor		Diesel
Zylinderzahl/Bauart/Einbau[1)]		4/R/längs
Hubraum	cm^3	1588
Bohrung × Hub	mm	76,5×86,4
Leistung	kW (PS) bei 1/min	51,5 (70)/4500
Spezifische Leistung	kW/L (PS/L)	32,5 (44,1)
Drehmoment	Nm bei 1/min	130/2600
Verdichtungsverhältnis		23:1
Ventilsteuerung[2)]		ohc/Zahnriemen
Gemischaufbereitung		Einspritzung (VP Bosch)
Turbolader		KKK und Garrett
Maximaler Ladedruck	bar	0,7
Ladedruckregelung		waste gate (p_2)
Ladeluftkühler		nein
Ölinhalt	L	3,5
Ölkühler		ja
Zündung		–
Klopfregelung		–
Antrieb		Vorderrad
Getriebe		5-Gang (w.w. Automatik)
Gesamtübersetzung[4)]		3,0:1
Geschwindigkeit pro 1000/min[5)]	km/h	36,4
Reifengröße		165-13
Leergewicht	kg	1000
Höchstgeschwindigkeit	km/h	158
Beschleunigung 0–100 km/h	s	14,5
DIN-Verbrauch[6)]	L/100 km	4,8/6,8/7,2
Kraftstofftank	L	68

Audi 100 (Audi 100 Avant) Turbodiesel

(1983)

Viertürige, geräumige Limousine der gehobenen Mittelklasse mit aufgeladenem Fünfzylinder-Dieselmotor. Frontantrieb. Auch als Kombilimousine mit Heckklappe unter der Bezeichnung Avant lieferbar. Verschiedene Ausstattungsvarianten. Besonderheit: Sehr niedriger Luftwiderstandsbeiwert (c_w = 0,31 bzw. 0,34 für Avant).

Fahrzeug-Typ		Audi 100 Turbodiesel (1983)
Motor		Diesel
Zylinderzahl/Bauart/Einbau[1)]		5/R/längs
Hubraum	cm^3	1986
Bohrung × Hub	mm	76,5×86,4
Leistung	kW (PS) bei 1/min	64 (87)/4500
Spezifische Leistung	kW/L (PS/L)	32,2 (43,8)
Drehmoment	Nm bei 1/min	172/2750
Verdichtungsverhältnis		23:1
Ventilsteuerung[2)]		ohc/Zahnriemen
Gemischaufbereitung		Einspritzung (VP Bosch)
Turbolader		Garrett
Maximaler Ladedruck	bar	0,7
Ladedruckregelung		waste gate (p_2)
Ladeluftkühler		nein
Ölinhalt	L	5,0
Ölkühler		ja
Zündung[3)]		–
Klopfregelung		–
Antrieb		Vorderrad
Getriebe		5-Gang (w.w. Automatik)
Gesamtübersetzung[4)]		2,63:1
Geschwindigkeit pro 1000/min[5)]	km/h	42,6
Reifengröße		185/70-14
Leergewicht	kg	1250
Höchstgeschwindigkeit	km/h	173 (170)*
Beschleunigung 0–100 km/h	s	14,0 (14,9)*
DIN-Verbrauch[6)]	L/100 km	4,9/7,1/9,0
Kraftstofftank	L	80

* Werte für Audi 100 Avant

Audi 200 Turbo
(1983)

Viertürige Limousine auf der Basis des neuen Audi 100 mit umfangreicher Ausstattung und modifiziertem Fahrwerk. Frontantrieb. Besonderheit: sehr niedriger Luftwiderstand (c_w = 0,33) und hohe Endgeschwindigkeit (230 km/h).

Fahrzeug-Typ		Audi 200 Turbo (1983)
Motor		Otto
Zylinderzahl/Bauart/Einbau[1)]		5/R/längs
Hubraum	cm^3	2144
Bohrung × Hub	mm	79,5×86,4
Leistung	kW (PS) bei 1/min	134 (182)/5700
Spezifische Leistung	kW/L (PS/L)	62,5 (84,9)
Drehmoment	Nm bei 1/min	252/3600
Verdichtungsverhältnis		8,8:1
Ventilsteuerung[2)]		ohc/Zahnriemen
Gemischaufbereitung		Einspritzung mech. (Bosch K-Jetronic)
Turbolader		KKK (K 26)
Maximaler Ladedruck	bar	0,6
Ladedruckregelung		waste gate sep. (p_2)
Ladeluftkühler		ja
Ölinhalt	L	4,5
Ölkühler		ja
Zündung[3)]		VEZ (Bosch/Hitachi)
Klopfregelung		ja
Antrieb		Vorderrad
Getriebe		5-Gang (w.w. Automatik)
Gesamtübersetzung[4)]		3,026:1
Geschwindigkeit pro 1000/min[5)]	km/h	37,5
Reifengröße		205/60-15
Leergewicht	kg	1290
Höchstgeschwindigkeit	km/h	230
Beschleunigung 0–100 km/h	s	8,2
DIN-Verbrauch[6)]	L/100 km	6,9/8,9/12,8
Kraftstofftank	L	80

Bentley Mulsanne Turbo
(1982)

Leistungsstärkstes Modell des englischen Luxuswagenherstellers Rolls-Royce. Viertürige Limousine der Spitzenklasse mit erlesener Ausstattung. Besonderheiten: teuerster Turbo-Personenwagen der Welt, offizielle Leistungsangaben fehlen.

Fahrzeug-Typ		Bentley Mulsanne Turbo (1982)
Motor		Otto
Zylinderzahl/Bauart/Einbau[1)]		8/V 90°/längs
Hubraum	cm^3	6750
Bohrung × Hub	mm	104,5×99,1
Leistung	kW (PS) bei 1/min	ca. 300 PS (keine offiziellen Angaben)
Spezifische Leistung	kW/L (PS/L)	–
Drehmoment	Nm bei 1/min	Keine Angaben
Verdichtungsverhältnis		8,0:1
Ventilsteuerung[2)]		ohv/Stirnräder
Gemischaufbereitung		Druck-Vergaser (Doppel-Register Solex 4 A 1)
Turbolader		Garrett
Maximaler Ladedruck	bar	0,45
Ladedruckregelung		waste gate
Ladeluftkühler		nein
Ölinhalt	L	9,4
Ölkühler		ja
Zündung[3)]		VEZ
Klopfregelung		ja
Antrieb		Hinterrad
Getriebe		Automatik (3-Gang)
Gesamtübersetzung[4)]		2,69:1
Geschwindigkeit pro 1000/min[5)]	km/h	48,3
Reifengröße		235/70-15
Leergewicht	kg	2270
Höchstgeschwindigkeit	km/h	220
Beschleunigung 0–100 km/h	s	8,1
DIN-Verbrauch[6)]	L/100 km	13,5/16,7/24,8
Kraftstofftank	L	107

BMW 2002 Turbo
(1973 bis 1974)

Erster deutscher Serien-Personenwagen auf der Basis des BMW 2002 tii. Zweitürige Limousine mit Fahrwerks- und Karosserie-Modifikationen. Die Störanfälligkeit des Turbomotors führte zur Einstellung der Serienfertigung nach etwa einem Jahr.

Fahrzeug-Typ		BMW 2002 Turbo (1973)
Motor		Otto
Zylinderzahl/Bauart/Einbau[1)]		4/R/längs
Hubraum	cm^3	1990
Bohrung × Hub	mm	89×80
Leistung	kW (PS) bei 1/min	125 (170)/5800
Spezifische Leistung	kW/L (PS/L)	62,6 (85,1)
Drehmoment	Nm bei 1/min	240/4000
Verdichtungsverhältnis		6,9:1
Ventilsteuerung[2)]		ohc/Kette
Gemischaufbereitung		Einspritzung mech. (Kugelfischer PL 04)
Turbolader		2-flutig KKK BLD
Maximaler Ladedruck	bar	0,55
Ladedruckregelung		Abblaseventil
Ladeluftkühler		nein
Ölinhalt	L	4,5
Ölkühler		ja
Zündung[3)]		SZ
Klopfregelung		nein
Antrieb		Hinterrad
Getriebe		4-Gang (w.w. 5-Gang)
Gesamtübersetzung[4)]		3,36
Geschwindigkeit pro 1000/min[5)]	km/h	32,6
Reifengröße		185/70-13
Leergewicht	kg	1035
Höchstgeschwindigkeit	km/h	211
Beschleunigung 0–100 km/h	s	7,0
DIN-Verbrauch[6)]	L/100 km	9,7
Kraftstofftank	L	70

BMW 745 i
(1979 bis 1982)

Viertürige Limousine der Oberklasse mit sehr guter Ausstattung. Leistungsstärkstes Modell der BMW Siebener-Reihe. Nach zwei Produktionsjahren (1981) Motor-Modifikationen mit dem Ziel den Verbrauch abzusenken. Besonderheit: nur mit Automatik lieferbar.

Fahrzeug-Typ		BMW 745 i (1979)	BMW 745 i (1981)
Motor		Otto	Otto
Zylinderzahl/Bauart/Einbau[1)]		6/R/längs	6/R/längs
Hubraum	cm^3	3210	3210
Bohrung × Hub	mm	89×86	89×86
Leistung	kW (PS) bei 1/min	185 (252)/5200	185 (252)/5200
Spezifische Leistung	kW/L (PS/L)	57,7 (78,5)	57,7 (78,5)
Drehmoment	Nm bei 1/min	380/2600	380/2600
Verdichtungsverhältnis		7,0:1	7,5:1
Ventilsteuerung[2)]		ohc Kette	ohc Kette
Gemischaufbereitung		Einspritzung (Bosch L-Jetronic)	Einspritzung (Bosch L-Jetronic)
Turbolader		KKK (K 27)	KKK (K 27)
Maximaler Ladedruck	bar	0,6	0,6
Ladedruckregelung		waste gate separat (p_2)	waste gate separat (p_2)
Ladeluftkühler		ja	ja
Ölinhalt	L	6,0	6,0
Ölkühler		ja	ja
Zündung[3)]		TSZ	TSZ
Klopfregelung		nein	nein
Antrieb		Hinterrad	Hinterrad
Getriebe		Automatik (ZF 3-Gang)	Automatik (ZF 3-Gang)
Gesamtübersetzung[4)]		3,07:1	3,07:1
Geschwindigkeit pro 1000/min[5)]	km/h	37,8	37,8
Reifengröße		205/70-14 (w.w. 220/55-390 TRX)	205/70-14 (w.w. 220/55-390 TRX)
Leergewicht	kg	1590	1590
Höchstgeschwindigkeit	km/h	222	222
Beschleunigung 0–100 km/h	s	7,8	7,8
DIN-Verbrauch[6)]	L/100 km	11,6/13,5/20,5	10,2/11,7/17,1
Kraftstofftank	L	100	100

BMW 745 i
(1983)

Dritte Auflage des BMW-Spitzenmodells mit modifizierter Karosserie zur Reduzierung des Luftwiderstandsbeiwertes. Neuer Turbomotor gleicher Leistung auf der Basis des 3,4 Liter-Triebwerkes. Neue Viergang-Automatik mit elektronischer Steuerung und Wandlerüberbrückung im 4. Gang.

Fahrzeug-Typ		BMW 745 i (1983)
Motor		Otto
Zylinderzahl/Bauart/Einbau[1]		6/R/längs
Hubraum	cm^3	3430
Bohrung × Hub	mm	92×86
Leistung	kW (PS) bei 1/min	185 (252)/4900
Spezifische Leistung	kW/L (PS/L)	53,9 (73,5)
Drehmoment	Nm bei 1/min	380/2200
Verdichtungsverhältnis		8,0:1
Ventilsteuerung[2]		ohc/Kette
Gemischaufbereitung		Einspritzung (Bosch Motronic)
Turbolader		KKK (K 27)
Maximaler Ladedruck	bar	0,5
Ladedruckregelung		waste gate separat
Ladeluftkühler		ja
Ölinhalt	L	6,0
Ölkühler		ja
Zündung[3]		V. E. (Bosch Motronic)
Klopfregelung		ja
Antrieb		Hinterrad
Getriebe		Automatik (ZF 4-Gang)
Gesamtübersetzung[4]		2,14:1
Geschwindigkeit pro 1000/min[5]	km/h	55,8
Reifengröße		205/70-14
Leergewicht	kg	1590
Höchstgeschwindigkeit	km/h	227
Beschleunigung 0–100 km/h	s	7,9
DIN-Verbrauch[6]	L/100 km	8,4/10,4/16,6
Kraftstofftank	L	100

BMW 524 TD

(1983)

Erster Diesel-Personenwagen der bayerischen Motorenwerke auf der Basis der Fünfer-Reihe. Viertürige Limousine der gehobenen Mittelklasse. Besonderheit: Wahweise Getriebe-Automatik mit 4 Gängen und Wandlerüberbrückung im obersten Gang.

Fahrzeug-Typ		BMW 524 td (1983)
Motor		Diesel
Zylinderzahl/Bauart/Einbau[1]		6/R/längs
Hubraum	cm^3	2443
Bohrung × Hub	mm	80,0×81,0
Leistung	kW (PS) bei 1/min	85 (115)/4800
Spezifische Leistung	kW/L (PS/L)	34,7 (46,9)
Drehmoment	Nm bei 1/min	210/2400
Verdichtungsverhältnis		22:1
Ventilsteuerung[2]		ohc/Zahnriemen
Gemischaufbereitung		Einspritzung (VP Bosch)
Turbolader		Garrett T 03
Maximaler Ladedruck	bar	0,8
Ladedruckregelung		waste gate integr. (p_2)
Ladeluftkühler		nein
Ölinhalt	L	4,5
Ölkühler		ja
Zündung[3]		–
Klopfregelung		–
Antrieb		Hinterrad
Getriebe		5-Gang (w.w. Automatik)
Gesamtübersetzung[4]		2,55:1
Geschwindigkeit pro 1000/min[5]	km/h	45,6
Reifengröße		175-14
Leergewicht	kg	1300
Höchstgeschwindigkeit	km/h	180
Beschleunigung 0–100 km/h	s	12,9
DIN-Verbrauch[6]	L/100 km	5,2/7,0/9,0
Kraftstofftank	L	70

Buick Riviera Turbo

(1979)

Spitzenmodellreihe der Buick Motor Division des amerikanischen Automobil-- Giganten General Motors. Zweitüriges Coupé mit fünf Sitzen und luxuriöser Ausstattung. Besonderheiten: Frontantrieb, nur mit Automatik lieferbar.

Fahrzeug-Typ		Buick Riviera Turbo (1979)
Motor		Otto
Zylinderzahl/Bauart/Einbau[1]		6/V 90°/längs
Hubraum	cm³	3791
Bohrung × Hub	mm	96,52×86,36
Leistung	kW (PS) bei 1/min	134,5 (183)/4000
Spezifische Leistung	kW/L (PS/L)	35,5 (48,3)
Drehmoment	Nm bei 1/min	366/2400
Verdichtungsverhältnis		8:1
Ventilsteuerung[2]		ohv/Kette
Gemischaufbereitung		Druck-Vergaser (4-fach Rochester)
Turbolader		Garrett TB 03
Maximaler Ladedruck	bar	0,52
Ladedruckregelung		waste gate integr. (p_2)
Ladeluftkühler		nein
Ölinhalt	L	3,8
Ölkühler		nein
Zündung[3]		VEZ
Klopfregelung		ja
Antrieb		Vorderrad
Getriebe		Automatik (3-Gang + OD)
Gesamtübersetzung[4]		2,93:1
Geschwindigkeit pro 1000/min[5]	km/h	42,8
Reifengröße		205/75-15
Leergewicht	kg	1665
Höchstgeschwindigkeit	km/h	180
Beschleunigung 0–100 km/h	s	10,5
DIN-Verbrauch[6]	L/100 km	–
Kraftstofftank	L	76

Buick Le Sabre Coupé Sport

(1979 bis 1980)

Zweitüriges, sechssitziges Coupé amerikanischen Zuschnitts. Hinterradantrieb, nur mit Automatik lieferbar. Die Turboversion war nur zwei Modelljahre im Programm.

Fahrzeug-Typ		Buick Le Sabre Turbo Coupé Sport (1979)
Motor		Otto
Zylinderzahl/Bauart/Einbau[1]		6/V 90°/längs
Hubraum	cm^3	3791
Bohrung × Hub	mm	16,52×86,36
Leistung	kW (PS) bei 1/min	126,5 (172)/4000
Spezifische Leistung	kW/L (PS/L)	33,4 (45,4)
Drehmoment	Nm bei 1/min	360/2400
Verdichtungsverhältnis		8,0:1
Ventilsteuerung[2]		ohv/Kette
Gemischaufbereitung		Druck-Vergaser (4-fach Rochester)
Turbolader		Garrett TB 03
Maximaler Ladedruck	bar	0,52
Ladedruckregelung		waste gate (p_2)
Ladeluftkühler		nein
Ölinhalt	L	4,7
Ölkühler		nein
Zündung[3]		VEZ
Klopfregelung		ja
Antrieb		Hinterrad
Getriebe		Automatik (3-Gang)
Gesamtübersetzung[4]		2,73:1
Geschwindigkeit pro 1000/min[5]	km/h	46,0
Reifengröße		205/75-15
Leergewicht	kg	1620
Höchstgeschwindigkeit	km/h	180
Beschleunigung 0–100 km/h	s	12
DIN-Verbrauch[6]	L/100 km	–
Kraftstofftank	L	96

Buick Regal Sport
(1979 bis 1982)

Mittelgroßes Coupé amerikanischen Zuschnitts. Zwei Türen, sechs Sitze, Hinterradantrieb. Zeitweise auch als Century Turbo Coupé mit Schrägheck (1980/1981) lieferbar. Besonderheit: nur Automatik.

Fahrzeug-Typ		Buick Regal Sport (1979)
Motor		Otto
Zylinderzahl/Bauart/Einbau[1)]		6/V 90°/längs
Hubraum	cm^3	3791
Bohrung × Hub	mm	96,52×86,36
Leistung	kW (PS) bei 1/min	130 (177)/4000 (SAE netto)
Spezifische Leistung	kW/L (PS/L)	34,3 (46,7)
Drehmoment	Nm bei 1/min	373/2600
Verdichtungsverhältnis		8,0:1
Ventilsteuerung[2)]		ohv/Kette
Gemischaufbereitung		Druck-Vergaser (4-fach Rochester)
Turbolader		Garrett TB 03
Maximaler Ladedruck	bar	0,52
Ladedruckregelung		waste gate (p_2)
Ladeluftkühler		nein
Ölinhalt	L	3,8
Ölkühler		nein
Zündung[3)]		VEZ
Klopfregelung		ja
Antrieb		Hinterrad
Getriebe		Automatik (3-Gang)
Gesamtübersetzung[4)]		3,08:1
Geschwindigkeit pro 1000/min[5)]	km/h	37,5
Reifengröße		185/75-14
Leergewicht	kg	1480
Höchstgeschwindigkeit	km/h	ca. 185
Beschleunigung 0–100 km/h	s	ca. 10,5
DIN-Verbrauch[6)]	L/100 km	–
Kraftstofftank	L	69

Buick Regal T Type Coupé
(1983)

Nachfolger des Buick Century. Amerikanisches Coupé mit zwei Türen und sechs Sitzen. Hinterradantrieb. Besonderheit: Nur Automatik mit Overdrive.

Fahrzeug-Typ		Buick Regal T Type Coupé (1983)
Motor		Otto
Zylinderzahl/Bauart/Einbau[1]		6/V 90°/längs
Hubraum	cm^3	3791
Bohrung × Hub	mm	96,25×86,36
Leistung	kW (PS) bei 1/min	134,5 (183)
Spezifische Leistung	kW/L (PS/L)	35,5 (48,3)
Drehmoment	Nm bei 1/min	380/2400
Verdichtungsverhältnis		8:1
Ventilsteuerung[2]		ohv/Kette
Gemischaufbereitung		Druck-Vergaser (4-fach Rochester)
Turbolader		Garrett TB 03
Maximaler Ladedruck	bar	0,52
Ladedruckregelung		waste gate
Ladeluftkühler		nein
Ölinhalt	L	3,8
Ölkühler		nein
Zündung		VEZ
Klopfregelung		ja
Antrieb		Hinterrad
Getriebe		Automatik (3-Gang mit Overdrive)
Gesamtübersetzung[4]		2,29:1
Geschwindigkeit pro 1000/min[5]	km/h	52,9
Reifengröße		195/75-14
Leergewicht	kg	1485
Höchstgeschwindigkeit	km/h	ca. 190
Beschleunigung 0–100 km/h	s	ca. 10,5
DIN-Verbrauch[6]	L/100 km	–
Kraftstofftank	L	69

Chevrolet Corvair Monza
(1962)

Erster Personenwagen der Welt mit Turbomotor von Chevrolet, größter Division des amerikanischen Autoriesen General Motors (GM). Als zweitüriges Coupé und Cabrio lieferbar. Besonderheit: luftgekühlter Sechszylinder Boxermotor im Heck. Wegen starker Störanfälligkeit wurde der Turbomotor nach etwa einem Jahr eingestellt.

Fahrzeug-Typ		Chevrolet Corvair Monza (1963)
Motor		Otto
Zylinderzahl/Bauart/Einbau[1]		6/Boxer/längs hinten
Hubraum	cm^3	2372
Bohrung × Hub	mm	87,13×66,04
Leistung	kW (PS) bei 1/min	111,7 (152)/4400
Spezifische Leistung	kW/L (PS/L)	47,1 (64,1)
Drehmoment	Nm bei 1/min	284/3200
Verdichtungsverhältnis		8,0:1
Ventilsteuerung[2]		ohv/Zahnräder
Gemischaufbereitung		Saug-Vergaser (Horizontal Carter)
Turbolader		AiResearch
Maximaler Ladedruck	bar	0,7
Ladedruckregelung		waste gate
Ladeluftkühler		nein
Ölinhalt	L	3,8
Ölkühler		ja
Zündung[3]		SZ
Klopfregelung		nein
Antrieb		Hinterrad
Getriebe		3-Gang (w.w. 4-Gang)
Gesamtübersetzung[4]		3,55:1
Geschwindigkeit pro 1000/min[5]	km/h	31,5
Reifengröße		6.50-13
Leergewicht	kg	1160
Höchstgeschwindigkeit	km/h	ca. 165
Beschleunigung 0–100 km/h	s	11,0
DIN-Verbrauch[6]	L/100 km	–
Kraftstofftank	L	53

Chevrolet Monte Carlo
(1980 bis 1981)

Amerikanisches Coupé mit zwei Türen und sechs Sitzen. Hinterradantrieb. Nur mit Automatik lieferbar. War nur zwei Modelljahre mit Turbomotor (entspricht dem Buick-Turbomotor) im Programm.

Fahrzeug-Typ		Chevrolet Monte Carlo (1980)
Motor		Otto
Zylinderzahl/Bauart/Einbau[1]		6/V 90°/längs
Hubraum	cm^3	3791
Bohrung × Hub	mm	96,25×86,36
Leistung	kW (PS) bei 1/min	126,5 (172)/4000
Spezifische Leistung	kW/L (PS/L)	33,4 (45,4)
Drehmoment	Nm bei 1/min	360/2400
Verdichtungsverhältnis		8:1
Ventilsteuerung[2]		ohv/Kette
Gemischaufbereitung		Druck-Vergaser (4-fach Rochester)
Turbolader		Garrett TB 03
Maximaler Ladedruck	bar	0,52
Ladedruckregelung		waste gate
Ladeluftkühler		nein
Ölinhalt	L	3,8
Ölkühler		nein
Zündung[3]		VEZ
Klopfregelung		ja (Zündung)
Antrieb		Hinterrad
Getriebe		Automatik (3-Gang)
Gesamtübersetzung[4]		2,41:1
Geschwindigkeit pro 1000/min[5]	km/h	49
Reifengröße		205/70-14
Leergewicht	kg	1450
Höchstgeschwindigkeit	km/h	185
Beschleunigung 0–100 km/h	s	11,0
DIN-Verbrauch[6]	L/100 km	–
Kraftstofftank	L	69

Citroen CX RD/TRD Turbo
(1983)

Viertürige, französische Komfort-Limousine der oberen Mittelklasse in zwei Ausstattungsvarianten. Frontantrieb, quer eingebauter Motor. Turbodiesel auch für Kombi (Break) lieferbar. Besonderheit: hydropneumatische Federung.

Fahrzeug-Typ		Citroen CX RD/TRD Turbo (1983)
Motor		Diesel
Zylinderzahl/Bauart/Einbau[1]		4/R/quer
Hubraum	cm^3	2482
Bohrung × Hub	mm	93,0×92,0
Leistung	kW (PS) bei 1/min	70 (95)/3700
Spezifische Leistung	kW/L (PS/L)	28,2 (38,3)
Drehmoment	Nm bei 1/min	216/2000
Verdichtungsverhältnis		22,2:1
Ventilsteuerung[2]		ohv/Zahnräder
Gemischaufbereitung		Einspritzung (VD Rotodiesel/Bosch)
Turbolader		Garrett T 03
Maximaler Ladedruck	bar	0,6
Ladedruckregelung		waste gate (p_2)
Ladeluftkühler		nein
Ölinhalt	L	5,8
Ölkühler		ja
Zündung		–
Klopfregelung		–
Antrieb		Vorderrad
Getriebe		5-Gang
Gesamtübersetzung[4]		2,55:1
Geschwindigkeit pro 1000/min[5]	km/h	46,2
Reifengröße		190/65-390 (TRX)
Leergewicht	kg	1405
Höchstgeschwindigkeit	km/h	175
Beschleunigung 0–100 km/h	s	13,3
DIN-Verbrauch[6]	L/100 km	5,7/7,3/8,6
Kraftstofftank	L	68

Ferrari 208 Turbo
(1982)

Zweisitziges Sportcoupé auf der Basis des 308 GTB mit aufgeladenem Zweiliter-Achtzylindermotor. In erster Linie wegen der italienischen Luxussteuer (über 2 Liter Hubraum) und für den Sporteinsatz gebaut. Nur in Italien angeboten. Besonderheiten: Mittelmotor, quer eingebaut.

Fahrzeug-Typ		Ferrari 208 Turbo (1982)
Motor		Otto
Zylinderzahl/Bauart/Einbau[1)]		8/V 90°/quer
Hubraum	cm^3	1991
Bohrung × Hub	mm	66,8×71
Leistung	kW (PS) bei 1/min	162 (220)/7000
Spezifische Leistung	kW/L (PS/L)	81,3 (110,5)
Drehmoment	Nm bei 1/min	240/4800
Verdichtungsverhältnis		7:1
Ventilsteuerung[2)]		2×2 ohc/Zahnriemen
Gemischaufbereitung		Einspritzung (Bosch K-Jetronic)
Turbolader		2 KKK
Maximaler Ladedruck	bar	0,6
Ladedruckregelung		waste gate
Ladeluftkühler		nein
Ölinhalt	L	9
Ölkühler		ja
Zündung[3)]		VEZ (Marelli Digiplex)
Klopfregelung		–
Antrieb		Hinterrad
Getriebe		5-Gang
Gesamtübersetzung[4)]		3,78:1
Geschwindigkeit pro 1000/min[5)]	km/h	30,5
Reifengröße		220/55-390 (TRX)
Leergewicht	kg	1285
Höchstgeschwindigkeit	km/h	242
Beschleunigung 0–100 km/h	s	6,2
DIN-Verbrauch[6)]	L/100 km	9,0/11,2/19,4
Kraftstofftank	L	74

Fiat Argenta Turbo D

(1983)

Erstes Turbomodell des italienischen Großherstellers Fiat. Viertürige Limousine der gehobenen Mittelklasse mit guter Ausstattung und großzügigem Raumangebot.

Fahrzeug-Typ		Fiat Argenta Turbo D (1983)
Motor		Diesel
Zylinderzahl/Bauart/Einbau[1)]		4/R/längs
Hubraum	cm^3	2445
Bohrung × Hub	mm	93×90
Leistung	kW (PS) bei 1/min	66 (90)/4100
Spezifische Leistung	kW/L (PS/L)	27 (36,8)
Drehmoment	Nm bei 1/min	196/2400
Verdichtungsverhältnis		22:1
Ventilsteuerung[2)]		ohc/Zahnriemen
Gemischaufbereitung		Einspritzung (VP Bosch)
Turbolader		KKK
Maximaler Ladedruck	bar	0,87
Ladedruckregelung		waste gate integr. (p_2)
Ladeluftkühler		nein
Ölinhalt	L	5,5
Ölkühler		Wasser-Öl Wärmetauscher
Zündung[3)]		–
Klopfregelung		–
Antrieb		Hinterrad
Getriebe		5-Gang
Gesamtübersetzung[4)]		2,64:1
Geschwindigkeit pro 1000/min[5)]	km/h	41,4
Reifengröße		185/65-14
Leergewicht	kg	1285
Höchstgeschwindigkeit	km/h	160
Beschleunigung 0–100 km/h	s	13,0
DIN-Verbrauch[6)]	L/100 km	6,2/8,5/8,2
Kraftstofftank	L	60

Ford Mustang Turbo
(1979 bis 1981)

In verschiedenen Ausstattungsvarianten lieferbares amerikanisches Sportcoupé. Karosserie zwei Türen, vier Sitze; a. W. auch mit Heckklappe. Hinterradantrieb auf Starrachse. In Deutschland mit Turbomotor nicht angeboten.

Fahrzeug-Typ		Ford Mustang Turbo (1979)
Motor		Otto
Zylinderzahl/Bauart/Einbau[1)]		4/R/längs
Hubraum	cm^3	2301
Bohrung × Hub	mm	96,04×79,4
Leistung	kW (PS) bei 1/min	87 (118)/5200
Spezifische Leistung	kW/L (PS/L)	37,8 (51,3)
Drehmoment	Nm bei 1/min	183/3200
Verdichtungsverhältnis		9:1
Ventilsteuerung[2)]		ohc/Zahnriemen
Gemischaufbereitung		Saug-Vergaser
Turbolader		Garrett
Maximaler Ladedruck	bar	0,42
Ladedruckregelung		waste gate
Ladeluftkühler		nein
Ölinhalt	L	5,2
Ölkühler		ja
Zündung[3)]		TSZ
Klopfregelung		–
Antrieb		Hinterrad
Getriebe		4-Gang (w.w. Automatik)
Gesamtübersetzung[7) 4)]		3,45:1
Geschwindigkeit pro 1000/min[5)]	km/h	32,6
Reifengröße		185/75-14
Leergewicht	kg	1250
Höchstgeschwindigkeit	km/h	ca. 180
Beschleunigung 0–100 km/h	s	ca. 10,5
DIN-Verbrauch[6)]	L/100 km	–
Kraftstofftank	L	43,5

Ford Fairmont Turbo
(1979)

Amerikanische Subkompact-Limousine, zwei- und viertürig lieferbar. Nur im Modelljahrgang 1979 mit Turbomotor. In Deutschland nicht angeboten.

Fahrzeug-Typ		Ford Fairmont Turbo (1980)
Motor		Otto
Zylinderzahl/Bauart/Einbau[1)]		4/R/längs
Hubraum	cm^3	2301
Bohrung × Hub	mm	96,04×79,4
Leistung	kW (PS) bei 1/min	87 (118)/5200
Spezifische Leistung	kW/L (PS/L)	37,8 (51,3)
Drehmoment	Nm bei 1/min	183/3200
Verdichtungsverhältnis		9:1
Ventilsteuerung[2)]		ohc/Zahnriemen
Gemischaufbereitung		Saug-Vergaser
Turbolader		Garrett
Maximaler Ladedruck	bar	0,42
Ladedruckregelung		waste gate
Ladeluftkühler		nein
Ölinhalt	L	5,2
Ölkühler		ja
Zündung[3)]		TSZ
Klopfregelung		–
Getriebe		Automatik
Gesamtübersetzung[4)]		3,45:1
Geschwindigkeit pro 1000/min[5)]	km/h	32,6
Reifengröße		185/75-14
Leergewicht	kg	1280
Höchstgeschwindigkeit	km/h	ca. 170
Beschleunigung 0–100 km/h	s	12,0
DIN-Verbrauch[6)]	L/100 km	–
Kraftstofftank	L	53

Ford Capri Turbo
(1982)

Sondermodell von Ford Motorsport auf der Basis des Ford Capri 2,8. Zweitüriges, viersitziges Coupé mit Heckklappe. Besonderheit: Ladedruck-Regelung ohne waste gate. Nur ein Jahr im Programm.

Fahrzeug-Typ		Ford Capri Turbo (1982)
Motor		Otto
Zylinderzahl/Bauart/Einbau¹⁾		6/V 60°/längs
Hubraum	cm³	2772
Bohrung × Hub	mm	93×68,5
Leistung	kW (PS) bei 1/min	138 (188)/5500
Spezifische Leistung	kW/L (PS/L)	49,8 (67,8)
Drehmoment	Nm bei 1/min	279/4500
Verdichtungsverhältnis		9,2:1
Ventilsteuerung²⁾		ohv/Zahnräder
Gemischaufbereitung		Druck-Vergaser (1 Fallstrom Doppel Solex)
Turbolader		Garrett
Maximaler Ladedruck	bar	ca. 0,4
Ladedruckregelung		Abblaseventil
Ladeluftkühler		nein
Ölinhalt	L	4,5
Ölkühler		ja
Zündung³⁾		TSZ
Klopfregelung		nein
Antrieb		Hinterrad
Getriebe		4-Gang
Gesamtübersetzung⁴⁾		3,09:1
Geschwindigkeit pro 1000/min⁵⁾	km/h	35,1
Reifengröße		235/60-13
Leergewicht	kg	1180
Höchstgeschwindigkeit	km/h	215
Beschleunigung 0–100 km/h	s	8,0
DIN-Verbrauch⁶⁾	L/100 km	9,0/11,2/14,9
Kraftstofftank	L	58

Ford Mustang GT

(1983)

Amerikanisches Sportcoupé mit zwei Türen und vier Sitzen. Auf Wunsch auch als Convertible (offen) lieferbar. Mit modifizierter Karosserie auch unter dem Namen Mercury Capri RS angeboten.

Fahrzeug-Typ		Ford Mustang GT (1983)
Motor		Otto
Zylinderzahl/Bauart/Einbau[1)]		4/R/längs
Hubraum	cm^3	2301
Bohrung × Hub	mm	96,04×79,4
Leistung	kW (PS) bei 1/min	108 (147)/4600
Spezifische Leistung	kW/L (PS/L)	47 (63,9)
Drehmoment	Nm bei 1/min	244/3600
Verdichtungsverhältnis		9:1
Ventilsteuerung[2)]		ohc/Zahnriemen
Gemischaufbereitung		Einspritzung elektr.
Turbolader		Garrett
Maximaler Ladedruck	bar	0,73
Ladedruckregelung		waste gate
Ladeluftkühler		ja
Ölinhalt	L	4,7
Ölkühler		ja
Zündung		VEZ
Klopfregelung		ja
Antrieb		Hinterrad
Getriebe		5-Gang
Gesamtübersetzung[4)]		2,97:1
Geschwindigkeit pro 1000/min[5)]	km/h	37,8
Reifengröße		185/75-14
Leergewicht	kg	1280
Höchstgeschwindigkeit	km/h	195
Beschleunigung 0–100 km/h	s	10,5
DIN-Verbrauch[6)]	L/100 km	–
Kraftstofftank	L	58

Ford Thunderbird Turbo
(1983)

Amerikanisches Luxus-Coupé mit zwei Türen und fünf Sitzplätzen. Wird in Deutschland in dieser Form nicht angeboten.

Fahrzeug-Typ		Ford Thunderbird Turbo (1983)
Motor		Otto
Zylinderzahl/Bauart/Einbau[1)]		4/R/längs
Hubraum	cm^3	2301
Bohrung × Hub	mm	96,04×79,4
Leistung	kW (PS) bei 1/min	108 (147)/4600
Spezifische Leistung	kW/L (PS/L)	47,0 (63,9)
Drehmoment	Nm bei 1/min	244/3600
Verdichtungsverhältnis		9:1
Ventilsteuerung[2)]		ohc/Zahnriemen
Gemischaufbereitung		Einspritzung elektr.
Turbolader		Garrett
Maximaler Ladedruck	bar	0,73
Ladedruckregelung		waste gate
Ladeluftkühler		ja
Ölinhalt	L	4,7
Ölkühler		ja
Zündung[3)]		VEZ
Klopfregelung		ja
Antrieb		Hinterrad
Getriebe		5-Gang
Gesamtübersetzung[4)]		3,45:1
Geschwindigkeit pro 1000/min[5)]	km/h	34,6
Reifengröße		205/70-14
Leergewicht	kg	1360
Höchstgeschwindigkeit	km/h	180
Beschleunigung 0–100 km/h	s	11,0
DIN-Verbrauch[6)]	L/100 km	–
Kraftstofftank	L	79,5

Honda City Turbo
(1982)

Japanischer Stadtflitzer mit zwei Türen und vier Sitzen. Besonderheit: Zylinderkopf aus einer hochfesten Titan-Aluminium-Legierung. In Deutschland nicht angeboten.

Fahrzeug-Typ		Honda City Turbo (1982)
Motor		Otto
Zylinderzahl/Bauart/Einbau[1)]		4/R/quer
Hubraum	cm^3	1232
Bohrung × Hub	mm	66×90
Leistung	kW (PS) bei 1/min	73,5 (100)/5500
Spezifische Leistung	kW/L (PS/L)	59,7 (81,2)
Drehmoment	Nm bei 1/min	147/3000
Verdichtungsverhältnis		7,5:1
Ventilsteuerung[2)]		ohc/Zahnriemen
Gemischaufbereitung		Einspritzung elektr. (Honda PGM)
Turbolader		IHI
Maximaler Ladedruck	bar	0,75
Ladedruckregelung		waste gate integr. (p_2)
Ladeluftkühler		nein
Ölinhalt	L	3,0
Ölkühler		–
Zündung[3)]		TSZ
Klopfregelung		nein
Antrieb		Vorderrad
Getriebe		5-Gang
Gesamtübersetzung[4)]		2,66:1
Geschwindigkeit pro 1000/min[5)]	km/h	37,4
Reifengröße		165/70-12
Leergewicht	kg	690
Höchstgeschwindigkeit	km/h	180
Beschleunigung 0–100 km/h	s	8,6
DIN-Verbrauch[6)]	L/100 km	–
Kraftstofftank	L	41

Isuzu Gemini Coupé Turbodiesel
(1980)

Auf der Basis des alten Opel Kadett (C-Modell) gebautes zweitüriges Coupé des zum Hitachi-Konzern zählenden japanischen Automobilherstellers Isuzu.

Fahrzeug-Typ		Isuzu Gemini Coupé Turbodiesel (1982)
Motor		Diesel
Zylinderzahl/Bauart/Einbau[1)]		4/R/längs
Hubraum	cm^3	1818
Bohrung × Hub	mm	84×82
Leistung	kW (PS) bei 1/min	53,5 (73)/5000
Spezifische Leistung	kW/L (PS/L)	29,4 (40,2)
Drehmoment	Nm bei 1/min	157/2500
Verdichtungsverhältnis		21:1
Ventilsteuerung[2)]		ohc/Zahnriemen
Gemischaufbereitung		Einspritzung
Turbolader		–
Maximaler Ladedruck	bar	–
Ladedruckregelung		–
Ladeluftkühler		–
Ölinhalt	L	5,0
Ölkühler		–
Zündung		–
Klopfregelung		–
Antrieb		Hinterrad
Getriebe		5-Gang
Gesamtübersetzung[4)]		2,78:1
Geschwindigkeit pro 1000/min[5)]	km/h	37,7
Reifengröße		175/70-13
Leergewicht	kg	990
Höchstgeschwindigkeit	km/h	ca. 140
Beschleunigung 0–100 km/h	s	ca. 16
DIN-Verbrauch[6)]	L/100 km	–
Kraftstofftank	L	52

Lancia Delta HF
(1983)

Mittelklassemodell der Fiat-Tochter Lancia für gehobene Ansprüche. Viertürige Limousine mit Heckklappe. Gute Ausstattung. Frontantrieb.

Fahrzeug-Typ		Lancia Delta HF (1983)
Motor		Otto
Zylinderzahl/Bauart/Einbau[1)]		4/R/quer
Hubraum	cm^3	1585
Bohrung × Hub	mm	84,0×71,5
Leistung	kW (PS) bei 1/min	130 (96)/5600
Spezifische Leistung	kW/L (PS/L)	60,5 (82,0)
Drehmoment	Nm bei 1/min	191/3700
Verdichtungsverhältnis		8,0:1
Ventilsteuerung[2)]		2 ohc
Gemischaufbereitung		Vergaser (Register Weber 32 DAT)
Turbolader		Garrett T 3
Maximaler Ladedruck	bar	0,55
Ladedruckregelung		waste gate (p_2)
Ladeluftkühler		ja
Ölinhalt	L	6
Ölkühler		ja
Zündung[3)]		VEZ (Marelli Microplex)
Klopfregelung		ja
Antrieb		Vorderrad
Getriebe		5-Gang
Gesamtübersetzung[4)]		3,1:1
Geschwindigkeit pro 1000/min[5)]	km/h	34,8
Reifengröße		170/65-365 TRX
Leergewicht	kg	100
Höchstgeschwindigkeit	km/h	195
Beschleunigung 0–100 km/h	s	8,9
DIN-Verbrauch[6)]	L/100 km	6,8/9,3/10,8
Kraftstofftank	L	45

Lotus Esprit Turbo

(1981)

Kompromißloses Sportcoupé mit zwei Sitzen und zwei Türen. Besonderheiten: Erster Vierventil-Turbomotor, Mittelmotor, Kunststoff-Karosserie.

Fahrzeug-Typ		Lotus Esprit Turbo (1981)
Motor		Otto
Zylinderzahl/Bauart/Einbau[1)]		4/R/mitte
Hubraum	cm^3	2172
Bohrung × Hub	mm	95,25×76,2
Leistung	kW (PS) bei 1/min	156,5 (213)/6000
Spezifische Leistung	kW/L (PS/L)	72,1 (98,1)
Drehmoment	Nm bei 1/min	272/4000
Verdichtungsverhältnis		7,5:1
Ventilsteuerung[2)]		2 ohc/Zahnriemen
Gemischaufbereitung		Druck-Vergaser (2 Horiz. Doppel Dell'Orto)
Turbolader		Garrett T 3
Maximaler Ladedruck	bar	0,56
Ladedruckregelung		waste gate sep. (p_2)
Ladeluftkühler		nein
Ölinhalt	L	5,7
Ölkühler		ja
Zündung[3)]		TSZ
Klopfregelung		ja
Antrieb		Hinterrad
Getriebe		5-Gang
Gesamtübersetzung[4)]		3,32:1
Geschwindigkeit pro 1000/min[5)]	km/h	36
Reifengröße		195/60-15 (vorne)/235/60-15 (hinten)
Leergewicht	kg	1100
Höchstgeschwindigkeit	km/h	245
Beschleunigung 0–100 km/h	s	6,2
DIN-Verbrauch[6)]	L/100 km	7,3/8,5/14,3
Kraftstofftank	L	68

Maserati Biturbo
(1981)

Zweitüriges Sportcoupé mit vier bis fünf Sitzen. Luxuriöse Ausstattung. Besonderheiten: erstes Serienfahrzeug mit zwei Turboladern; drei Ventile (zwei Einlaß, ein Auslaß) pro Zylinder.

Fahrzeug-Typ		Maserati Biturbo (1981)
Motor		Otto
Zylinderzahl/Bauart/Einbau[1]		6/V 90°/längs
Hubraum	cm^3	1996
Bohrung × Hub	mm	82×63
Leistung	kW (PS) bei 1/min	132,5 (180)/6000
Spezifische Leistung	kW/L (PS/L)	66,3 (90,2)
Drehmoment	Nm bei 1/min	255/3500
Verdichtungsverhältnis		7,8:1
Ventilsteuerung[2]		2×ohc/Zahnriemen
Gemischaufbereitung		Druck-Vergaser (1 Weber Doppel-Fallstr.)
Turbolader		2×IHI
Maximaler Ladedruck	bar	0,5
Ladedruckregelung		waste gate integr. (p_2)
Ladeluftkühler		nein
Ölinhalt	L	7
Ölkühler		ja
Zündung[3]		TSZ
Klopfregelung		nein
Antrieb		Hinterrad
Getriebe		5-Gang (w.w. Automatik)
Gesamtübersetzung[4]		3,25:1
Geschwindigkeit pro 1000/min[5]	km/h	33,4
Reifengröße		195/60-14
Leergewicht	kg	1175
Höchstgeschwindigkeit	km/h	215
Beschleunigung 0–100 km/h	s	6,7
DIN-Verbrauch[6]	L/100 km	9,8/11,9/14,6
Kraftstofftank	L	61

Mazda Luce Rotary Turbo
(1983)

Japanisches Mittelklasse-Modell, in Europa unter der Bezeichnung 929 im Angebot. Als viertürige Limousine und als Coupé lieferbar. Besonderheit: erstes Fahrzeug mit aufgeladenem Wankelmotor. Mit dieser Motorisierung in Deutschland nicht lieferbar.

Fahrzeug-Typ		Mazda Luce Rotary Turbo (1983)
Motor		Wankel
Zylinderzahl/Bauart/Einbau[1)]		2 Scheiben/längs
Hubraum	cm^3	2×573 Kammervolumen
Bohrung × Hub	mm	–
Leistung	kW (PS) bei 1/min	117,5 (160)/6500
Spezifische Leistung	kW/L (PS/L)	51,3 (69,8)
Drehmoment	Nm bei 1/min	230/4000
Verdichtungsverhältnis		8,5:1
Ventilsteuerung[2)]		–
Gemischaufbereitung		Einspritzung (elektr.)
Turbolader		Hitachi
Maximaler Ladedruck	bar	0,43
Ladedruckregelung		waste gate
Ladeluftkühler		nein
Ölinhalt	L	5,2
Ölkühler		ja
Zündung[3)]		TSZ
Klopfregelung		nein
Antrieb		Hinterrad
Getriebe		5-Gang
Gesamtübersetzung[4)]		2,81:1
Geschwindigkeit pro 1000/min[5)]	km/h	41,4
Reifengröße		195/70-14
Leergewicht	kg	1160
Höchstgeschwindigkeit	km/h	210
Beschleunigung 0–100 km/h	s	ca. 8,7
DIN-Verbrauch[6)]	L/100 km	–
Kraftstofftank	L	60

Mazda Familia (323) Turbo
(1983)

Modell der unteren Mittelklasse des japanischen Herstellers. Als fünfsitzige Limousine mit zwei Türen und Heckklappe (Hatchback) vorläufig nur in Japan angeboten.

Fahrzeug-Typ		Mazda Familia (323) Turbo (1983)
Motor		Otto
Zylinderzahl/Bauart/Einbau[1]		4/R/quer
Hubraum	cm^3	1490
Bohrung × Hub	mm	77,0×80,0
Leistung	kW (PS) bei 1/min	85 (115)/5800
Spezifische Leistung	kW/L (PS/L)	57,0 (77,2)
Drehmoment	Nm bei 1/min	162/3500
Verdichtungsverhältnis		8,2:1
Ventilsteuerung[2]		ohc/Kette
Gemischaufbereitung		Einspritzung elektr.
Turbolader		Ishihawajima
Maximaler Ladedruck	bar	0,53
Ladedruckregelung		waste gate
Ladeluftkühler		nein
Ölinhalt	L	3,7
Ölkühler		ja
Zündung[3]		TSZ
Klopfregelung		ja
Antrieb		Vorderrad
Getriebe		5-Gang
Gesamtübersetzung[4]		–
Geschwindigkeit pro 1000/min[5]	km/h	–
Reifengröße		175/70-13 (w.w. 185/60-14)
Leergewicht	kg	865
Höchstgeschwindigkeit	km/h	177
Beschleunigung 0–100 km/h	s	8,8
DIN-Verbrauch[6]	L/100 km	–
Kraftstofftank	L	42

Mercedes 300 SD Turbodiesel

(1978 bis 1980)

Viertürige Limousine der Spitzenklasse mit fünf Sitzen. Erster serienmäßiger Turbodiesel im Personenwagen. Besonderheit: nur mit Automatik. US-Version, SD-Modell in Deutschland nicht angeboten.

Fahrzeug-Typ		Mercedes 300 SD Turbodiesel (1978)
Motor		Diesel
Zylinderzahl/Bauart/Einbau[1)]		5/R/längs
Hubraum	cm^3	2998
Bohrung × Hub	mm	90,9×92,4
Leistung	kW (PS) bei 1/min	85 (115)/4200
Spezifische Leistung	kW/L (PS/L)	28,3 (38,3)
Drehmoment	Nm bei 1/min	235/2400
Verdichtungsverhältnis		21,5:1
Ventilsteuerung[2)]		ohc/Kette
Gemischaufbereitung		Einspritzung (RP Bosch)
Turbolader		Garrett TA 03
Maximaler Ladedruck	bar	0,76
Ladedruckregelung		waste gate (p_2)
Ladeluftkühler		nein
Ölinhalt	L	8,5
Ölkühler		ja
Zündung[3)]		–
Klopfregelung		–
Antrieb		Hinterrad
Getriebe		Automatik
Gesamtübersetzung[5)]		3,07:1
Geschwindigkeit pro 1000/min[6)]	km/h	38,4
Reifengröße		185-14
Leergewicht	kg	1765
Höchstgeschwindigkeit	km/h	165
Beschleunigung 0–100 km/h	s	17,0
DIN-Verbrauch[6)]	L/100 km	10,6
Kraftstofftank	L	82

Mercedes-Benz 300 TD Turbodiesel

(1979)

Kombi der oberen Mittelklasse auf der Basis der W 123-Modelle. In Europa nur dieses Modell mit Turbodiesel lieferbar. In USA sind alle Karosserie-Varianten der Basis 123 (Limousine und Coupé) mit Turbodiesel im Angebot. Besonderheit: nur Automatik.

Fahrzeug-Typ		Mercedes-Benz 300 TD Turbodiesel (1979)
Motor		Diesel
Zylinderzahl/Bauart/Einbau[1)]		5/R/längs
Hubraum	cm^3	2998
Bohrung × Hub	mm	90,9×92,4
Leistung	kW (PS) bei 1/min	92 (125)/4350
Spezifische Leistung	kW/L (PS/L)	30,7 (41,7)
Drehmoment	Nm bei 1/min	250/2400
Verdichtungsverhältnis		21,5:1
Ventilsteuerung[2)]		ohc/Kette
Gemischaufbereitung		Einspritzung (RP Bosch)
Turbolader		Garrett TA 03 u. KKK (K 26)
Maximaler Ladedruck	bar	0,76
Ladedruckregelung		waste gate integr. (p_2)
Ladeluftkühler		nein
Ölinhalt	L	8,5
Ölkühler		ja
Zündung[3)]		–
Klopfregelung		–
Antrieb		Hinterrad
Getriebe		Automatik (4-Gang)
Gesamtübersetzung[4)]		3,07:1
Geschwindigkeit pro 1000/min[5)]	km/h	37,6
Reifengröße		195/70-14
Leergewicht	kg	1570
Höchstgeschwindigkeit	km/h	165
Beschleunigung 0–100 km/h	s	15,0
DIN-Verbrauch[6)]	L/100 km	8,0/10,9/10,4
Kraftstofftank	L	70

Mercedes 300 SD Turbodiesel
(1980)

Neue Mercedes S-Klasse (W 126) mit Turbodiesel. Viertürige fünfsitzige Limousine der Spitzenklasse. Mit diesem Motor nur für USA. Besonderheit: nur Automatik.

Fahrzeug-Typ		Mercedes 300 SD Turbodiesel (1980)
Motor		Diesel
Zylinderzahl/Bauart/Einbau[1]		5/R/längs
Hubraum	cm^3	2998
Bohrung × Hub	mm	90,9×92,4
Leistung	kW (PS) bei 1/min	92 (125)/4350
Spezifische Leistung	kW/L (PS/L)	30,7 (41,7)
Drehmoment	Nm bei 1/min	250/2400
Verdichtungsverhältnis		21,5:1
Ventilsteuerung[2]		ohc/Kette
Gemischaufbereitung		Einspritzung (RP Bosch)
Turbolader		Garrett TA 03
Maximaler Ladedruck	bar	0,76
Ladedruckregelung		waste gate (p_2)
Ladeluftkühler		nein
Ölinhalt	L	7,5
Ölkühler		ja
Zündung[3]		–
Klopfregelung		–
Antrieb		Hinterrad
Getriebe		Automatik (4-Gang)
Gesamtübersetzung[4]		3,07:1
Geschwindigkeit pro 1000/min[5]	km/h	37,6
Reifengröße		195/70-14
Leergewicht	kg	1705
Höchstgeschwindigkeit	km/h	170
Beschleunigung 0–100 km/h	s	16
DIN-Verbrauch[6]	L/100 km	–
Kraftstofftank	L	77

MG Metro Turbo
(1982)

Erstes Turbo-Modell des britischen Herstellers Leyland. Zweitüriger, viersitziger Kleinwagen mit Heckklappe auf der Basis des Austin Metro.

Fahrzeug-Typ		MG Metro Turbo (1982)
Motor		Otto
Zylinderzahl/Bauart/Einbau[1)]		4/R/quer
Hubraum	cm^3	1275
Bohrung × Hub	mm	70,61×81,28
Leistung	kW (PS) bei 1/min	66,4 (90)/6200
Spezifische Leistung	kW/L (PS/L)	52,0 (70,6)
Drehmoment	Nm bei 1/min	115/3650
Verdichtungsverhältnis		9,4:1
Ventilsteuerung[2)]		ohv/Kette
Gemischaufbereitung		Druck-Vergaser (1 SU HIF-44)
Turbolader		Garrett T 03
Maximaler Ladedruck	bar	0,52
Ladedruckregelung		waste gate elektron. gesteuert
Ladeluftkühler		nein
Ölinhalt	L	4,8
Ölkühler		ja
Zündung		TSZ
Klopfregelung		ja
Antrieb		Vorderrad
Getriebe		4-Gang
Gesamtübersetzung[4)]		3,21:1
Geschwindigkeit pro 1000/min[5)]	km/h	29,9
Reifengröße		165/60-13
Leergewicht	kg	840
Höchstgeschwindigkeit	km/h	180
Beschleunigung 0–100 km/h	s	10,2
DIN-Verbrauch[6)]	L/100 km	5,6/8,1/8,2
Kraftstofftank	L	30

Mitsubishi Galant (Sapporo) Turbo

Mittelklasse-Limousine des japanischen Großkonzerns. Vier Türen, fünf Sitze. Unter dem Namen Sapporo mit gleicher Technik auch als zweitüriges Coupé lieferbar. Besonderheiten: Vierzylindermotor mit zwei Ausgleichswellen, elektronisch gesteuerte Zentraleinspritzung.

Fahrzeug-Typ		Mitsubishi Galant (Sapporo) Turbo (1980)
Motor		Otto
Zylinderzahl/Bauart/Einbau[1]		4/R/längs
Hubraum	cm^3	1997
Bohrung × Hub	mm	85×88
Leistung	kW (PS) bei 1/min	125 (170)/5500
Spezifische Leistung	kW/L (PS/L)	62,6 (85,1)
Drehmoment	Nm bei 1/min	245/3500
Verdichtungsverhältnis		7,6:1
Ventilsteuerung[2]		ohc/Zahnriemen
Gemischaufbereitung		Einspritzung elektr. (Mits. ECI)
Turbolader		Mitsubishi
Maximaler Ladedruck	bar	0,6
Ladedruckregelung		waste gate integr. (p_2)
Ladeluftkühler		nein
Ölinhalt	L	4,4
Ölkühler		ja
Zündung[3]		VEZ
Klopfregelung		ja
Antrieb		Hinterrad
Getriebe		5-Gang (w.w. Automatik)
Gesamtübersetzung[4]		3,03:1
Geschwindigkeit pro 1000/min[5]	km/h	37,5
Reifengröße		185/70-14
Leergewicht	kg	1200
Höchstgeschwindigkeit	km/h	205
Beschleunigung 0–100 km/h	s	8,4
DIN-Verbrauch[6]	L/100 km	6,7/9,1/11,9
Kraftstofftank	L	60

Mitsubishi Galant Turbodiesel

(1981)

Viertürige Mittelklasse-Limousine mit fünf Sitzen. Besonderheiten: Vierzylindermotor mit Ausgleichswellen, Aufladung ohne Ladedruckregelung.

Fahrzeug-Typ		Mitsubishi Galant Turbodiesel (1981)
Motor		Diesel
Zylinderzahl/Bauart/Einbau[1)]		4/R/längs
Hubraum	cm^3	2347
Bohrung × Hub	mm	91,1×90,0
Leistung	kW (PS) bei 1/min	62 (84)/4200
Spezifische Leistung	kW/L (PS/L)	26,4 (35,8)
Drehmoment	Nm bei 1/min	175/2500
Verdichtungsverhältnis		21:1
Ventilsteuerung[2)]		ohc/Zahnriemen
Gemischaufbereitung		Einspritzung (VP KIKI)
Turbolader		MItsubishi
Maximaler Ladedruck	bar	0,8 bis 1,0
Ladedruckregelung		ohne
Ladeluftkühler		nein
Ölinhalt	L	4,4
Ölkühler		ja
Zündung[3)]		–
Klopfregelung		–
Antrieb		Hinterrad
Getriebe		5-Gang (w.w. Automatik)
Gesamtübersetzung[4)]		3,03:1
Geschwindigkeit pro 1000/min[5)]	km/h	37,5
Reifengröße		165-14
Leergewicht	kg	1230
Höchstgeschwindigkeit	km/h	155
Beschleunigung 0–100 km/h	s	15,0
DIN-Verbrauch[6)]	L/100 km	6,3/8,3/9,0
Kraftstofftank	L	60

Mitsubishi Colt Turbo

(1981)

Zwei- und viertürig lieferbarer Kleinwagen mit Heckklappe. Als Stufenheck-Version unter dem Namen Mirage angeboten.

Fahrzeug-Typ		Mitsubishi Colt Turbo (1981)
Motor		Otto
Zylinderzahl/Bauart/Einbau[1)]		4/R/quer
Hubraum	cm^3	1411
Bohrung × Hub	mm	74×82
Leistung	kW (PS) bei 1/min	77 (105)/5500
Spezifische Leistung	kW/L (PS/L)	54,7 (74,4)
Drehmoment	Nm bei 1/min	155/3500
Verdichtungsverhältnis		8,7:1
Ventilsteuerung[2)]		ohc/Zahnriemen
Gemischaufbereitung		Saug-Vergaser (Doppel-Fallstrom)
Turbolader		Mitsubishi
Maximaler Ladedruck	bar	0,65
Ladedruckregelung		waste gate integr. (p_2)
Ladeluftkühler		nein
Ölinhalt	L	4,0
Ölkühler		ja
Zündung[3)]		VEZ
Klopfregelung		ja (Zündung)
Antrieb		Vorderrad
Getriebe		2×4-Gang (mit Vorgelege P u. E)
Gesamtübersetzung[4)]		3,83:1 (P) u. 2,97:1 (E)
Geschwindigkeit pro 1000/min[5)]	km/h	27,1 (P) u. 35,0 (E)
Reifengröße		165/70-13
Leergewicht	kg	860
Höchstgeschwindigkeit	km/h	180
Beschleunigung 0–100 km/h	s	8,9
DIN-Verbrauch[6)]	L/100 km	6,5/9,0/9,0 (P) u. 5,9/8,0/8,0 (E)
Kraftstofftank	L	40

Mitsubishi Lancer
(1981)

Kleine, sportliche Limousine mit vier Türen. Hinterradantrieb. Besonderheiten: Vierzylindermotor mit zwei Ausgleichswellen, elektronisch gesteuerte Zentral-Einspritzung. In Japan nur mit 1,8 Liter Turbomotor angeboten.

Fahrzeug-Typ		Mitsubishi Lancer Turbo (1981)
Motor		Otto
Zylinderzahl/Bauart/Einbau[1)]		4/R/längs
Hubraum	cm^3	1997
Bohrung × Hub	mm	85×88
Leistung	kW (PS) bei 1/min	125 (170)/5500
Spezifische Leistung	kW/L (PS/L)	62,6 (85,1)
Drehmoment	Nm bei 1/min	245/3500
Verdichtungsverhältnis		7,6:1
Ventilsteuerung[2)]		ohc/Zahnriemen
Gemischaufbereitung		Einspritzung elektr. (Mitsubishi ECI)
Turbolader		Mitsubishi
Maximaler Ladedruck	bar	0,6
Ladedruckregelung		waste gate integr. (p_2)
Ladeluftkühler		nein
Ölinhalt	L	4,4
Ölkühler		ja
Zündung		VEZ
Klopfregelung		ja
Antrieb		Hinterrad
Getriebe		5-Gang
Gesamtübersetzung[4)]		3,03:1
Geschwindigkeit pro 1000/min[5)]	km/h	36,0
Reifengröße		185/65-14
Leergewicht	kg	1075
Höchstgeschwindigkeit	km/h	200
Beschleunigung 0–100 km/h	s	8,0
DIN-Verbrauch[6)]	L/100 km	6,7/9,1/11,9
Kraftstofftank	L	50

Mitsubishi Starion
(1982)

Zweitüriges Sportcoupé mit 2+2 Sitzen und Heckklappe. Hinterradantrieb. Besonderheiten: Vierzylindermotor mit zwei Ausgleichswellen, elektronisch gesteuerte Zentral-Einspritzung.

Fahrzeug-Typ		Mitsubishi Starion (1982)
Motor		Otto
Zylinderzahl/Bauart/Einbau[1)]		4/R/längs
Hubraum	cm^3	1997
Bohrung × Hub	mm	85×88
Leistung	kW (PS) bei 1/min	125 (170)/5500
Spezifische Leistung	kW/L (PS/L)	62,6 (85,1)
Drehmoment	Nm bei 1/min	245/3500
Verdichtungsverhältnis		7,6:1
Ventilsteuerung[2)]		ohc/Zahnriemen
Gemischaufbereitung		Einspritzung elektr. (Mits. ECI)
Turbolader		Mitsubishi
Maximaler Ladedruck	bar	0,6
Ladedruckregelung		waste gate integr. (p_2)
Ladeluftkühler		nein
Ölinhalt	L	4,7
Ölkühler		ja
Zündung[3)]		TSZ
Klopfregelung		ja
Antrieb		Hinterrad
Getriebe		5-Gang (w.w. Automatik)
Gesamtübersetzung[4)]		3,03:1
Geschwindigkeit pro 1000/min[5)]	km/h	38,4
Reifengröße		195/70-14
Leergewicht	kg	1220
Höchstgeschwindigkeit	km/h	220
Beschleunigung 0–100 km/h	s	7,6
DIN-Verbrauch[6)]	L/100 km	7,3/9,6/11,9
Kraftstofftank	L	75

Mitsubishi Cordia Turbo
(1982)

Zweitüriges Mittelklasse-Coupé mit Heckklappe, Frontantrieb. Unter der Modellbezeichnung Tredia auf gleicher technischer Basis auch als Limousine mit Stufenheck angeboten.

Fahrzeug-Typ		Mitsubishi Cordia (Tredia) Turbo (1982)
Motor		Otto
Zylinderzahl/Bauart/Einbau[1)]		4/R/quer
Hubraum	cm^3	1597
Bohrung × Hub	mm	76,9×86
Leistung	kW (PS) bei 1/min	84,0 (114)/5500
Spezifische Leistung	kW/L (PS/L)	52,9 (72)
Drehmoment	Nm bei 1/min	170/3500
Verdichtungsverhältnis		8,5:1
Ventilsteuerung[2)]		ohc/Zahnriemen
Gemischaufbereitung		Saug-Vergaser (Fallstrom-Doppel)
Turbolader		Mitsubishi TC-04
Maximaler Ladedruck	bar	ca. 0,65
Ladedruckregelung		waste gate
Ladeluftkühler		nein
Ölinhalt	L	4,0
Ölkühler		ja
Zündung[3)]		VEZ
Klopfregelung		ja (Zündung)
Antrieb		Vorderrad
Getriebe		2×4-Gang (mit Vorgelage P u. E)
Gesamtübersetzung[4)]		3,83:1 (P) u. 2,97:1 (E)
Geschwindigkeit pro 1000/min[5)]	km/h	28,6 (P) u. 36,9 (E)
Reifengröße		185/70-13
Leergewicht	kg	970
Höchstgeschwindigkeit	km/h	190 (183)*
Beschleunigung 0–100 km/h	s	9,5
DIN-Verbrauch[6)]	L/100 km	6,1/8,1/9,3
Kraftstofftank	L	50

*) Werte für Tredia

Mitsubishi Minica Ami L Turbo

(1983)

Kleinster Personenwagen mit Abgasturbo-Aufladung. Zwei Türen, vier Sitzplätze, Heckklappe. Hinterradantrieb. Besonderheit: Zweizylinder-Reihenmotor, drei Ventile pro Zylinder. Nur in Japan lieferbar.

Fahrzeug-Typ		Mitsubishi Minica Ami L Turbo (1983)
Motor		Otto
Zylinderzahl/Bauart/Einbau[1)]		2/R/längs
Hubraum	cm^3	546
Bohrung × Hub	mm	70×71
Leistung	kW (PS) bei 1/min	28 (39)/5500
Spezifische Leistung	kW/L (PS/L)	51,2 (71,4)
Drehmoment	Nm bei 1/min	55/3500
Verdichtungsverhältnis		7,5:1
Ventilsteuerung[2)]		ohc/Kette
Gemischaufbereitung		–
Turbolader		Mitsubishi TD 02
Maximaler Ladedruck	bar	0,65
Ladedruckregelung		waste gate
Ladeluftkühler		
Ölinhalt	L	3,0
Ölkühler		–
Zündung[3)]		–
Klopfregelung		–
Antrieb		Hinterrad
Getriebe		4-Gang
Gesamtübersetzung[4)]		–
Geschwindigkeit pro 1000/min[5)]	km/h	–
Reifengröße		145-12
Leergewicht	kg	565
Höchstgeschwindigkeit	km/h	140
Beschleunigung 0–100 km/h	s	18
DIN-Verbrauch[6)]	L/100 km	–
Kraftstofftank	L	27

Nissan 280 ZXT Turbo
(1979)

Schnelles Sportcoupé mit zwei Türen, 2+2 Sitzen und Heckklappe. 1979 mit Turbomotor vorgestellt, erst seit 1983 in Deutschland angeboten. Besonderheit: herausnehmbare Dachhälften.

Fahrzeug-Typ		Nissan 280 ZXT Turbo (1979)
Motor		Otto
Zylinderzahl/Bauart/Einbau[1)]		6/R/längs
Hubraum	cm^3	2753
Bohrung × Hub	mm	86×79
Leistung	kW (PS) bei 1/min	147 (200)/5600
Spezifische Leistung	kW/L (PS/L)	53,4 (72,6)
Drehmoment	Nm bei 1/min	290/4400
Verdichtungsverhältnis		7,4:1
Ventilsteuerung[2)]		ohc/Kette
Gemischaufbereitung		Einspritzung elektr. (Bosch L-Jetronic)
Turbolader		Garrett T 3
Maximaler Ladedruck	bar	0,53
Ladedruckregelung		waste gate (p_2)
Ladeluftkühler		nein
Ölinhalt	L	4,8
Ölkühler		ja
Zündung[3)]		TSZ
Klopfregelung		nein
Antrieb		Hinterrad
Getriebe		5-Gang
Gesamtübersetzung[4)]		2,62:1
Geschwindigkeit pro 1000/min[5)]	km/h	44,7
Reifengröße		215/60-15
Leergewicht	kg	1370
Höchstgeschwindigkeit	km/h	230
Beschleunigung 0–100 km/h	s	7,7
DIN-Verbrauch[6)]	L/100 km	7,6/9,8/13,3
Kraftstofftank	L	80

Nissan Fairlady Z Turbo
(1979)

Erstes Turbomodell von Nissan, Prototyp 1979 vorgestellt. Zweitüriges, 2+2-sitziges Sportcoupé mit Heckklappe. Besonderheit: herausnehmbare Dachhälften. In Deutschland nicht lieferbar.

Fahrzeug-Typ		Nissan Fairlady Z Turbo (1979)
Motor		Otto
Zylinderzahl/Bauart/Einbau[1)]		6/R/längs
Hubraum	cm^3	1998
Bohrung × Hub	mm	78×69,7
Leistung	kW (PS) bei 1/min	106,5 (145)/5600
Spezifische Leistung	kW/L (PS/L)	53,3 (72,5)
Drehmoment	Nm bei 1/min	206/3200
Verdichtungsverhältnis		7,6:1
Ventilsteuerung[2)]		ohc/Kette
Gemischaufbereitung		Einspritzung (elektr. Bosch L-Jetronic)
Turbolader		Garrett
Maximaler Ladedruck	bar	0,47
Ladedruckregelung		waste gate
Ladeluftkühler		nein
Ölinhalt	L	5,5
Ölkühler		ja
Zündung[3)]		VEZ
Klopfregelung		ja
Antrieb		Hinterrad
Getriebe		5-Gang (w.w. Automatik)
Gesamtübersetzung[4)]		3,34:1
Geschwindigkeit pro 1000/min[5)]	km/h	34,9
Reifengröße		195/70-14
Leergewicht	kg	1260
Höchstgeschwindigkeit	km/h	ca. 195
Beschleunigung 0–100 km/h	s	ca. 10,5
DIN-Verbrauch[6)]	L/100 km	–
Kraftstofftank	L	80

Nissan Bluebird
(1980)

Kleine Mittelklassewagen, als viertürige Limousine und als zweitüriges Coupé lieferbar. Hinterradantrieb.
In USA unter dem Namen Maxima angeboten.
In Deutschland mit Turbomotoren nicht lieferbar.

Fahrzeug-Typ		Nissan Bluebird (1980)
Motor		Otto
Zylinderzahl/Bauart/Einbau[1)]		4/R/längs
Hubraum	cm^3	1770
Bohrung × Hub	mm	85×78
Leistung	kW (PS) bei 1/min	99,5 (135)/6000
Spezifische Leistung	kW/L (PS/L)	56,1 (76,3)
Drehmoment	Nm bei 1/min	196/3600
Verdichtungsverhältnis		8,3:1
Ventilsteuerung[2)]		ohc/Kette
Gemischaufbereitung		Einspritzung (elektr.)
Turbolader		Garrett
Maximaler Ladedruck	bar	0,47
Ladedruckregelung		waste gate
Ladcluftkühlcr		nein
Ölinhalt	L	4,0
Ölkühler		ja
Zündung[3)]		VEZ
Klopfregelung		ja
Antrieb		Hinterrad
Getriebe		5-Gang (w.w. Automatik)
Gesamtübersetzung[4)]		3,17:1
Geschwindigkeit pro 1000/min[5)]	km/h	35,9
Reifengröße		185/70-14
Leergewicht	kg	1135 (1105 Coupé)
Höchstgeschwindigkeit	km/h	180
Beschleunigung 0–100 km/h	s	10,5
DIN-Verbrauch[6)]	L/100 km	–
Kraftstofftank	L	60

Nissan Laurel Turbo

(1980)

Gehobenes Mittelklasse-Modell. Als viertürige Limousine und als Hardtop-Limousine mit zwei Türen lieferbar. In Deutschland mit Turbomotor nicht im Angebot.

Fahrzeug-Typ		Nissan Laurcel Turbo (1980)
Motor		Otto
Zylinderzahl/Bauart/Einbau[1)]		6/R/längs
Hubraum	cm^3	1998
Bohrung × Hub	mm	78×69,7
Leistung	kW (PS) bei 1/min	106,5 (145)/5600
Spezifische Leistung	kW/L (PS/L)	53,3 (72,5)
Drehmoment	Nm bei 1/min	206/3200
Verdichtungsverhältnis		7,6:1
Ventilsteuerung[2)]		ohc/Kette
Gemischaufbereitung		Einspritzung (elektr.)
Turbolader		Garrett
Maximaler Ladedruck	bar	0,47
Ladedruckregelung		waste gate
Ladeluftkühler		nein
Ölinhalt	L	5,5
Ölkühler		ja
Zündung[3)]		VEZ
Klopfregelung		ja
Antrieb		Hinterrad
Getriebe		5-Gang (w.w. Automatik)
Gesamtübersetzung[4)]		3,17:1
Geschwindigkeit pro 1000/min[5)]	km/h	36,1
Reifengröße		185/70-14
Leergewicht	kg	1190
Höchstgeschwindigkeit	km/h	ca. 180
Beschleunigung 0–100 km/h	s	ca. 10,5
DIN-Verbrauch[6)]	L/100 km	–
Kraftstofftank	L	65

Nissan Cedric
(1980)

Geräumige Limousine der oberen Mittelklasse. Als Limousine und als Limousine Hardtop jeweils viertürig lieferbar. In Deutschland nicht angeboten.

Fahrzeug-Typ		Nissan Cedric (1980)
Motor		Otto
Zylinderzahl/Bauart/Einbau[1)]		6/R/längs
Hubraum	cm^3	1998
Bohrung × Hub	mm	78×69,7
Leistung	kW (PS) bei 1/min	106,5 (145)/5600
Spezifische Leistung	kW/L (PS/L)	53,3 (72,5)
Drehmoment	Nm bei 1/min	206/3200
Verdichtungsverhältnis		7,6:1
Ventilsteuerung[2)]		ohc/Kette
Gemischaufbereitung		Einspritzung (elektr.)
Turbolader		Garrett
Maximaler Ladedruck	bar	0,47
Ladedruckregelung		waste gate
Ladeluftkühler		nein
Ölinhalt	L	5,5
Ölkühler		ja
Zündung[3)]		VEZ
Klopfregelung		ja
Antrieb		Hinterrad
Getriebe		5-Gang (w.w. Automatik)
Gesamtübersetzung[4)]		3,56:1
Geschwindigkeit pro 1000/min[5)]	km/h	32,7
Reifengröße		195/70-14
Leergewicht	kg	1350
Höchstgeschwindigkeit	km/h	ca. 180
Beschleunigung 0–100 km/h	s	ca. 11
DIN-Verbrauch[6)]	L/100 km	–
Kraftstofftank	L	72

Nissan Bluebird Turbodiesel
(1981)

Kleine Mittelklasse-Limousine mit aufgeladenem Dieselmotor. Als viertürige Limousine und als zweitüriges Coupé lieferbar. Hinterradantrieb.

Fahrzeug-Typ		Nissan Bluebird Turbodiesel (1981)
Motor		Diesel
Zylinderzahl/Bauart/Einbau[1]		4/R/längs
Hubraum	cm^3	1952
Bohrung × Hub	mm	85×86
Leistung	kW (PS) bei 1/min	59 (81)
Spezifische Leistung	kW/L (PS/L)	30 (41,5)
Drehmoment	Nm bei 1/min	162
Verdichtungsverhältnis		22:1
Ventilsteuerung[2]		ohc
Gemischaufbereitung		Einspritzung (Kiki)
Turbolader		Garrett
Maximaler Ladedruck	bar	0,73
Ladedruckregelung		waste gate
Ladeluftkühler		nein
Ölinhalt	L	5
Ölkühler		nein
Zündung[3]		–
Klopfregelung		–
Antrieb		Hinterrad
Getriebe		5-Gang (w.w. Automatik)
Gesamtübersetzung[4]		–
Geschwindigkeit pro 1000/min[5]	km/h	–
Reifengröße		165-13
Leergewicht	kg	1115
Höchstgeschwindigkeit	km/h	ca. 150
Beschleunigung 0–100 km/h	s	ca. 16
DIN-Verbrauch[6]	L/100 km	–
Kraftstofftank	L	60

Nissan Silvia Turbo
(1981)

Kleines Coupé mit zwei Türen und 4 bzw. 5 Sitzplätzen. auch mit Heckklappe lieferbar.
In Deutschland nicht angeboten.

Fahrzeug-Typ		Nissan Silvia Turbo (1981)
Motor		Otto
Zylinderzahl/Bauart/Einbau[1)]		4/R/längs
Hubraum	cm^3	1770
Bohrung × Hub	mm	85×78
Leistung	kW (PS) bei 1/min	99,5 (135)/6000
Spezifische Leistung	kW/L (PS/L)	56,1 (76,3)
Drehmoment	Nm bei 1/min	196/3600
Verdichtungsverhältnis		8,3:1
Ventilsteuerung[2)]		ohc/Kette
Gemischaufbereitung		Einspritzung (elektronisch)
Turbolader		Garrett
Maximaler Ladedruck	bar	0,47
Ladedruckregelung		waste gate
Ladeluftkühler		nein
Ölinhalt	L	4,0
Ölkühler		ja
Zündung[3)]		VEZ
Klopfregelung		ja
Antrieb		Hinterrad
Getriebe		5-Gang (w.w. Automatik)
Gesamtübersetzung[4)]		3,17:1
Geschwindigkeit pro 1000/min[5)]	km/h	34,5
Reifengröße		185/70-13
Leergewicht	kg	1075
Höchstgeschwindigkeit	km/h	180
Beschleunigung 0–100 km/h	s	10
DIN-Verbrauch[6)]	L/100 km	–
Kraftstofftank	L	60

Nissan Skyline Turbo
(1981)

Mittelklasse-Modell, sowohl als viertürige Limousine wie als zweitüriges Coupé lieferbar. Hinterradantrieb. In Deutschland nicht im Angebot.

Fahrzeug-Typ		Nissan Skyline Turbo (1981)
Motor		Otto
Zylinderzahl/Bauart/Einbau[1]		6/R/längs
Hubraum	cm^3	1998
Bohrung × Hub	mm	78×69,7
Leistung	kW (PS) bei 1/min	106,5 (145)/5600
Spezifische Leistung	kW/L (PS/L)	53,3 (72,5)
Drehmoment	Nm bei 1/min	206/3200
Verdichtungsverhältnis		7,6:1
Ventilsteuerung[2]		ohc/Kette
Gemischaufbereitung		Einspritzung elektr. (Bosch)
Turbolader		Garrett
Maximaler Ladedruck	bar	0,47
Ladedruckregelung		waste gate
Ladeluftkühler		nein
Ölinhalt	L	4,5
Ölkühler		nein
Zündung[3]		VEZ
Klopfregelung		ja
Antrieb		Hinterrad
Getriebe		5-Gang (w.w. Automatik)
Gesamtübersetzung[4]		–
Geschwindigkeit pro 1000/min[5]	km/h	–
Reifengröße		185/70-14
Leergewicht	kg	1150
Höchstgeschwindigkeit	km/h	ca. 190
Beschleunigung 0–100 km/h	s	ca. 9
DIN-Verbrauch[6]	L/100 km	–
Kraftstofftank	L	65

Nissan Leopard
(1981)

Mittelklasse-Modell als viertürige Limousine und als zweitüriges Coupé lieferbar. Hinterradantrieb.
In Deutschland nicht angeboten.

Fahrzeug-Typ		Nissan Leopard (1981)
Motor		Otto
Zylinderzahl/Bauart/Einbau[1]		6/R/längs
Hubraum	cm^3	1998
Bohrung × Hub	mm	78×69,7
Leistung	kW (PS) bei 1/min	106,5 (145)/5600
Spezifische Leistung	kW/L (PS/L)	53,3 (72,5)
Drehmoment	Nm bei 1/min	206/3200
Verdichtungsverhältnis		7,6:1
Ventilsteuerung[2]		ohc/Kette
Gemischaufbereitung		Einspritzung (elektr.)
Turbolader		Garrett
Maximaler Ladedruck	bar	0,47
Ladedruckregelung		waste gate
Ladeluftkühler		nein
Ölinhalt	L	5,5
Ölkühler		ja
Zündung		VEZ
Klopfregelung		ja
Antrieb		Hinterrad
Getriebe		5-Gang (w.w. Automatik)
Gesamtübersetzung[4]		3,17:1
Geschwindigkeit pro 1000/min[5]	km/h	36,7
Reifengröße		195/70-14
Leergewicht	kg	1235
Höchstgeschwindigkeit	km/h	ca. 185
Beschleunigung 0–100 km/h	s	ca. 10
DIN-Verbrauch[6]	L/100 km	–
Kraftstofftank	L	62

Nissan Sunny Turbo
(1982)

Kleinstes Turbomodell von Nissan, untere Mittelklasse, in Japan unter der Bezeichnung Leprix laufend. Sowohl als viertürige Limousine wie als zweitüriges Coupé (mit und ohne Heckklappe) lieferbar. Frontantrieb.

Fahrzeug-Typ		Nissan Sunny (1982)
Motor		Otto
Zylinderzahl/Bauart/Einbau1)		4/R
Hubraum	cm^3	1488
Bohrung × Hub	mm	76×82
Leistung	kW (PS) bei 1/min	84,5 (115)
Spezifische Leistung	kW/L (PS/L)	56,8 (77,3)
Drehmoment	Nm bei 1/min	167/3200
Verdichtungsverhältnis		8:1
Ventilsteuerung2)		ohc/Zahnriemen
Gemischaufbereitung		Einspritzung (elektr.)
Turbolader		Garrett
Maximaler Ladedruck	bar	0,47
Ladedruckregelung		waste gate
Ladeluftkühler		nein
Ölinhalt	L	3,7
Ölkühler		ja
Zündung3)		VEZ
Klopfregelung		ja
Antrieb		Vorderrad
Getriebe		5-Gang
Gesamtübersetzung4)		2,48:1
Geschwindigkeit pro 1000/min5)	km/h	38,2
Reifengröße		175/70-13
Leergewicht	kg	850
Höchstgeschwindigkeit	km/h	184
Beschleunigung 0–100 km/h	s	9,5
DIN-Verbrauch6)	L/100 km	–
Kraftstofftank	L	50

Oldsmobile F 85 Jetfire

(1963)

Compact-Car der Oldsmobile Division von GM. Zweitüriges, fünfsitziges Coupé. Hinterradantrieb. Zur gleichen Zeit entwickelt wie Chevrolet Corvair Monza. Wegen motorischer Mängel nur etwa ein Jahr in Produktion. Besonderheit: Wassereinspritzung

Fahrzeug-Typ		Oldsmobile F 85 Jetfire (1963)
Motor		Otto
Zylinderzahl/Bauart/Einbau[1)]		8/V 90°/längs
Hubraum	cm^3	3532
Bohrung × Hub	mm	88,9×71,12
Leistung	kW (PS) bei 1/min	160 (218)/4600
Spezifische Leistung	kW/L (PS/L)	45,3 (61,7)
Drehmoment	Nm bei 1/min	407/3200
Verdichtungsverhältnis		10,25:1
Ventilsteuerung[2)]		ohv/Kette
Gemischaufbereitung		Saug-Vergaser (Fallstrom Carter)
Turbolader		Ai Research
Maximaler Ladedruck	bar	0,35
Ladedruckregelung		waste gate
Ladeluftkühler		nein
Ölinhalt	L	3,8
Ölkühler		–
Zündung[3)]		SZ
Klopfregelung		nein
Antrieb		Hinterrad
Getriebe		3-Gang (w.w. 4-Gang u. Automatik)
Gesamtübersetzung[4)]		3,36:1
Geschwindigkeit pro 1000/min[5)]	km/h	34,3
Reifengröße		6.50-13
Leergewicht	kg	1340
Höchstgeschwindigkeit	km/h	ca. 170
Beschleunigung 0–100 km/h	s	9,5
DIN-Verbrauch[6)]	L/100 km	–
Kraftstofftank	L	61

Peugeot 604 SRD/GRD Turbo
(1979)

Erster französischer Personenwagen mit Abgasturbo-Aufladung. Spitzenmodell von Peugeot. Viertürige Komfort-Limousine in zwei Ausstattungsvarianten.

Fahrzeug-Typ		Peugeot 604 SRD/GRD Turbo (1979)	Peugot 604 GTD Turbo (1983)
Motor		Diesel	Diesel
Zylinderzahl/Bauart/Einbau[1)]		4/R/längs	4/R/längs
Hubraum	cm^3	2304	2498
Bohrung × Hub	mm	94×83	94×90
Leistung	kW (PS) bei 1/min	59 (80)/4150	70 (95)/4150
Spezifische Leistung	kW/L (PS/L)	25,5 (34,7)	28,0 (38,0)
Drehmoment	Nm bei 1/min	184/2000	206/2000
Verdichtungsverhältnis		21:1	21:1
Ventilsteuerung[2)]		ohv/Kette	ohv/Kette
Gemischaufbereitung		Einspr. (VP Bosch/AVC)	Einspr. (VP Bosch/AVC)
Turbolader		Garr. TA03	Garr. TA03 od. KKK K24
Maximaler Ladedruck	bar	0,6	0,6
Ladedruckregelung		waste gate integr. (p_2)	waste gate integr. (p_2)
Ladeluftkühler		nein	nein
Ölinhalt	L	5,0	5,0
Ölkühler		ja	ja
Zündung		–	–
Klopfregelung		–	–
Antrieb		Hinterrad	Hinterrad
Getriebe		5-Gang (w.w. Automatik)	5-Gang (w.w. Automatik)
Gesamtübersetzung[4)]		2,92:1	2,92:1
Geschwindigkeit pro 1000/min[5)]	km/h	39,6	39,6
Reifengröße		175-14 bzw. 190/65-390 (TRX)	175-14 bzw. 190/65-390 (TRX)
Leergewicht	kg	1465	1465
Höchstgeschwindigkeit	km/h	157	167
Beschleunigung 0–100 km/h	s	17,5	15,0
DIN-Verbrauch[6)]	L/100 km	6,1/8,6/9,6	–
Kraftstofftank	L	70	70

Peugeot 505 SRD Turbo
(1980)

Geräumige Limousine der gehobenen Mittelklasse. Vier Türen, fünf Sitze. Hinterradantrieb. Auch als Kombi (Break) angeboten.

Fahrzeug-Typ		Peugeot 505 SRD Turbo (1980	Peugot 505 GTD Turbo (1983)
Motor		Diesel	Diesel
Zylinderzahl/Bauart/Einbau[1]		4/R/längs	4/R/längs
Hubraum	cm^3	2304	2498
Bohrung × Hub	mm	94×83	94×90
Leistung	kW (PS) bei 1/min	59 (80)/4150	70 (95)/4150
Spezifische Leistung	kW/L (PS/L)	25,5 (34,7)	28,0 (38,0)
Drehmoment	Nm bei 1/min	184/2000	206/2000
Verdichtungsverhältnis		21:1	21:1
Ventilsteuerung[2]		ohv/Kette	ohv/Kette
Gemischaufbereitung		Einspr. (VP Bosch/AVC)	Einspr. (VP Bosch/AVC)
Turbolader		Garr. TA03 od.KKK K24	Garr. TA03 od. KKK K24
Maximaler Ladedruck	bar	0,6	0,6
Ladedruckregelung		waste gate integr. (p_2)	waste gate integr. (p_2)
Ladeluftkühler		nein	nein
Ölinhalt	L	5,0	5,0
Ölkühler		ja	ja
Zündung		–	–
Klopfregelung		–	–
Antrieb		Hinterrad	Hinterrad
Getriebe		5-Gang (w.w. Automatik)	5-Gang (w.w. Automatik)
Gesamtübersetzung[4]		2,92:1	2,92:1
Geschwindigkeit pro 1000/min[5]	km/h	39,6	39,6
Reifengröße		175-14	185/70-14
Leergewicht	kg	1330 (1355)*	1330 (1355)*
Höchstgeschwindigkeit	km/h	160	170
Beschleunigung 0–100 km/h	s	16,8	14,0
DIN-Verbrauch[6]	L/100 km	6,0/8,6/9,4	5,8/8,5/8,4
Kraftstofftank	L	56	56

*) Werte für Break

Peugeot 505 Turbo Injection
(1983)

Geräumige Limousine der gehobenen Mittelklasse. Vier Türen, fünf Sitze. Hinterradantrieb.

Fahrzeug-Typ		Peugeot 505 Turbo Injection (1983)
Motor		Otto
Zylinderzahl/Bauart/Einbau[1]		4/R/längs
Hubraum	cm^3	2156
Bohrung × Hub	mm	91,7×81,6
Leistung	kW (PS) bei 1/min	110,5 (150)/5200
Spezifische Leistung	kW/L (PS/L)	51,2 (69,6)
Drehmoment	Nm bei 1/min	235/3000
Verdichtungsverhältnis		7,5:1
Ventilsteuerung[2]		ohc/Kette
Gemischaufbereitung		Einspritzung elektr. (Bosch L-Jetronic)
Turbolader		Garrett T 03
Maximaler Ladedruck	bar	0,68
Ladedruckregelung		waste gate (p_2)
Ladeluftkühler		nein
Ölinhalt	L	5,0
Ölkühler		ja
Zündung		TSZ
Klopfregelung		nein
Antrieb		Hinterrad
Getriebe		5-Gang
Gesamtübersetzung[4]		3,28:1
Geschwindigkeit pro 1000/min[5]	km/h	34,3
Reifengröße		195/60-15
Leergewicht	kg	1250
Höchstgeschwindigkeit	km/h	200
Beschleunigung 0–100 km/h	s	9,6
DIN-Verbrauch[6]	L/100 km	8,0/10,6/13,8
Kraftstofftank	L	63

Pontiac Firebird TransAm Turbo

(1980 bis 1981)

Typisch amerikanisches Sportcoupé. Zwei Türen, vier Sitze. Turboversion vom Indianapolis Pace-Car abgeleitet. Hinterradantrieb. Mit geringen Karosserie-Modifikationen auch als firebird Formula lieferbar. Beide Modelle mit Turbomotor nur zwei Jahre im Programm.

Fahrzeug-Typ		Pontiac Firebird TransAM Turbo (1980)
Motor		Otto
Zylinderzahl/Bauart/Einbau[1)]		8/V 90°/längs
Hubraum	cm³	4942
Bohrung × Hub	mm	101,6×76,2
Leistung	kW (PS) bei 1/min	149,5 (203)/4000
Spezifische Leistung	kW/L (PS/L)	30,2 (41,1)
Drehmoment	Nm bei 1/min	461/2000
Verdichtungsverhältnis		7,5:1
Ventilsteuerung[2)]		ohv/Kette
Gemischaufbereitung		Vergaser (Vierfach, Fallstrom, Rochester)
Turbolader		Garrett
Maximaler Ladedruck	bar	0,6
Ladedruckregelung		waste gate integr.
Ladeluftkühler		nein
Ölinhalt	L	4,7
Ölkühler		nein
Zündung		VEZ (Delco Electronic)
Klopfregelung		nein
Antrieb		Hinterrad
Getriebe		Automatik (3-Gang)
Gesamtübersetzung[4)]		3,08:1
Geschwindigkeit pro 1000/min[5)]	km/h	41,1
Reifengröße		225/70-15
Leergewicht	kg	1660
Höchstgeschwindigkeit	km/h	190
Beschleunigung 0–100 km/h	s	9,5
DIN-Verbrauch[6)]	L/100 km	–
Kraftstofftank	L	79

Porsche 911 Turbo
(1975)

Zweisitziges Sportcoupé. Vorreiter der modernen Turbo-Personenwagen. 1977 Vergrößerung des Motors auf 3,3 Liter und erstmals Einführung eines Ladeluftkühlers bei Personenwagen. Besonderheiten: Sechszylinder-Boxermotor im Heck, schnellster und leistungsfähigster Turbo, großer Heckflügel zur Auftriebsreduzierung.

Fahrzeug-Typ		Porsche 911 Turbo (1975)	Porsche 911 Turbo (1977)
Motor		Otto	Otto
Zylinderzahl/Bauart/Einbau[1)]		6/Boxer/längs hinten	6/Boxer/längs hinten
Hubraum	cm^3	2992	3299
Bohrung × Hub	mm	95/70,4	97×74,4
Leistung	kW (PS) bei 1/min	191 (260)/5500	220,5 (300)/5500
Spezifische Leistung	kW/L (PS/L)	63,8 (86,7)	66,9 (91,0)
Drehmoment	Nm bei 1/min	343/4000	412/4000
Verdichtungsverhältnis		6,5:1	7,0:1
Ventilsteuerung[2)]		2×1 ohc/Kette	2×1 ohc/Kette
Gemischaufbereitung		Einspritzung mech. (Bosch K-Jetronic)	Einspritzung mech. (Bosch K-Jetronic)
Turbolader		KKK 3 LDZ	KKK 3 LDZ
Maximaler Ladedruck	bar	0,8	0,8
Ladedruckregelung		waste gate sep. (p_2)	waste gate sep. (p_2)
Ladeluftkühler		nein	ja
Ölinhalt	L	13	13
Ölkühler		ja	ja
Zündung[3)]		HKZ	HKZ
Klopfregelung		nein	nein
Antrieb		Hinterrad	Hinterrad
Getriebe		4-Gang	4-Gang
Gesamtübersetzung[4)]		2,64:1	2,64:1
Geschwindigkeit pro 1000/min[5)]	km/h	44,5	44,5
Reifengröße		205/55-16; 225/50-16	205/55-16; 225/50-16
Leergewicht	kg	1140	1300
Höchstgeschwindigkeit	km/h	255	260
Beschleunigung 0–100 km/h	s	5,5	5,4
DIN-Verbrauch[6)]	L/100 km	–	9,7/11,8/15,5
Kraftstofftank	L	80	80

Porsche 924 Turbo

(1978 bis 1982)

Schneller Sportwagen, 2+2 sitzig, zwei Türen, Heckklappe. 1981 Erhöhung der Verdichtung und Einführung einer Zündung mit digitaler Zündverstellung, kleinere Turbine. In USA mit reduzierter Leistung angeboten. Besonderheit: Transaxle-Bauweise mit hinten liegendem Getriebe. 1982 eingestellt.

Fahrzeug-Typ		Porsche 924 Turbo (1978)	Porsche 924 Turbo (1981)
Motor		Otto	Otto
Zylinderzahl/Bauart/Einbau[1]		4/R/längs	4/R/längs
Hubraum	cm^3	1984	1984
Bohrung × Hub	mm	86,5×84,4	86,5×84,4
Leistung	kW (PS) bei 1/min	125 (170)/5500	130 (177)/5500
Spezifische Leistung	kW/L (PS/L)	63,0 (85,7)	65,6 (89,2)
Drehmoment	Nm bei 1/min	245/3500	250/3500
Verdichtungsverhältnis		7,5:1	8,5:1
Ventilsteuerung[2]		ohc/Zahnriemen	ohc/Zahnriemen
Gemischaufbereitung		Einspritzung mech. (Bosch K-Jetronic)	Einspritzung mech. (Bosch K-Jetronic)
Turbolader		KKK (K 26)	KKK (K 26)
Maximaler Ladedruck	bar	0,7	0,7
Ladedruckregelung		waste gate sep. (p_2)	waste gate sep. (p_2)
Ladeluftkühler		nein	nein
Ölinhalt	L	5,5	5,5
Ölkühler		ja	ja
Zündung		TSZ	TSZ mit digitaler Zündverstellung
Klopfregelung		nein	nein
Antrieb		Hinterrad	Hinterrad
Getriebe		5-Gang	5-Gang
Gesamtübersetzung[4]		2,91:1	2,91:1
Geschwindigkeit pro 1000/min[5]	km/h	40,7	40,7
Reifengröße		185/70-15	185/70-15
Leergewicht	kg	1180	1180
Höchstgeschwindigkeit	km/h	225	230
Beschleunigung 0–100 km/h	s	7,8	7,7
DIN-Verbrauch[6]	L/100 km	9,2	6,7/8,6/11,3
Kraftstofftank	L	66	84

Renault 5 Turbo
(1980)

Vorwiegend für Wettbewerbszwecke gebauter kleiner Zweisitzer auf der Basis des Renault 5. Besonderheiten: Völlig neue Radaufhängung, Karosserieteile aus Kunststoff, Mittelmotor.

Fahrzeug-Typ		Renault 5 Turbo (1980)
Motor		Otto
Zylinderzahl/Bauart/Einbau[1]		4/R/längs Mitte
Hubraum	cm^3	1397
Bohrung × Hub	mm	76×77
Leistung	kW (PS) bei 1/min	117,5 (160)/6000
Spezifische Leistung	kW/L (PS/L)	84,1 (114,5)
Drehmoment	Nm bei 1/min	221/3250
Verdichtungsverhältnis		7,0:1
Ventilsteuerung[2]		ohv/Kette
Gemischaufbereitung		Einspritzung mech. (Bosch K-Jetronik)
Turbolader		Garrett T 3
Maximaler Ladedruck	bar	0,84 (p^2/p^4)
Ladedruckregelung		waste gate integr.
Ladeluftkühler		ja
Ölinhalt	L	3,7
Ölkühler		ja
Zündung		TSZ
Klopfregelung		nein
Antrieb		Hinterrad
Getriebe		5-Gang
Gesamtübersetzung[4]		3,19:1
Geschwindigkeit pro 1000/min[5]	km/h	34,8
Reifengröße	v/h	190/55-340; 220/55-365
Leergewicht	kg	970
Höchstgeschwindigkeit	km/h	200
Beschleunigung 0–100 km/h	s	6,9
DIN-Verbrauch[6]	L/100 km	7,1/10,0/11,2
Kraftstofftank	L	93

Renault 18 Turbo
(1980)

Viertürige Stufenheck--Limousine des französischen Staatskonzerns. Frontantrieb. 1982 Leistung auf 92 kW (125 PS) erhöht. Besonderheit: Druckvergaser mit thermostatisch gesteuertem Ladeluftkühler.

Fahrzeug-Typ		Renault 18 Turbo (1982)	Renault 18 Turbo (1980)
Motor		Otto	Otto
Zylinderzahl/Bauart/Einbau[1)]		4/R/längs	4/R/längs
Hubraum	cm^3	1565	1565
Bohrung × Hub	mm	77×84	77×84
Leistung	kW (PS) bei 1/min	92 (125)/5500	81 (110)/5000
Spezifische Leistung	kW/L (PS/L)	58,8 (79,8)	51,7 (70,3)
Drehmoment	Nm bei 1/min	181/2500	181/2500
Verdichtungsverhältnis		8,6:1	8,6:1
Ventilsteuerung[2)]		ohv/Kette	ohv/Kette
Gemischaufbereitung		Druck-Vergaser (Fallstrom Solex)	Druck-Vergaser (Fallstrom Solex)
Turbolader		Garrett	Garrett
Maximaler Ladedruck	bar	0,6	0,6
Ladedruckregelung		waste gate integr. (p^2)	waste gate integr. (p^2)
Ladeluftkühler		ja	ja
Ölinhalt	L	4,25	4,25
Ölkühler		nein	nein
Zündung		VEZ	VEZ
Klopfregelung		ja (Zündung)	ja (Zündung)
Antrieb		Vorderrad	Vorderrad
Getriebe		5-Gang (w.w. Automatik)	5-Gang (w.w. Automatik)
Gesamtübersetzung[4)]		2,96:1	3,25:1
Geschwindigkeit pro 1000/min[5)]	km/h	36,8	33,6
Reifengröße		185/65-14	185/65-14
Leergewicht	kg	1040	1040
Höchstgeschwindigkeit	km/h	195	185
Beschleunigung 0–100 km/h	s	10,0	10,5
DIN-Verbrauch[6)]	L/100 km	5,5/7,7/9,7	6,4/8,5/9,8
Kraftstofftank	L	53	53

Renault 5 Alpine Turbo
(1981)

Viersitziger Kleinwagen mit Heckklappe. Im Gegensatz zum Sportmodell Renault 5 Turbo hat der R 5 Alpine Turbo die ursprüngliche Motoranordnung. Frontantrieb.

Fahrzeug-Typ		Renault 5 Alpine Turbo (1981)
Motor		Otto
Zylinderzahl/Bauart/Einbau[1]		4/R/längs
Hubraum	cm^3	1397
Bohrung × Hub	mm	76×77
Leistung	kW (PS) bei 1/min	79 (108)/6000
Spezifische Leistung	kW/L (PS/L)	56,5 (77,3)
Drehmoment	Nm bei 1/min	149/4000
Verdichtungsverhältnis		8,6:1
Ventilsteuerung[2]		ohv/Kette
Gemischaufbereitung		Saug-Vergaser (Fallstrom-Register Weber)
Turbolader		Garrett
Maximaler Ladedruck	bar	0,45
Ladedruckregelung		waste gate integr. (p_2)
Ladeluftkühler		nein
Ölinhalt	L	3,7
Ölkühler		nein
Zündung		VEZ (RENIX)
Klopfregelung		ja (Zündung)
Antrieb		Vorderrad
Getriebe		5-Gang
Gesamtübersetzung[4]		3,25:1
Geschwindigkeit pro 1000/min[5]	km/h	31,2
Reifengröße		175/60-13
Leergewicht	kg	870
Höchstgeschwindigkeit	km/h	186
Beschleunigung 0–100 km/h	s	9,1
DIN-Verbrauch[6]	L/100 km	6,3/8,5/9,1
Kraftstofftank	L	38

Renault 30 (20) Turbodiesel

Geräumige Limousine der gehobenen Mittelklasse. Vier Türen plus Heckklappe. Seit 1982 mit reduzierter Ausstattung auch als Renault 20 Turbodiesel lieferbar.

Fahrzeug-Typ		Renault 30 (20) Turbodiesel (1981)
Motor		Diesel
Zylinderzahl/Bauart/Einbau[1]		4/R/längs
Hubraum	cm^3	2068
Bohrung × Hub	mm	86×89
Leistung	kW (PS) bei 1/min	62,5 (85)/4250
Spezifische Leistung	kW/L (PS/L)	30,2 (41,1)
Drehmoment	Nm bei 1/min	181/2000
Verdichtungsverhältnis		21,5:1
Ventilsteuerung[2]		ohc/Zahnriemen
Gemischaufbereitung		Einspritzung (VP Bosch)
Turbolader		Garrett
Maximaler Ladedruck	bar	0,6
Ladedruckregelung		waste gate integr. (p_2)
Ladeluftkühler		ja
Ölinhalt	L	6,3
Ölkühler		ja
Zündung[3]		–
Klopfregelung		–
Antrieb		Vorderrad
Getriebe		5-Gang
Gesamtübersetzung[4]		3,06:1
Geschwindigkeit pro 1000/min[5]	km/h	39,8
Reifengröße		175-13
Leergewicht	kg	1255
Höchstgeschwindigkeit	km/h	160
Beschleunigung 0–100 km/h	s	15,5
DIN-Verbrauch[6]	L/100 km	5,6/8,3/8,4
Kraftstofftank	L	67

Renault Fuego Turbodiesel
(1982)

Sportliches Coupé mit zwei Türen, vier Sitzen und großer Heckklappe. Frontantrieb.

Fahrzeug-Typ		Renault Fuego Turbodiesel (1982)
Motor		Diesel
Zylinderzahl/Bauart/Einbau[1]		4/R/längs
Hubraum	cm^3	2068
Bohrung × Hub	mm	86×89
Leistung	kW (PS) bei 1/min	62,5 (85)/4250
Spezifische Leistung	kW/L (PS/L)	30,2 (41,1)
Drehmoment	Nm bei 1/min	181/2000
Verdichtungsverhältnis		21,5:1
Ventilsteuerung[2]		ohc/Zahnriemen
Gemischaufbereitung		Einspritzung (VP Bosch)
Turbolader		Garrett
Maximaler Ladedruck	bar	0,6
Ladedruckregelung		waste gate integr. (p_2)
Ladeluftkühler		ja
Ölinhalt	L	6,3
Ölkühler		ja
Zündung		–
Klopfregelung		–
Antrieb		Vorderrad
Getriebe		5-Gang
Gesamtübersetzung[4]		2,96:1
Geschwindigkeit pro 1000/min[5]	km/h	40,3
Reifengröße		185/65-14
Leergewicht	kg	1165
Höchstgeschwindigkeit	km/h	175
Beschleunigung 0–100 km/h	s	13,2
DIN-Verbrauch[6]	L/100 km	4,8/6,7/8,1
Kraftstofftank	L	57

Rover 2400 SD Turbo
(1982)

Modell der oberen Mittelklasse des britischen Staatskonzerns Leyland. Vier Türen, fünf Sitze und Heckklappe. Hinterradantrieb.

Fahrzeug-Typ		Rover 2400 SD Turbo (1982)
Motor		Diesel
Zylinderzahl/Bauart/Einbau[1)]		4/R/längs
Hubraum	cm^3	2393
Bohrung × Hub	mm	92×90
Leistung	kW (PS) bei 1/min	67 (91)/4200
Spezifische Leistung	kW/L (PS/L)	28 (38)
Drehmoment	Nm bei 1/min	193/2350
Verdichtungsverhältnis		22:1
Ventilsteuerung[2)]		ohv/Zahnriemen
Gemischaufbereitung		Einspritzung (VP Bosch)
Turbolader		KKK
Maximaler Ladedruck	bar	ca. 0,6
Ladedruckregelung		waste gate (p_2)
Ladeluftkühler		nein
Ölinhalt	L	6,1
Ölkühler		nein
Zündung		–
Klopfregelung		–
Antrieb		Hinterrad
Getriebe		5-Gang
Gesamtübersetzung[4)]		3,0:1
Geschwindigkeit pro 1000/min[5)]	km/h	38,5
Reifengröße		175-14
Leergewicht	kg	1350
Höchstgeschwindigkeit	km/h	165
Beschleunigung 0–100 km/h	s	16
DIN-Verbrauch[6)]	L/100 km	6,0/8,6/9,4
Kraftstofftank	L	66

Saab 99 Turbo
(1978 bis 1980)

Fünfsitziges Kombi-Coupé mit zwei Türen und Heckklappe. Später auch als Stufenheckversion lieferbar. Frontantrieb. Seit 1981 als Turbomodell nicht mehr im Programm.

Fahrzeug-Typ		Saab 99 Turbo (1978)
Motor		Otto
Zylinderzahl/Bauart/Einbau[1)]		4/R/längs
Hubraum	cm^3	1985
Bohrung × Hub	mm	90×78
Leistung	kW (PS) bei 1/min	106,5 (145)/5000
Spezifische Leistung	kW/L (PS/L)	53,7 (73)
Drehmoment	Nm bei 1/min	235/3000
Verdichtungsverhältnis		7,5:1
Ventilsteuerung[2)]		ohc/Kette
Gemischaufbereitung		Einspritzung mech. (Bosch K-Jetronic)
Turbolader		Garrett
Maximaler Ladedruck	bar	0,7
Ladedruckregelung		waste gate sep. (p_3)
Ladeluftkühler		nein
Ölinhalt	L	4,0
Ölkühler		ja
Zündung[3)]		TSZ
Klopfregelung		nein
Antrieb		Vorderrad
Getriebe		4-Gang (w.w. 5-Gang)
Gesamtübersetzung[4)]		3,264:1
Geschwindigkeit pro 1000/min[5)]	km/h	35,3
Reifengröße		175/70-15
Leergewicht	kg	1180
Höchstgeschwindigkeit	km/h	196
Beschleunigung 0–100 km/h	s	8,9
DIN-Verbrauch[6)]	L/100 km	11,0
Kraftstofftank	L	55

Saab 900 Turbo

(1979)

Fünfsitzige Limousine der gehobenen Mittelklasse. Zweitürig und viertürig mit Heckklappe lieferbar. Seit 1981 auch als Sedan mit Stufenheck im Programm. Frontantrieb. 1981 Motormodifikationen (geänderter Turbolader, geringeres Gewicht). 1983 Einführung des APC (Automatik Power Control)-Systems, einer Klopfregelung, die Ladedruck und Zündung beeinflußt.

Fahrzeug-Typ		Saab 900 Turbo (1979)	Saab 900 Turbo APC (1983)
Motor		Otto	Otto
Zylinderzahl/Bauart/Einbau[1)]		4/R/längs	4/R/längs
Hubraum	cm^3	1985	1985
Bohrung × Hub	mm	90×78	90×78
Leistung	kW (PS) bei 1/min	106,5 (145)/5000	106,5 (145)/5000
Spezifische Leistung	kW/L (PS/L)	53,7 (73)	53,7 (73)
Drehmoment	Nm bei 1/min	235/3000	235/3000
Verdichtungsverhältnis		7,2:1	8,5:1
Ventilsteuerung[2)]		ohc/Kette	ohc/Kette
Gemischaufbereitung		Einspritzung mech. (Bosch K-Jetronic)	Einspritzung mech. (Bosch K-Jetronic)
Turbolader		Garrett T 3	Garrett T 3
Maximaler Ladedruck	bar	0,7	0,7
Ladedruckregelung		waste gate sep. (p_3) waste gate integr. (p_2)	waste gate integr. (p_2 u. APC)
Ladeluftkühler		nein	nein
Ölinhalt	L	4,0	4,0
Ölkühler		ja	ja
Zündung[3)]		TSZ	TSZ
Klopfregelung		nein	ja (Zündung u. Ladedruck)
Antrieb		Vorderrad	Vorderrad
Getriebe		4-Gang (später 5-Gang)	5-Gang
Gesamtübersetzung[4)]		3,2641 (3,04:1 bei 5-Gang)	2,864:1
Geschwindigkeit pro 1000/min[5)]	km/h	35,3 (36,6 bei 5-Gang)	39,3
Reifengröße		195/60-15 (w.w. 180/65-390 TRX)	195/60-15 (w.w. 180/65-390 TRX)
Leergewicht	kg	1240	1220
Höchstgeschwindigkeit	km/h	195	195
Beschleunigung 0–100 km/h	s	9,2	9,2
DIN-Verbrauch[6)]	L/100 km	8,2/11,4/12,8	8,2/10,9/14,1
Kraftstofftank	L	55	63

Talbot Tagora 2.3 Turbodiesel

(1981 bis 1983)

Viertürige, geräumige Limousine des französischen PSA-Konzerns. Turbodieselmotor von Peugeot. Modellreihe 1983 eingestellt.

Fahrzeug-Typ		Talbot Tagora 2,3 Turbodiesel (1981)
Motor		Diesel
Zylinderzahl/Bauart/Einbau[1)]		4/R/längs
Hubraum	cm^3	2304
Bohrung × Hub	mm	94×83
Leistung	kW (PS) bei 1/min	59 (80)/4150
Spezifische Leistung	kW/L (PS/L)	25,5 (34,7)
Drehmoment	Nm bei 1/min	189/2000
Verdichtungsverhältnis		21:1
Ventilsteuerung[2)]		ohv/Kette
Gemischaufbereitung		Einspritzung (VP Bosch/VAC)
Turbolader		Garrett T 03
Maximaler Ladedruck	bar	0,6
Ladedruckregelung		waste gate integr. (p_2)
Ladeluftkühler		nein
Ölinhalt	L	5,0
Ölkühler		ja
Zündung		–
Klopfregelung		–
Antrieb		Hinterrad
Getriebe		5-Gang (w.w. Automatik)
Gesamtübersetzung[4)]		2,92:1
Geschwindigkeit pro 1000/min[5)]	km/h	39,6
Reifengröße		175-14
Leergewicht	kg	1365
Höchstgeschwindigkeit	km/h	155
Beschleunigung 0–100 km/h	s	17,0
DIN-Verbrauch[6)]	L/100 km	6,3/8,7/8,9
Kraftstofftank	L	70

Toyota Carina Turbo
(1982)

Mittelklassemodell des größten japanischen Herstellers. Als viertürige Limousine und als zweitüriges Coupé mit Heckklappe (Liftback) lieferbar. Hinterradantrieb.

Fahrzeug-Typ		Toyota Carina Turbo (1982)
Motor		Otto
Zylinderzahl/Bauart/Einbau[1)]		4/R/längs
Hubraum	cm^3	1770
Bohrung × Hub	mm	85×78
Leistung	kW (PS) bei 1/min	117,5 (160)/6000
Spezifische Leistung	kW/L (PS/L)	66,5 (90,4)
Drehmoment	Nm bei 1/min	206/4800
Verdichtungsverhältnis		7,8:1
Ventilsteuerung[2)]		2 ohc/Kette
Gemischaufbereitung		Einspritzung elektr.
Turbolader		Toyota
Maximaler Ladedruck	bar	0,52
Ladedruckregelung		waste gate
Ladeluftkühler		nein
Ölinhalt	L	4,2
Ölkühler		ja
Zündung[3)]		TSZ
Klopfregelung		ja
Antrieb		Hinterrad
Getriebe		5-Gang (w.w. Automatik)
Gesamtübersetzung[4)]		3,48:1
Geschwindigkeit pro 1000/min[5)]	km/h	32,8
Reifengröße		185/70-14
Leergewicht	kg	1145
Höchstgeschwindigkeit	km/h	ca. 200
Beschleunigung 0–100 km/h	s	ca. 8,5
DIN-Verbrauch[6)]	L/100 km	–
Kraftstofftank	L	61

Toyota Celica Turbo
(1982)

Sportliches Mittelklasse-Coupé auf Carina-Basis. Als zweitüriges Stufenheckmodell und als Heckklappenmodell (Liftback) lieferbar. Hinterradantrieb.

Fahrzeug-Typ		Toyota Celica Turbo (1982)
Motor		Otto
Zylinderzahl/Bauart/Einbau[1]		4/R/längs
Hubraum	cm^3	1770
Bohrung × Hub	mm	85×78
Leistung	kW (PS) bei 1/min	117,5 (160)/6000
Spezifische Leistung	kW/L (PS/L)	66,5 (90,4)
Drehmoment	Nm bei 1/min	206/4800
Verdichtungsverhältnis		7,8:1
Ventilsteuerung[2]		2 ohc/Kette
Gemischaufbereitung		Einspritzung elektr.
Turbolader		Toyota
Maximaler Ladedruck	bar	0,52
Ladedruckregelung		waste gate
Ladeluftkühler		nein
Ölinhalt	L	4,2
Ölkühler		ja
Zündung[3]		TSZ
Klopfregelung		ja
Antrieb		Hinterrad
Getriebe		5-Gang (w.w. Automatik)
Gesamtübersetzung[4]		3,48:1
Geschwindigkeit pro 1000/min[5]	km/h	32,8
Reifengröße		185/70-14
Leergewicht	kg	1160
Höchstgeschwindigkeit	km/h	200
Beschleunigung 0–100 km/h	s	8,5
DIN-Verbrauch[6]	L/100 km	–
Kraftstofftank	L	61

Toyota Corona Turbo

(1982)

Mittelklassemodell als viertürige Limousine und als zweitüriges Coupé mit Heckklappe angeboten. Hinterradantrieb.

Fahrzeug-Typ		Toyota Corona Turbo (1982)
Motor		Otto
Zylinderzahl/Bauart/Einbau[1)]		4/R/längs
Hubraum	cm^3	1770
Bohrung × Hub	mm	85×78
Leistung	kW (PS) bei 1/min	117,5 (160)/6000
Spezifische Leistung	kW/L (PS/L)	66,5 (90,4)
Drehmoment	Nm bei 1/min	206/4800
Verdichtungsverhältnis		7,8:1
Ventilsteuerung[2)]		2 ohc/Kette
Gemischaufbereitung		Einspritzung elektr.
Turbolader		Toyota
Maximaler Ladedruck	bar	0,52
Ladedruckregelung		waste gate
Ladeluftkühler		nein
Ölinhalt	L	4,2
Ölkühler		ja
Zündung[3)]		TSZ
Klopfregelung		ja
Antrieb		Hinterrad
Getriebe		5-Gang (w.w. Automatik)
Gesamtübersetzung[4)]		3,48:1
Geschwindigkeit pro 1000/min[5)]	km/h	32,8
Reifengröße		185/70-14
Leergewicht	kg	1155
Höchstgeschwindigkeit	km/h	200
Beschleunigung 0–100 km/h	s	8,5
DIN-Verbrauch[6)]	L/100 km	–
Kraftstofftank	L	59

Toyota Cressida Turbo
(1982)

Wagen der gehobenen Mittelklasse mit aufgeladenem Sechszylindermotor. Viertürige Limousine mit Stufenheck. Hinterradantrieb. In Japan unter der Bezeichnung Cheeser und Cresta laufend.

Fahrzeug-Typ		Toyota Cressida Turbo (1982)
Motor		Otto
Zylinderzahl/Bauart/Einbau[1]		6/R/längs
Hubraum	cm^3	1988
Bohrung × Hub	mm	75×75
Leistung	kW (PS) bei 1/min	106,5 (145)/5600
Spezifische Leistung	kW/L (PS/L)	53,6 (73)
Drehmoment	Nm bei 1/min	211/3000
Verdichtungsverhältnis		7,6:1
Ventilsteuerung[2]		ohc/Kette
Gemischaufbereitung		Einspritzung elektr.
Turbolader		Garrett
Maximaler Ladedruck	bar	0,48
Ladedruckregelung		waste gate
Ladeluftkühler		nein
Ölinhalt	L	5,2
Ölkühler		ja
Zündung[3]		TSZ
Klopfregelung		ja
Antrieb		Hinterrad
Getriebe		5-Gang (4-Gang u. Automatik)
Gesamtübersetzung[4]		3,17:1
Geschwindigkeit pro 1000/min[5]	km/h	38,5
Reifengröße		185/70-14
Leergewicht	kg	1210
Höchstgeschwindigkeit	km/h	180
Beschleunigung 0–100 km/h	s	11
DIN-Verbrauch[6]	L/100 km	–
Kraftstofftank	L	65

Toyota Cressida Turbodiesel
(1982)

Wagen der gehobenen Mittelklasse mit aufgeladenem Vierzylinder-Dieselmotor. Nur als viertürige Limousine angeboten. Hinterradantrieb.

Fahrzeug-Typ		Toyota Cressida Turbodiesel (1982)
Motor		Diesel
Zylinderzahl/Bauart/Einbau[1)]		4/R/längs
Hubraum	cm^3	2446
Bohrung × Hub	mm	92×92
Leistung	kW (PS) bei 1/min	70,5 (96)/4000
Spezifische Leistung	kW/L (PS/L)	28,9 (39,2)
Drehmoment	Nm bei 1/min	191/2400
Verdichtungsverhältnis		20:1
Ventilsteuerung[2)]		ohc
Gemischaufbereitung		Einspritzung
Turbolader		Toyota
Maximaler Ladedruck	bar	0,48
Ladedruckregelung		waste gate
Ladeluftkühler		nein
Ölinhalt	L	6,5
Ölkühler		ja
Zündung		–
Klopfregelung		–
Antrieb		Hinterrad
Getriebe		Automatik mit Overdrive
Gesamtübersetzung[4)]		2,69:1
Geschwindigkeit pro 1000/min[5)]	km/h	52
Reifengröße		175-14
Leergewicht	kg	1280
Höchstgeschwindigkeit	km/h	155
Beschleunigung 0–100 km/h	s	19
DIN-Verbrauch[6)]	L/100 km	–
Kraftstofftank	L	65

Toyota Crown Turbo

(1982)

Geräumige Limousine der oberen Mittelklasse mit aufgeladenem Sechszylinder-Motor. Viertürig als Stufenheck, als Limousine Hardtop und zweitürig als Hardtop angeboten. Hinterradantrieb.

Fahrzeug-Typ		Toyota Crown Turbo (1982)
Motor		Otto
Zylinderzahl/Bauart/Einbau[1)]		6/R/längs
Hubraum	cm^3	1988
Bohrung × Hub	mm	75×75
Leistung	kW (PS) bei 1/min	106,5 (145)/5600
Spezifische Leistung	kW/L (PS/L)	53,6 (73)
Drehmoment	Nm bei 1/min	211/3000
Verdichtungsverhältnis		7,6:1
Ventilsteuerung[2)]		ohc/Kette
Gemischaufbereitung		Einspritzung elektr.
Turbolader		Garrett
Maximaler Ladedruck	bar	0,48
Ladedruckregelung		waste gate
Ladeluftkühler		nein
Ölinhalt	L	5,2
Ölkühler		ja
Zündung[3)]		TSZ
Klopfregelung		ja
Antrieb		Hinterrad
Getriebe		5-Gang (w.w. 3-G.+OD; 4-G. Automatik)
Gesamtübersetzung[4)]		3,87:1
Geschwindigkeit pro 1000/min[5)]	km/h	30,8
Reifengröße		185-14
Leergewicht	kg	1380
Höchstgeschwindigkeit	km/h	160
Beschleunigung 0–100 km/h	s	12
DIN-Verbrauch[6)]	L/100 km	–
Kraftstofftank	L	72

Toyota Crown Turbodiesel
(1982)

Geräumiger Wagen der oberen Mittelklasse mit aufgeladenem Vierzylinder-Dieselmotor. Als Limousine viertürig, Hardtop-Limousine viertürig und Hardtop zweitürig lieferbar. Auch als Kombi (Station Wagon) im Programm. Hinterradantrieb.

Fahrzeug-Typ		Toyota Crown Turbodiesel (1982)
Motor		Diesel
Zylinderzahl/Bauart/Einbau[1)]		4/R/längs
Hubraum	cm^3	2446
Bohrung × Hub	mm	92×92
Leistung	kW (PS) bei 1/min	70,5 (96)/4000
Spezifische Leistung	kW/L (PS/L)	28,9 (39,2)
Drehmoment	Nm bei 1/min	191/2400
Verdichtungsverhältnis		20:1
Ventilsteuerung[2)]		ohc
Gemischaufbereitung		Einspritzung
Turbolader		Toyota
Maximaler Ladedruck	bar	0,48
Ladedruckregelung		waste gate
Ladeluftkühler		nein
Ölinhalt	L	6,5
Ölkühler		ja
Zündung		–
Klopfregelung		–
Antrieb		Hinterrad
Getriebe		5-Gang (w.w. Automatik)
Gesamtübersetzung[4)]		3,39:1
Geschwindigkeit pro 1000/min[5)]	km/h	35,9
Reifengröße		185-14
Leergewicht	kg	1430
Höchstgeschwindigkeit	km/h	153
Beschleunigung 0–100 km/h	s	19
DIN-Verbrauch[6)]	L/100 km	–
Kraftstofftank	L	72

Toyota Soarer Turbo

(1982)

Sportliches Coupé mit zwei Türen, fünf Sitzen und Stufenheck.

Fahrzeug-Typ		Toyota Soarer Turbo (1982)
Motor		Otto
Zylinderzahl/Bauart/Einbau[1)]		6/R/längs
Hubraum	cm^3	1988
Bohrung × Hub	mm	75×75
Leistung	kW (PS) bei 1/min	106,5 (145)/5600
Spezifische Leistung	kW/L (PS/L)	53,6 (73)
Drehmoment	Nm bei 1/min	211/3000
Verdichtungsverhältnis		7,6:1
Ventilsteuerung[2)]		ohc/Kette
Gemischaufbereitung		Einspritzung elektr.
Turbolader		Garrett
Maximaler Ladedruck	bar	0,48
Ladedruckregelung		waste gate
Ladeluftkühler		ja
Ölinhalt	L	6,2
Ölkühler		ja
Zündung[3)]		TSZ
Klopfregelung		ja
Antrieb		Hinterrad
Getriebe		5-Gang (w.w. Automatik)
Gesamtübersetzung[4)]		3,36:1
Geschwindigkeit pro 1000/min[5)]	km/h	34
Reifengröße		185/70-14
Leergewicht	kg	1210
Höchstgeschwindigkeit	km/h	180
Beschleunigung 0–100 km/h	s	10
DIN-Verbrauch[6)]	L/100 km	–
Kraftstofftank	L	61

Volvo 240 Turbo
(1981)

Mittelklassemodell des schwedischen Automobilherstellers. Zweitürig, viertürig und als Kombi (Station Wagon) lieferbar. Hinterradantrieb.

Fahrzeug-Typ		Volvo 240 Turbo (1981)
Motor		Otto
Zylinderzahl/Bauart/Einbau[1]		4/R/längs
Hubraum	cm^3	2127
Bohrung × Hub	mm	92×80
Leistung	kW (PS) bei 1/min	114 (155)/5500
Spezifische Leistung	kW/L (PS/L)	53,6 (72,9)
Drehmoment	Nm bei 1/min	240/3750
Verdichtungsverhältnis		7,5:1
Ventilsteuerung[2]		ohc/Zahnriemen
Gemischaufbereitung		Einspritzung mech. (Bosch K-Jetronic)
Turbolader		Garrett T 03
Maximaler Ladedruck	bar	0,7
Ladedruckregelung		waste gate integr. (p_2)
Ladeluftkühler		nein
Ölinhalt	L	3,8
Ölkühler		ja
Zündung[3]		TSZ
Klopfregelung		nein
Antrieb		Hinterrad
Getriebe		4-Gang + Overdrive
Gesamtübersetzung[4]		2,976:1
Geschwindigkeit pro 1000/min[5]	km/h	37,8
Reifengröße		195/60-15
Leergewicht	kg	1340 (1390 Kombi)
Höchstgeschwindigkeit	km/h	190
Beschleunigung 0–100 km/h	s	9,0
DIN-Verbrauch[6]	L/100 km	7,9/10,9/14,3
Kraftstofftank	L	60

Volvo 760 GLE Turbo
(1982)

Geräumige, viertürige Limousine der oberen Mittelklasse mit aufgeladenem Vierzylinder-Motor. Gute Ausstattung.

Fahrzeug-Typ		Volvo 760 GLE Turbo (1982)
Motor		Otto
Zylinderzahl/Bauart/Einbau[1)]		5/R/längs
Hubraum	cm^3	2316
Bohrung × Hub	mm	96×80
Leistung	kW (PS) bei 1/min	127 (173)
Spezifische Leistung	kW/L (PS/L)	55 (74,7)
Drehmoment	Nm bei 1/min	250/3400
Verdichtungsverhältnis		9:1
Ventilsteuerung[2)]		ohc/Zahnriemen
Gemischaufbereitung		Einspritzung el. (Bosch Motronic)
Lage Gemischbildner[3)]		G. u. T.
Turbolader		Garrett T 03
Maximaler Ladedruck	bar	0,53
Ladedruckregelung		waste gate integr. (p_2)
Ladeluftkühler		ja
Ölinhalt	L	3,8
Ölkühler		ja
Zündung[3)]		VEZ (Bosch Motronic)
Klopfregelung		nein
Antrieb		Hinterrad
Getriebe		4-Gang + Overdrive
Gesamtübersetzung[4)]		2,80:1
Geschwindigkeit pro 1000/min[5)]	km/h	40,2
Reifengröße		195/60-15
Leergewicht	kg	1340
Höchstgeschwindigkeit	km/h	200
Beschleunigung 0–100 km/h	s	8,5
DIN-Verbrauch[6)]	L/100 km	8,8/10,8/14,1
Kraftstofftank	L	79

Volvo 760 GLE Turbodiesel

(1982)

Viertürige Limousine der oberen Mittelklasse mit umfangreicher Ausstattung. Besonderheit: Der aufgeladene Sechszylinder-Dieselmotor stammt von VW. Hinterradantrieb.

Fahrzeug-Typ		Volvo 760 GLE Turbodiesel (1982)
Motor		Diesel
Zylinderzahl/Bauart/Einbau[1)]		6/R/längs
Hubraum	cm^3	2383
Bohrung × Hub	mm	76,5×86,4
Leistung	kW (PS) bei 1/min	81 (110)/4800
Spezifische Leistung	kW/L (PS/L)	33,9 (46,1)
Drehmoment	Nm bei 1/min	190/3000
Verdichtungsverhältnis		23:1
Ventilsteuerung[2)]		ohc/Zahnriemen
Gemischaufbereitung		Einspritzung (VP Bosch)
Turbolader		Garrett T 03
Maximaler Ladedruck	bar	0,7
Ladedruckregelung		waste gate integr. (p_2)
Ladeluftkühler		nein
Ölinhalt	L	6,5
Ölkühler		ja
Zündung		–
Klopfregelung		–
Antrieb		Hinterrad
Getriebe		4-Gang + Overdrive
Gesamtübersetzung[4)]		2,80:1
Geschwindigkeit pro 1000/min[5)]	km/h	40,2
Reifengröße		195/60-15
Leergewicht	kg	1400
Höchstgeschwindigkeit	km/h	170
Beschleunigung 0–100 km/h	s	13,0
DIN-Verbrauch[6)]	L/100 km	6,5/9,0/9,0
Kraftstofftank	L	79

VW Golf GTD
(1982)

Erstes Turbomodell des Volkswagen-Werkes auf der Basis des Bestsellers Golf. Turbodiesel zunächst nur als sportliches Sondermodell GTD erhältlich, später in allen Karosserien – und Ausstattungsvarianten (zwei- und viertürig mit Heckklappe). Vorderradantrieb.

Fahrzeug-Typ		VW Golf GTD (1982)
Motor		Diesel
Zylinderzahl/Bauart/Einbau[1]		4/R/quer
Hubraum	cm^3	1588
Bohrung × Hub	mm	76,5×86,4
Leistung	kW (PS) bei 1/min	51,5 (70)/4500
Spezifische Leistung	kW/L (PS/L)	32,5 (44,1)
Drehmoment	Nm bei 1/min	133/2600
Verdichtungsverhältnis		23:1
Ventilsteuerung[2]		ohc/Zahnriemen
Gemischaufbereitung		Einspritzung (VP Bosch)
Turbolader		Garrett u. KKK
Maximaler Ladedruck	bar	0,7
Ladedruckregelung		waste gate integr. (p_2)
Ladeluftkühler		nein
Ölinhalt	L	3,5
Ölkühler		ja
Zündung		–
Klopfregelung		–
Antrieb		Vorderrad
Getriebe		5-Gang
Gesamtübersetzung[4]		2,76:1
Geschwindigkeit pro 1000/min[5]	km/h	38,5
Reifengröße		175/70-13
Leergewicht	kg	865
Höchstgeschwindigkeit	km/h	155
Beschleunigung 0–100 km/h	s	13,5
DIN-Verbrauch[6]	L/100 km	4,5/6,7/6,6
Kraftstofftank	L	40

VW Jetta Turbodiesel
(1982)

Zwei- und viertürige Stufenheck-Limousine auf der technischen Basis des VW Golf. Verschiedene Ausstattungsvarianten. Vorderradantrieb.

Fahrzeug-Typ		VW Jetta Turbodiesel (1983)
Motor		Diesel
Zylinderzahl/Bauart/Einbau[1]		4/R/quer
Hubraum	cm^3	1588
Bohrung × Hub	mm	76,5×86,4
Leistung	kW (PS) bei 1/min	51,5 (70)/4500
Spezifische Leistung	kW/L (PS/L)	32,5 (44,1)
Drehmoment	Nm bei 1/min	130/2600
Verdichtungsverhältnis		23:1
Ventilsteuerung[2]		ohc/Zahnriemen
Gemischaufbereitung		Einspritzung (VP Bosch)
Turbolader		Garrett und KKK
Maximaler Ladedruck	bar	0,7
Ladedruckregelung		waste gate integr. (p_2)
Ladeluftkühler		nein
Ölinhalt	L	3,5
Ölkühler		ja
Zündung		–
Klopfregelung		–
Antrieb		Vorderrad
Getriebe		5-Gang
Gesamtübersetzung[4]		2,76:1
Geschwindigkeit pro 1000/min[5]	km/h	38,3
Reifengröße		175/70-13
Leergewicht	kg	890
Höchstgeschwindigkeit	km/h	153
Beschleunigung 0–100 km/h	s	14,0
DIN-Verbrauch[6]	L/100 km	4,6/6,9/6,6
Kraftstofftank	L	40

VW Passat Turbodiesel
(1982)

Geräumiges Mittelklasse-Modell des VW-Konzerns. Als viertürige Limousine mit Heckklappe und als Kombi (Variant) angeboten. Verschiedene Ausstattungsvarianten. Frontantrieb.

Fahrzeug-Typ		VW Passat Turbodiesel (1983)
Motor		Diesel
Zylinderzahl/Bauart/Einbau[1]		4/R/längs
Hubraum	cm^3	1588
Bohrung × Hub	mm	76,5×86,4
Leistung	kW (PS) bei 1/min	51,5 (70)/4500
Spezifische Leistung	kW/L (PS/L)	32,5 (44,1)
Drehmoment	Nm bei 1/min	130/2600
Verdichtungsverhältnis		23:1
Ventilsteuerung[2]		ohc/Zahnriemen
Gemischaufbereitung		Einspritzung (VP Bosch)
Turbolader		Garrett und KKK
Maximaler Ladedruck	bar	0,7
Ladedruckregelung		waste gate integr. (p_2)
Ladeluftkühler		nein
Ölinhalt	L	3,5
Ölkühler		ja
Zündung		–
Klopfregelung		–
Antrieb		Vorderrad
Getriebe		5-Gang
Gesamtübersetzung[4]		2,92:1
Geschwindigkeit pro 1000/min[5]	km/h	38,8
Reifengröße		165-13 (w.w. 185/70-13)
Leergewicht	kg	1060
Höchstgeschwindigkeit	km/h	157
Beschleunigung 0–100 km/h	s	15,5
DIN-Verbrauch[6]	L/100 km	4,7/6,9/7,0
Kraftstofftank	L	60

VW Santana Turbodiesel
(1982)

Viertürige Stufenheck-Limousine der gehobenen Mittelklasse auf der technischen Basis des Passat. Vorderradantrieb.

Fahrzeug-Typ		VW Santana Turbodiesel (1983)
Motor		Diesel
Zylinderzahl/Bauart/Einbau[1)]		4/R/längs
Hubraum	cm^3	1588
Bohrung × Hub	mm	76,5×86,4
Leistung	kW (PS) bei 1/min	51,5 (70)/4500
Spezifische Leistung	kW/L (PS/L)	32,5 (44,1)
Drehmoment	Nm bei 1/min	130/2600
Verdichtungsverhältnis		23:1
Ventilsteuerung[2)]		ohc/Zahnriemen
Gemischaufbereitung		Einspritzung (VP Bosch)
Turbolader		Garrett u. KKK
Maximaler Ladedruck	bar	0,7
Ladedruckregelung		waste gate integr. (p_2)
Ladeluftkühler		nein
Ölinhalt	L	3,5
Ölkühler		ja
Zündung		–
Klopfregelung		–
Antrieb		Vorderrad
Getriebe		5-Gang
Gesamtübersetzung[4)]		2,92:1
Geschwindigkeit pro 1000/min[5)]	km/h	38,8
Reifengröße		185/70-13
Leergewicht	kg	1055
Höchstgeschwindigkeit	km/h	152
Beschleunigung 0–100 km/h	s	15,5
DIN-Verbrauch[6)]	L/100 km	4,8/6,9/7,1
Kraftstofftank	L	60

VW Golf Turbodiesel
(1984)

Nachfolgemodell des VW Golf mit mehr Innenraum und größeren Außenabmessungen. Limousine zweitürig und viertürig, jeweils mit Heckklappe lieferbar. Verschiedene Ausstattungen, darunter Sondermodell GTD.

Fahrzeug-Typ		VW Golf Turbodiesel (1984)
Motor		Diesel
Zylinderzahl/Bauart/Einbau[1]		4/R/quer
Hubraum	cm^3	1588
Bohrung × Hub	mm	76,5×86,4
Leistung	kW (PS) bei 1/min	51,5 (70) 4500
Spezifische Leistung	kW/L (PS/L)	32,5 (44,1)
Drehmoment	Nm bei 1/min	130/2600
Verdichtungsverhältnis		23:1
Ventilsteuerung[2]		ohc/Zahnriemen
Gemischaufbereitung		Einspritzung (VP Bosch)
Turbolader		KKK und Garrett
Maximaler Ladedruck	bar	0,7
Ladedruckregelung		waste gate integr. (p_2)
Ladeluftkühler		nein
Ölinhalt	L	3,5
Ölkühler		ja
Zündung[3]		–
Klopfregelung		–
Antrieb		Vorderrad
Getriebe		5-Gang
Gesamtübersetzung[4]		2,75:1
Geschwindigkeit pro 1000/min[5]	km/h	38,6
Reifengröße		175/70-13
Leergewicht	kg	920
Höchstgeschwindigkeit	km/h	160
Beschleunigung 0–100 km/h	s	14,5
DIN-Verbrauch[6]	L/100 km	4,3/6,1/6,1
Kraftstofftank	L	55